Peter Menck
unterrichtsanalyse und didaktische konstruktion

D1928090

Fischer Athenäum Taschenbücher
Erziehungswissenschaft


Wissenschaftlicher Beirat:

Herwig Blankertz, Münster
Hans-Georg Herrlitz, Göttingen
Diether Hopf, Berlin
Klaus Mollenhauer, Göttingen

Lektorat/Redaktion:

Wolfgang Rasch

Peter Menck

# unterrichtsanalyse und didaktische konstruktion

studien zu einer theorie
des lehrplans und des unterrichts

Athenäum Fischer Taschenbuch Verlag

Athenäum Fischer Taschenbuch Verlag GmbH & Co, Frankfurt am Main
Alle Rechte vorbehalten
© 1975 Athenäum Fischer Taschenbuch Verlag GmbH & Co,
Frankfurt am Main
Umschlagentwurf Endrikat + Wenn
Satzherstellung Gutfreund & Sohn, Darmstadt
Druck und Bindearbeit Clausen & Bosse, Leck (Schleswig)
Printed in Germany
ISBN 3-8072-3021-1

# inhalt

# vorwort

Die vorliegende arbeit ist die überarbeitete fassung meiner habilitationsschrift, die ich zu anfang 1973 dem Fachbereich Erziehungswissenschaft, Soziologie, Publizistik der Westfälischen Wilhelms-Universität Münster vorgelegt habe. – Der etwas umständliche *titel* der jetzigen version ist nicht der persönlichen vorliebe des autors für barocke formulierungen zuzuschreiben; er ist auch nicht ausdruck einer verlegenheit angesichts der vielzahl bereits vorliegender titel. Vielmehr will ich bereits mit ihm über die arbeit und ihre *intentionen* auskunft geben: Die *organisierende fragestellung* ist die nach bedingungen und prinzipien didaktischer konstruktion. Dabei ist nicht beabsichtigt, unter der hand eine »didactica magna« nach art des COMENIUS zu schreiben. Eine reihe von *einzelstudien* wurde unter jener frage integriert. Das mag manche unausgewogenheit erklären, kopflastigkeit hier, magere andeutungen und flinke übergänge dort. Sodann erlaube ich mir eine unverhohlene *anspielung* auf zwei andere titel, durch die man jene beiden ansätze einer *unterrichtslehre* kennzeichnen kann, die weitgehend die praxis der lehrerausbildung in der BRD bestimmen dürften: Ich meine den bildungstheoretischen und den lerntheoretischen ansatz der didaktik. Nicht daß ich deren autoren ehren oder ärgern wollte. Das ist vielmehr ein ausdruck des von mir vorgetragenen »paradigmas didaktischer konstruktion«: Eines seiner merkmale ist die bewußte, allerdings kritische anknüpfung an den gegenwärtigen diskussionsstand der didaktik in der BRD.

Über die »wissenschaftliche sozialisation« des autors gibt ein eigener abschnitt der arbeit auskunft. Im rückblick ist es gar nicht so einfach, alle jene anregungen und hilfestellungen zu ermitteln, die in die arbeit eingegangen sind und zu ihrem zustandekommen beigetragen haben. Ich habe da vielfältigen *dank* abzustatten. Den anstoß, mich nach historisch-systematischen studien der didaktik zuzuwenden, führe ich auf die anregungen zurück, die ich vor anderthalb jahrzehnten in den seminaren von Franz FISCHER erhielt. Die arbeit selbst knüpft unmittelbar an die kritische sichtung der gegenwärtigen didaktik an, die Herwig BLANKERTZ 1969 vorgelegt hat. In vier Jahren intensiver zusammenarbeit und auseinandersetzung mit ihm haben die hier vorgetragenen überlegungen gestalt angenommen. Zu den gesprächspartnern in Münster gehörten dann insbesondere Hermann-Josef KAISER und Gösta THOMA, und zwar in größerem umfang, als das die gemeinsamen publikationen erkennen lassen. Wesentliche anregungen ergaben sich in zwei arbeitskreisen, dem informellen »Arbeitskreis Didaktik« am Institut für Erziehungswissenschaft der Universität Münster und in der arbeitsgruppe, die die untersuchungen zum schulischen pädagogikunterricht durchführt. Dieser entstammt Walter PIESCHL, auf den eine reihe von veränderungen zurückgehen, die ich an der ursprünglichen version der arbeit vorgenommen habe. Schließlich gaben die diskussionen mit den mitarbeitern des Lehrstuhls für Pädagogik in Hannover wichtige hinweise zum »didaktischen strukturgitter«. Sollten trotz dieser hilfestellungen noch ärgerliche unklarheiten oder gar fehler geblieben sein, so habe allein ich sie zu verantworten. Bei der erstellung des manuskripts halfen mir Marianne BECKER, Brunhilde BRAND und Reiner HALLENGA, bei den korrekturen Hans-Günter JÜRGENSMEIER.

Die äußeren bedingungen für die durchführung der arbeit wurden durch vier institutionen bereitgestellt: Die Deutsche Forschungsgemeinschaft bewilligte mir ein habilitanden-stipendium, das es mir erlaubte, mich für gut zwei semester aus lehre und verwaltung zurückzuziehen. Die mittel für die forschungen zum schulischen pädagogikunterricht, an denen ich meine didaktik gelernt habe, stellten der Kultusminister des Landes Nordrhein-Westfalen (richtlinienbegleit-untersuchung) und die Stiftung Volkswagenwerk (projekt zur curriculumentwicklung) zur verfügung. Mit dieser schrift möchte ich für die durchaus nicht üblichen arbeitsbedingungen dank abstatten. – Und die vierte institution? Die vielgeschmähte kleinfamilie: ANNETTE, SUSANNE und ALEXANDER duldeten es, daß ich mich öfter hinter den schreibtisch und in diskussionszirkel zurückzog, als ihnen eigentlich lieb war.

Die schrift ist aus dem *arbeitszusammenhang von lehrerausbildung* entstanden: In seminaren an der universität und auf den verschiedensten fortbildungsveranstaltungen wurde ich geradezu genötigt, mir über den stellenwert von didaktik und curriculumforschung in der lehrerausbildung rechenschaft zu geben. So verstehe ich mein buch zuerst und vor allem als einen beitrag zum gespräch von lehrern und erziehungswissenschaftlern. Allerdings, man erwarte keine gebrauchsanweisungen. So wichtig sie in der lehrerausbildung sind: Mir fehlt es dafür an der kompetenz. Vielmehr möchte ich den, der bereits erste kenntnisse der unterrichtslehre erworben hat, sowie den, der in der praxis von unterricht und curriculumentwicklung steht – ich möchte sie zum nachdenken über die *struktur von unterricht in der schule in der BRD* anregen.

Damit der so angesprochene *leser* die lektüre nicht gleich nach den ersten seiten aufgibt, verärgert, weil er nichts versteht, gebe ich noch einige *hinweise zum gebrauch.* Sollte dieser leser die gewohnheit haben, ein buch von vorne bis hinten zu lesen, so wird er spätestens bei der »sprache« im 2. kapitel große schwierigkeiten haben: Es wäre doch ziemlich unwahrscheinlich, daß seine wissenschaftliche sozialisation der des autors so ähnlich ist, daß alles klar wäre. Leider spricht man in unserer wissenschaft noch viele »sprachen«. Ich rate ihm deswegen, alsbald zum 3. kapitel überzugehen. In das 4. kapitel habe ich eine besonders tückische hürde eingebaut: die ausführungen zum »methoden«begriff. Ich empfehle dem leser, SHAKESPEARES Hamlet zur hand zu nehmen und über das geflügelte wort des Polonius im 2. akt, 2. auftritt nachzudenken: »Ist dies schon wahnsinn, hat es doch methode.« Vielleicht kommt er weiter – in der einschätzung des autors dieser arbeit oder auch des »methoden«begriffs. – Mit sicherheit erregt das »didaktische strukturgitter« im 5. kapitel anstoß, wegen der abstrakten begrifflichkeit und wegen des begründungszusammenhanges. Hier sollte der leser das buch beiseitelegen, sich ein blatt papier und einen bleistift nehmen und nachzudenken beginnen: Was mache ich, wenn ich einen sachverhalt, ein »thema« in unterricht übersetze? Er mag dabei an seine letzte unterrichtsreihe denken oder an das nächste thema: schritt für schritt festgehalten; dann in die reihenfolge gebracht, die er gewöhnlich bei der übersetzung einhält. Was ist inzwischen aus dem thema geworden? wodurch? Und wenn das nicht hilft? Dann ist der leser vielleicht motiviert, in das 2. kapitel zu sehen, denn da müßte das problem doch auf den begriff gebracht sein ... Man kann auch hinten anfangen oder in der mitte, wo auch immer. Dies sollte der leser in keinem falle versäumen: Er sollte in jedem falle die ausführungen an seinen erfahrungen prüfen, und er sollte seine erfahrungen an den ausführungen prüfen. Ich garantiere, daß wir dann trotz aller sprachschwierigkeiten ins gespräch kommen.

Schließlich noch ein wort zur *»gemäßigten kleinschreibung«*, derer ich mich befleißige. Ehe ich mich darauf einließ, befragte ich eine reihe von kollegen, was sie davon hielten. Die antworten lagen zwischen giftiger ablehnung und kräftiger ermunterung. – Der anlaß für diese regelwidrigkeit war ganz simpel: Die tochter SUSANNE lernt gerade, was wir so gut beherrschen: »Kann man es anfassen?« Aber die anderen dinge, die man nicht anfassen kann und doch groß schreiben muß? Wie vernünftig war man doch in früheren zeiten, da man einfach groß schrieb, was man hervorheben wollte. Warum das heute nicht geht, weiß ich nicht; es muß wohl alles seine ordnung haben. Und was diese betrifft, so spricht alles dafür, daß eine rechtschreibereform die gemäßigte kleinschreibung bringen wird – wenn sie überhaupt stattfindet. Da meine ich, daß jemand den anstoß zum nachdenken über diese geben sollte, der es nicht nötig hat, regelkonform zu schreiben, zumal dann, wenn er sich an lehrer wendet. Ich bitte den leser also, er möge sich erst einmal auf diese schreibweise einlassen und sich dann rechenschaft geben, ob sie denn wirklich so schlimm ist. Ich bin ziemlich sicher, daß wir uns am schluß nicht über die kleinschreibung streiten, sondern über die didaktik.

Nordwalde, im sommer 1974 Peter Menck

# 1. einleitung

## 1.1 das problem

Dem »gegenwärtig weitgespannten öffentlichen Interesse an der Erziehung und ihren Institutionen« (BLANKERTZ u. a. 1971, 7) entspricht in der pädagogischen öffentlichkeit ein ebensolches an didaktik und curriculumforschung: Im rahmen der lehrerausbildung werden entsprechende lehrstühle eingerichtet, lehrerverbände widmen ihre kongresse der »Bildungsreform als Lehrplanrevision« (23. Gemener Kongreß), forschungsinstitute entstehen, globale innovationsstrategien werden als curriculumrevision angesetzt (»Lehrplanrevision in Hessen«), einzelne unterrichtsfächer, die sich durch die begründungsproblematik in arge bedrängnis gebracht sehen, scheinen aller schwierigkeiten überhoben, sobald sie sich nur entschieden einem »curricularen ansatz« verpflichten (religionsunterricht) usw. Es scheint, als könne curriculumforschung mit einem schlage alle probleme lösen, die sich dem unterrichtenden lehrer, dem lehrplankonstrukteur und dem planer von schulsystemen stellen.

Im vorwort seiner »Theorien und Modelle der Didaktik« hat Herwig BLANKERTZ auf die zunehmende inflationierung des begriffs »didaktik« aufmerksam gemacht (BLANKERTZ 1970, 15). Selbst wenn das 1969 übertrieben gewesen wäre, jetzt ist es vollends so weit: »Kritische« (SCHWERDT o. j.), »Skeptische« (BALLAUF 1970), »Kommunikative Didaktik« (SCHÄFER/SCHALLER 1971); daneben »Didaktische Impulse« (1971) und »Kritik der bürgerlichen Didaktik« (HUISKEN 1972), ja, seit neuestem »diskursive Didaktik« (FREY 1974). Inzwischen kann man dasselbe für den begriff »curriculum« sagen: »Curriculum« allein und in verbindung mit »-forschung«, »-entwicklung«, »-revision« und »-theorie«. Es gibt auch schon versuche, ordnung in dieses vielerlei zu bringen: Jürgen ZIECHMANN versucht, die verschiedenen konzeptionen der curriculumtheorie und -praxis in der BRD »in hermeneutischer Sicht möglichst unverfälscht zu beschreiben« (ZIECHMANN 1972, 13); Karl FREY mustert in seiner umfassenden analyse die vorliegenden »Theorien des Curriculum« (1971) unter den *meta*theoretischen gesichtspunkten ihres »wissenschaftstheoretischen aufbaus« und ihres »thematischen ansatzes« (FREY 1971, 24 f.). Hans Albrecht HESSE und Wolfgang MANZ versprechen eine »Einführung in die Curriculumforschung« (1972) und liefern eine zusammenstellung deutschsprachiger ansätze, die bislang in den wenigsten fällen über den status eines projekts hinausgekommen sind. Hilbert L. MEYER diskutiert unter dem titel »Curriculum-Methodologie« verfahren der curriculumkonstruktion (1972); sein interesse liegt weniger bei –

empirischen – leistungsfähigkeit der verfahren als vielmehr bei ihrer – prinzipiellen – wissenschaftstheoretischen kritik.

Für »die« didaktik ist diese situation eine herausforderung; eine herausforderung zu prüfen, was sie derzeit zur lösung der vielfältigen und vielschichtigen *konstruktions*aufgaben der didaktischen praxis beitragen kann. Da es »die« didaktik als greifbare instanz nicht gibt, ist die herausforderung genauer an denjenigen adressiert, der in forschung und akademischer lehre, insbesondere also in der lehrerausbildung, mit fragen befaßt ist, die den *unterricht und* den *lehrplan* betreffen. Ich möchte diese herausforderung im folgenden aufnehmen. Wie viele andere hatte auch ich die gunst der ersten stunde nach dem erscheinen von Saul B. ROBINSOHNS programmschrift »Bildungsreform als Revision des Curriculum« genutzt und meinen beitrag zu der besagten inflationierung des begriffs geleistet: Zusammen mit Frank ACHTENHAGEN habe ich jenes konzept als zu langfristig kritisiert und dagegen ein modell »mittelfristiger curriculumforschung« gestellt (ACHTENHAGEN/MENCK 1971). Das damals entwickelte modell hatte nicht nur die unmittelbare konsequenz, daß inzwischen das angekündigte projekt durchgeführt wird. Darüberhinaus hat sich ergeben, daß ich in eine reihe von curricularen konstruktionsproblemen verwickelt wurde:

- Eigene *unterrichtspraxis* hatte den anstoß zur entwicklung des forschungsvorhabens zum pädagogikunterricht gegeben (ebd., 208 ff.) und überlegungen zur unterrichtsanalyse, zum problem der unterrichtsmethode motiviert (s. dazu die beiträge in: MENCK/THOMA 1972);
- das problem der *unterrichtsvorbereitung* und *-planung* war darüberhinaus thema einer reihe von veranstaltungen der lehrerfortbildung (MENCK 1972 a);
- kriterien der *lehrplankonstruktion* waren gegenstand einer reihe von anfragen an den autor eines projekts, das am ende ein vorläufiges curriculum für den pädagogikunterricht verspricht (ACHTENHAGEN/MENCK 1971, 213);
- der postulierte zusammenhang curricularer innovationen mit einer theorie der schule (ebd., 213) machte sich bei der planung von *gesamtkonzeptionen* (wie der »Kollegstufe NW« 1972) geltend.

Das hat seinen niederschlag in einer reihe von veröffentlichungen gefunden, als deren leitendes interesse nachträglich das problem der *didaktischen konstruktion* identifiziert werden könnte: Welche voraussetzungen können für die didaktische konstruktion namhaft gemacht werden, welche maßgaben sind zu berücksichtigen, was heißt hier überhaupt »berücksichtigen« von welchen kriterien hat sie sich leiten zu lassen, wie ist die verbindlichkeit solcher kriterien zu begründen, gibt es probate verfahren? usw. – Dieses interesse ist ganz zweifellos nicht nur das persönliche interesse eines didaktikers.

Er teilt es vielmehr mit lehrern, richtlinienautoren und bildungspolitikern, die da fragen, welche hilfen für die aufgaben ihrer jeweils spezifischen praxis von »der« didaktik und curriculumforschung zu erwarten sind.

Deswegen mache ich nunmehr den versuch, die gesichtspunkte systematisch zusammenzufassen, die ich in den besagten vorarbeiten zusammengestellt habe. Von diesem unternehmen verspreche ich mir und dem leser ein *doppeltes ergebnis*: Zum einen soll der *begriff der »didaktik«* nach seiner reichweite abgesteckt und in seinen differenzierungen gleichsam zwischen »bildungsökonomie« und »unterrichtstheorie« erläutert werden. Ich werde dabei den titel »didaktik« für alle jene überlegungen, sätze und theorien benutzen, die von »unterricht in der schule« handeln. Zur differenzierung gebrauche ich in der regel eingrenzende prädikate (z.b. »fach«didaktik). – Zum anderen möchte ich ein paradigma didaktischer konstruktion entwickeln. Dabei verstehe ich unter *»paradigma«* einen kreis von vorstellungen, ein denkmodell (siehe unten), das jene denkschritte, jene operationen beschreibt, die bei einer jeden didaktischen konstruktion anzuwenden sind. Gewiß wird in der praxis didaktischer konstruktion sehr verschieden vorgegangen: Das paradigma muß die unverzichtbaren elemente eines jeden konstruktionsprozesses enthalten. – *»Didaktische konstruktion«* erläutere ich vorläufig dadurch, daß ich einige wichtige beispiele für diesen begriff angebe: entwicklung einer unterrichtsreihe, eines unterrichtswerks, entwicklung von rahmenrichtlinien, ausarbeitung eines curriculum, erarbeitung eines modellversuchs für ein schulsystem usw. (siehe auch oben s. 2).

## 1.2 der ansatz

Es ist nicht leicht, für ein solches programm einen systematischen ausgangspunkt zu bestimmen. Jede wahl wäre mit einem gewissen maß an beliebigkeit belastet, wenn nicht die *wissenschaftliche sozialisation des autors* die wahlmöglichkeiten einschränkte. Diese erfährt ihrerseits spezifische akzentuierungen durch seine primärerfahrungen, die er im gegenstandsfeld »unterricht in der schule« hat sammeln können. Von einigen feldern solcher erfahrung war eingangs die rede. *Das* praxisfeld jedoch, dem die spezifischen akzente der folgenden ausführungen zu danken sind, dem auch ihre sprache verpflichtet ist – dieses praxisfeld ist die *lehrerausbildung*, insbesondere in der ersten und dritten (lehrerfortbildung) phase. Natürlich ist es im einzelnen nicht möglich, diesen einfluß jeweils genau auszuweisen. Immerhin ist dieser hinweis wichtig, um die tragweite der folgenden überlegungen abzuschätzen: Es ist nicht »die« wissenschaft, die hier beweist oder dekretiert, wie didaktische konstruktion zu geschehen habe. Vielmehr leistet der in die lehrerausbildung verwickelte erziehungswissenschaftler seinen beitrag zu derartigen konstruktionsaufgaben.

An einer stelle allerdings läßt sich der ansatz der arbeit sehr genau bestimmen: zwei *forschungsprojekte zum schulischen pädagogikunterricht* steckten den rahmen für jene erfahrungen ab, die dann ihren begrifflichen niederschlag im konstruktionsparadigma fanden (ACHTENHAGEN/MENCK 1971; MENCK 1972a). Das gilt vor allem für das inzwischen gängige postulat, daß die betroffenen lehrer in den prozeß der curriculumentwicklung einbezogen werden sollten: Veranstaltungen zur lehrerfortbildung demonstrierten, was das im konkreten falle heißen kann. Das gilt auch für das prekäre postulat der wissenschaftlichkeit didaktischer konstruktion (siehe unten s. 22ff.): Die detaillierte erhebung der struktur »durchschnittlichen unterrichts« erwies sich erstens als unumgängliches korrektiv gegen gängige verdrängungen und rationalisierungen und zweitens als notwendige information über die durchschnittlichen realisierungsbedingungen von curriculumentwicklung. Allerdings zeigte sich hier auch die beschränktheit aller praktischen erfahrung: Ohne ein erziehungswissenschaftliches gewissen, d.h. ohne einen theoretisch vermittelten, also der praxis vorgängigen begriff von »solidarität« oder »selbstbestimmung« wäre ich sehr schnell am anderen kernstück des paradigmas irregeworden: In der unterrichtspraxis konstruktive alternativen zum »durchschnittlichen« bild des unterrichts zu finden vermag nur der, der sie genau sucht oder gar provoziert. – Wegen dieses erfahrungshintergrundes werde ich in der arbeit auch mehrfach beispielsweise auf den schulischen pädagogikunterricht eingehen.

Was nun die *begriffe* angeht, bei denen ich ansetze, so gehe ich zunächst von der annahme aus, daß keine didaktik hinter den problemstand zurückfallen darf, den die kritische sichtung der »Theorien und Modelle der Didaktik« von Herwig BLANKERTZ (1970) markiert.

Das heißt zunächst, daß man

- »die« didaktik nicht auf *ein* didaktisches modell reduzieren kann und
- jedes didaktische modell über dessen eigenes selbst(miß)verständnis hinaus daraufhin zu befragen hat, welchen *spezifischen beitrag* es zu einer gedachten »didactica magna« leiste.

Der problemstand läßt sich noch genauer bestimmen:

BLANKERTZ hatte zwar zunächst modellkritik im sinne:

»Vielmehr kommt es darauf an, in unserer Darstellung ein Aufgaben- und Kategoriengefüge sichtbar zu machen, welches dem Leser, der uns folgt, erlaubt, die ihm jeweils begegnenden didaktischen Konzeptionen einzuordnen und ihren Zusammenhang mit der gegenwärtigen Wissenschaftslage zu bestimmen« (BLANKERTZ 1970, 16).

Dennoch impliziert seine analyse zugleich die *idee einer* die verschiedenen modellansätze *umfassenden didaktik*: Die behandlung der »Didaktik zwischen Bildungstheorie und Kybernetik« (ebd.) setzt einen ansatz voraus, von dem aus die von ihm referierten ansätze erst als aspekte erscheinen können und eine auslegung der ansätze über ihr selbstverständnis hinaus möglich wird. BLANKERTZ nennt das schlicht den in frage stehenden »Problemhorizont«, er spricht vom »Spannungsfeld« der ansätze (ebd.); methodologisch gewendet, vom »Dialog« der ansätze (ebd., 7): Die möglichkeitsbedingung für einen dialog sei die gemeinsame verpflichtung der partner auf die »didactica magna«.

Die von BLANKERTZ vorausgesetzte position ist nun unschwer zu identifizieren und kann kurz so zusammengefaßt werden: Aufgabe der didaktik ist die wissenschaftliche kontrolle aller »im Unterricht auftretenden Erscheinungen und Bedingungen« (ebd., 91) bei gleichzeitiger vermittlung des »emanzipatorischen Interesses«, das im bildungsbegriff als uneingelöstes versprechen aufgehoben ist (ebd., 113):

Dies ist sein fazit der kritik didaktischer modelle: Didaktik könnte »bei Nutzung aller planenden und steuernden Möglichkeiten der technischen Zivilisation die bisher immer wieder gescheiterte und als utopisch verworfene Anstrengung in sich aufnehmen, nämlich die intellektuellen Kräfte der Gesellschaft über die handelnden gesellschaftlichen Subjekte zu befreien zu ihrer wahren Möglichkeit, und zwar durch Aufklärung, nicht durch sozialtechnische Bewußtseinsmanipulationen«. (ebd.) Dasselbe ergibt seine diskussion von lehrplantheorie und curriculumforschung: Unter der voraussetzung, daß »die Funktion einer emanzipatorisch engagierten Erziehungswissenschaft bei der Begrenzung der Aussagen der Instanzen und bei der kritischen Sichtung der in den Expertengesprächen gewonnenen Antworten« genauer bestimmt würde (ebd., 173), ist von der wiederentdeckung des didaktischen problemhorizonts zu erwarten: »eine Theorie der Lehrplanentscheidungen..., die alle Bedingungen erfaßt und zu diesem Zweck wissenschaftstheoretisch sowohl über eine nur hermeneutisch die Erziehungswirklichkeit interpretierende Disziplin als auch über ein ausschließlich positivistisch verstandenes System empirisch überprüfbarer Hypothesen von Sozialisations- und Lernvorgängen hinausgeht« (ebd., 166 f.).

Kurz: BLANKERTZ setzt eine didaktik voraus, die die aspektisolierung durch bezugnahme auf eine kritische theorie der bildung aufzuheben versucht.

Meine ausführungen sollen noch an ein weiteres merkmal der arbeit von BLANKERTZ anknüpfen. Er handelt die didaktik auf *zwei ebenen* ab:

»Wir behandeln die Didaktik zwischen Bildungstheorie und Kybernetik sowie die der Didaktik zuzuordnende Lehrplantheorie zwischen hermeneutischer Identifikation und Taxonomie von Lernzielen« (ebd., 16).

Nun sucht man allerdings vergeblich nach einer expliziten begründung für solche zweiteilung der darstellung. Worin besteht der unterschied der ebenen; inwiefern ist der didaktik eine lehrplantheorie »zugeordnet«? Einen hinweis auf die zugrundeliegende vorstellung hat BLANKERTZ in die vierte und die folgenden auflagen aufgenommen: Bildungstheoretische didaktik beschränke sich nicht allein auf unterrichtsvorgänge, sie habe vielmehr »Bezugsebenen der didaktischen Reflexion herausgestellt« (Blankertz 1970, 48). Vermutlich bezieht er sich auf Wolfgang Klafki: Der spricht von verschiedenen »Ebenen der Abstraktion«, die »getreu die Verhältnisse an den Pädagogischen Hochschulen« spiegeln (Klafki 1963, 89ff.) und damit auf aufgabenbereiche didaktischer konstruktion bezogen sind. Daß Klafki die historisch bedingten disziplinen zu einer systematik hypostasiert, ist ausdruck typisch geisteswissenschaftlicher befangenheit; daß er die didaktische reflexion auf abgrenzbare aufgabenbereiche konkretisiert, zeigt, daß hier der konstruktive anspruch festgehalten ist, der – wie gesagt – auch meine ausführungen leiten soll.

Eine bemerkung vorweg noch zur methode dieser ausführungen: Als wesentliches element eines paradigmas für die didaktische konstruktion wird »historische rekonstruktion« reklamiert werden (siehe unten s. 27). Das soll für die darstellung ebenfalls gelten. Ich werde ansetzen bei der aufbereitung des problemstandes, wie er sich in der didaktik der BRD darstellt. Insofern unterscheide ich mich von Hilbert L. Meyer, dessen untersuchungen dort einsetzen, wo die curriculummethodologie am weitesten entwickelt ist. Das bedingt bei ihm »umfangreiche Bezugnahmen auf die nordamerikanische Curriculumtheorie und -praxis« (Meyer 1972, 28). Bei mir hingegen sind sie allenfalls dort am platze, wo die amerikanische curriculumtheorie in die didaktik der BRD strukturierend eingang gefunden hat.

## 1.3 die gliederung

Die ausführungen werden im anschluß an den hinweis von Blankertz nach *vier bezugsebenen didaktischer reflexion* gegliedert. Das hat darstellungstechnische gründe. Die »wechselseitige Verschränkung« der ebenen (Blankertz 1970, 48) scheint sich einer solchen gliederung zunächst immer wieder zu entziehen. Ein früherer versuch, den begriff der »unterrichtsmethode« zu analysieren (Menck 1972b), ließ sich jedoch erst durchführen, nachdem jene ebenen in analytischer absicht abgegrenzt wurden. Dazu kommt nunmehr als systematischer grund das konstruktive interesse, das nur dann konkret artikuliert werden kann, wenn es auf bestimmbare didaktische aufgabenbereiche bezogen wird. – So ergibt sich eine horizontale und eine vertikale gliederung:

a) Durchgängig ist auf allen vier ebenen die explikation eines paradigmas didaktischer konstruktion beabsichtigt, wozu es – das sei vorgreifend angedeutet – der folgenden schritte bedarf:

– sichtung der daten (in der regel in auswahl), über die die erziehungs-

wissenschaft im blick auf unterrichtsplanung und lehrplanentwicklung verfügt;
- prüfung der instrumente, mit deren hilfe diese daten gewonnen wurden;
- ermittlung des niveaus, auf dem die exposition des didaktischen konstruktionsproblems möglich ist;
- vermittlung des interesses an konstruktiver aufgabenlösung mit dem vorigen.

Damit ermüdende wiederholungen vermieden werden, soll das nicht in jedem kapitel voll ausgeführt werden. Deswegen wird die darstellung
b) mit einem kapitel (2) beginnen, in dem die konstruktionsaufgabe unter aufnahme des erreichten standes erziehungswissenschaftlicher methodologie beschrieben wird. Im kapitel 3 werden die vier den eingangs (siehe oben s. 2) genannten konstruktionsaufgaben entsprechenden bezugsebenen didaktischer reflexion beschrieben. Diese sind dann jeweils thema der kapitel 4 bis 7. Jedes dieser kapitel beginnt mit einem beispiel, das den gegenstand vor augen führen soll. Es gibt sodann noch einige exkurse. Sie betreffen sachverhalte, die gleichsam quer zum gedankengang der arbeit liegen (lehrerausbildung: 2.2; theorie und modell: 4.1; erziehungswissenschaft und pädagogische innovationen: 7.4). Sie werden dort eingefügt, wo ich sie zur klärung und illustration meines gedankenganges brauche. – Es mag den anschein haben, als sei mit solcher aufschlüsselung in anderer weise als durch die verabsolutierung einzelner modelle der anspruch einer verpflichtung auf die didactica magna aufgehoben, den ich ausdrücklich mit Blankertz teile. Deswegen soll zum schluß (8) der problemzusammenhang noch einmal unter dem gesichtspunkt von »steuerung und kommunikation« zusammengefaßt und neu problematisiert werden.

# 2. ein paradigma didaktischer konstruktion

Das kapitel gliedert sich in zwei abschnitte: Erstens wird der begriffsrahmen ausgeführt, dessen ich mich zu bedienen gedenke. Dabei wird sich eine rekonstruktion der diskussion über die wissenschaftstheoretischen voraussetzungen erziehungswissenschaftlicher theoriebildung nicht vermeiden lassen. Ich beabsichtige zwar nicht, die ungezählten beiträge zu diesem thema um eine weitere variante zu vermehren (vielfältiges material dazu findet man bei Dietrich BENNER 1973, und bei Wolfdietrich SCHMIED-KOWARZIK 1974), muß jedoch in die sprache einführen, die ich im fortgang verwenden will. Im zweiten abschnitt soll das konstruktionsparadigma dann ausgeführt werden.

## 2.1 die sprache und die begriffe

Ich beginne mit der tradition, nach der der praxisbezug konstitutiv für die pädagogische wissenschaft ist. Friedrich D. E. SCHLEIERMACHER hat ihr gleichsam das – immer wieder zitierte – programm formuliert:

»Ist doch überhaupt auf jedem Gebiete, das Kunst heißt, im engeren Sinne, die Praxis viel älter als die Theorie, so daß man nicht einmal sagen kann, die Praxis bekomme ihren bestimmten Charakter erst mit der Theorie; die Praxis ist unabhängig von der Theorie; die Praxis wird nur mit der Theorie eine bewußtere.« (SCHLEIERMACHER 1826, 11)

Ich meine die *geisteswissenschaftliche pädagogik.* Allgemein hat Ilse DAHMER das verhältnis von theorie und praxis am beispiel Erich WENIGERS ausführlich analysiert (DAHMER 1968); für die geisteswissenschaftliche lehrplantheorie und didaktik kann auf die »Studien« von Wolfgang KLAFKI (1963) sowie die darstellung von BLANKERTZ (1970, 28ff.; 114ff.) verwiesen werden, so daß sich eine nähere ausführung hier erübrigt. – Wegen des konstitutiven praxisbezuges möchte es scheinen, als könne dieser ansatz das muster für die didaktische konstruktion abgeben. Und in der tat war er bis in die sechziger jahre in der BRD maßgeblich – von der organisation der lehrerausbildung (WENIGER 1957) bis hin zur unterrichtsvorbereitung (siehe unten s. 46ff.). In dem maße jedoch, in dem sich das problembewußtsein erziehungswissenschaftlicher forschung in der auseinandersetzung mit den sozialwissenschaften verschob und schärfte, zeigten sich erhebliche mängel der geisteswissenschaftlichen pädagogik, die dazu führten, daß Erich WENIGERS schüler den »ausgang ihrer epoche« ausriefen:

a) Der *praxisbezug* war geschrumpft zum bezug auf die je eigene erziehungs- und unterrichtsarbeit sowie auf die analyse von *erfahrungsberichten.* Auch WENIGER hatte eine lehrplantheorie entwickelt und etwas angestrebt, was wir heute »curriculumrevision« nennen würden. »Aber das war gedacht als eine Aufgabe, die ein einzelner vom Schreibtisch aus zu leisten imstande wäre – und aus dem klassenzimmer, ergänze ich (P. M.) – darum blieb dieser Ansatz bei der Analyse stehen und drang nicht zu konstruktiver Planung vor.« (BLANKERTZ 1970, 172)
b) Die *zielformulierungen* für lehrplan und unterricht waren *zu vage* formuliert, als daß sich ihnen eindeutige angaben für die strukturierung der praxis hätten entnehmen lassen. Aber vielleicht waren sie gar nicht als anweisungen zu verstehen, sondern als ausdruck eines konsens der »bildungsmächte« (WENIGER 1952, 77)? Wie aber wird der konsens dann ermittelt? Offensichtlich wird er im unterricht selbst hergestellt (WENIGER 1960, 38 f.); analysieren kann man ihn aus dem lehrplan, der seinerseits als »Kodifikation des Lehrgefüges«, d. h. des unterrichts interpretiert wird (WENIGER 1952, 21). Damit haben sich die »bildungsmächte« dem analysierenden zugriff ebenso entzogen wie die zielformeln.
c) Das problem der *effizienz von unterricht* konnte sich nicht stellen, da unterrichtliches handeln nicht nach vorgegebenen zielen normiert werden sollte, sondern sich in dem prozeß der über die person des lehrers vermittelten begegnungen des schülers mit einer sache zu entfalten hatte. Wohl aber hätte die effizienz von lehrerausbildung thematisiert werden können: Befähigt das pädagogische studium den angehenden lehrer, in seiner person jenen konsens der bildungsmächte zu vermitteln? WENIGER machte zwar »die Rede vom geborenen Erzieher« madig (WENIGER 1957, 39 ff.), ob jedoch die von ihm programmatisch vorgetragenen »Aufgaben der akademischen Lehrerbildung« (ebd., 42) in deren praxis auch gelöst wurden, danach fragte er noch nicht.
d) Wenn pädagogische theorie pädagogische praxis nachgängig aufklären und ihr zu einem besseren verständnis ihrer selbst verhelfen, insofern also innovativ sein soll, so ist nach dem *maßstab* solcher *aufklärung* zu fragen: Wie kann der unterschied zwischen »normierend und wertsetzend auftretenden beliebigen Meinungen, gesellschaftlichen Gruppeninteressen, Vorurteilen und Dummheiten auf der einen Seite und einer der Anstrengung des Begriffs entrungenen großen Philosophie andererseits« kritisch erfaßt werden (BLANKERTZ 1966, 70)?

Nicht auf diese frage zwar, wohl aber auf die anderen vermag scheinbar eine *erfahrungswissenschaftlich ausgerichtete erziehungswissenschaft* antwort zu geben:

a) An die stelle des rekurses auf eigene unterrichtspraktische erfahrung tritt das postulat der prinzipiellen *intersubjektiven prüfbarkeit.* Wenn erzieherisches handeln auch nicht in derselben weise reproduzierbar ist wie das laborexperiment des psychologen oder physikers, so sind doch alle bedingungen prinzipiell kontrollierbar (z. b. KOCH, 1972, 88).

b) und c) Pädagogische praxis ist intentionales handeln, es verfolgt bestimmte absichten und ziele. Erfahrungswissenschaftliche prüfung ist prinzipiell in der lage zu ermitteln, ob die ziele erreicht sind oder nicht. Das gilt für unterrichtliche ziele genauso wie für die konsensermittlung als voraussetzung für eine curriculumkonstruktion (siehe MEYER 1972, 206 ff.). Das setzt voraus, daß die *zielangaben in kategorien von verhalten* der beteiligten formuliert sind, also die operationalisierung der vagen zielformeln derart, daß die formulierung von prinzipiell falsifizierbaren erfolgshypothesen möglich ist.

Hier jedoch setzt nachhaltige *kritik* ein:

Prinzipiell sei der versuch zu begrüßen, die pädagogischen grundbegriffe operational zu definieren, so gesteht Josef DERBOLAV zu. Nur werde die operationale definition in der regel nicht so gefaßt, daß für alle begriffe zumindest denkoperationen angegeben werden könnten, »aufgrund deren man zum Verständnis des Gemeinten gelangen kann« (DERBOLAV 1970). Vielmehr beschränke man sich in behavioristischer reduktion »auf die Beschreibung und Erfassung des äußeren ... Verhaltens« (ebd., 16). Das führt dazu, daß »für den konsequenten pädagogischen Behavioristen die Bildungsinnerlichkeit des Educandus – das also, was hier pädagogisch *eigentlich* geschieht – in dem Augenblick völlig gleichgültig und uninteressant (wird), wo er den Wirkungszusammenhang zwischen Input und Output in der Erziehung begriffen zu haben glaubt« (ebd., 18). – Die beliebtere variante der kritik an jener position wendet sich gegen das implizierte interesse an effektivität, gegen die sozialtechnologischen konsequenzen einer normativ-analytischen wendung und endet bei der vision eines dualismus von »Sozialingenieuren und Insassen geschlossener Anstalten«, wie sie Jürgen HABERMAS heraufbeschworen hat (HABERMAS 71 a, 334).

In beiden fällen wird die problematik unzulässig auf eine alternative zugespitzt. Und natürlich will niemand diese konsequenzen. Da sie jedoch nicht streng logisch aus den prämissen des erfahrungswissenschaftlichen ansatzes deduziert werden können, stellt sich der sachverhalt – redet man über konkrete forschungsprobleme – differenzierter dar:

Es könnte sich herausstellen, meint Hilbert MEYER, daß die forderung der aufhebung sozialtechnologischer kontrolle das gegenteil ihrer intention bewirkt, »weil es durchaus denkbar ist, daß durch die sozialtechnologische Objektivierung überkommener Ansprüche an die Schule diese selbst problematisiert und für eine ideologiekritische Analyse aufbereitet würden. Die Forderung nach einer Aufhebung der sozialtechnologischen Kontrolle der Curriculumrevision braucht also nicht *vor* ihrer Entfaltung erhoben zu werden, sondern allenfalls im Durchgang durch ihre Möglichkeiten« (MEYER 1972, 238).

Ich teile diese meinung; mir kommt es in diesem zusammenhang jedoch eher auf das relative recht der kritik an einer erfahrungswissenschaftlichen erziehungswissenschaft an.

Wolfgang BREZINKA hat in der BRD ihren begriff am entschiedensten auszuführen versucht. Er formuliert, daß »der Gegenstand der Erziehungswissenschaft die erzieherisch relevanten Ausschnitte der Wirklichkeit... ›Erziehung‹ sind« (BREZINKA 1971, 34; im original hervorgehoben, P. M.). Was aber sind die »erzieherisch relevanten ausschnitte der wirklichkeit«?

»... Als Erziehung werden Handlungen bezeichnet, durch die versucht wird, das Dispositionsgefüge menschlicher Persönlichkeiten mit psychischen... und/oder sozial-kulturellen Mitteln... in Richtung auf größtmögliche Annäherung an gesteckte Lernziele zu verändern« (ebd., 33). Und erziehungswissenschaft »sucht nach jenen Bedingungen für die Verwirklichung von Erziehungszielen, die sich durch Handlungen beeinflussen lassen« (ebd.). Demnach ergibt sich: »Im Hinblick auf die in der Erziehungspraxis zu lösenden Probleme ist die Erziehungswissenschaft in erster Linie eine technologische Wissenschaft« (ebd., 32; alle drei zitate im original hervorgehoben).

Erziehung, unterrichtliche praxis ist der gegenstand. Nun aber nicht eine beliebige praxis, sondern eine bestimmte und problematisch gewordene praxis. Und hier ist der systematische ansatzpunkt für die kritik. Was nach BREZINKAS formulierung gleichsam nur anlaß für erziehungswissenschaftliche forschung ist, *konstituiert* nach der auffassung seiner kritiker überhaupt erst *den gegenstand der erziehungswissenschaft*: Die *praxis von erziehung und unterricht als zu bewältigende aufgabe.* Einen prägnanten, ja geradezu paradoxen ausdruck für diesen achverhalt hatte Erich WENIGER gefunden:

Der theoretiker »muß die Verantwortung der Praxis teilen, ihre Ziele bejahen, von der Verantwortung und von den Zielen aus denken, damit er die Aufgabe überhaupt in den Blick bekommt, damit die Wirklichkeit für ihn nicht stumm bleibt. ... erst die Befangenheit an die Sache ermöglicht die wahre wissenschaftliche Objektivität« (WENIGER 1957, 21). – Ilse DAHMER resümiert so: »Eine dem Phänomen Erziehung angemessene pädagogische Theorie muß von der Praxis her konzipiert und auf Praxis rückbezogen sein, also in praktischer Absicht betrieben und aus ihr heraus legitimiert werden« (DAHMER 1968, 49). Pädagogik ist »nur dann praktische Wissenschaft von der und für die Erziehung, wenn sie sich *unter den praktischen* Primat stellt, *in dem* der Erzieher immer schon seine Praxis ausübt« (SCHMIED-KOWARZIK/BENNER 1970, 619).

Erziehungswissenschaftliche theorie hat sich gleichsam nach zwei seiten ihrer praxis zu versichern:

»Weder vermag sie die erzieherische Praxis in ihrer konkreten Wirklichkeit theoretisch zu erfassen, noch kann sie in die konkrete erzieherische Wirklichkeit praktisch eingreifen.« (ebd.) Wolfdietrich SCHMIED-KOWARZIK und Dietrich BENNER sprechen, diesen sachverhalt zu bezeichnen, von einer »doppelten pädagogischen Differenz«, in der pädagogik als theorie zur erziehung als praxis stehe (ebd.; SCHMIED-KOWARZIK, 1974, hat den sachverhalt inzwischen unter dem titel der »dialektik« ausgearbeitet und ideengeschichtlich instrumentiert). Wird eine seite des konstitutiven praxisbezuges unterschlagen, macht erziehungswissenschaftliche forschung praxis zu ihrem objekt, so verliert sie ihren gegenstand.

Damit ergibt sich als *begriff pädagogischer kritik an einem erfahrungswissenschaftlichen ansatz der erziehungswissenschaft*: Das leitende interesse erziehungswissenschaftlicher forschung und reflexion ist nicht die ermittlung der bedingungen von erziehung, sondern das gelingen von erziehung, also die veränderung der bedingungen – womit erziehungswissenschaftliche theorie unter dieselben kriterien gestellt wird wie pädagogische praxis. Das gelingen wird gemessen an kriterien, die in je verschiedenen denkzusammenhängen verschieden formuliert werden:

- »mündigkeit« (selbstbestimmung, autonomie) im rückgriff auf das aufklärungspostulat;
- »bildung« in der geisteswissenschaftlichen pädagogik, die sich damit der neuhumanistischen tradition verpflichtete; jetzt auch unter bezugnahme auf das ursprünglich kritische element dieses begriffs;
- »emanzipation« im zusammenhang einer gesellschaftskritischen überhöhung geisteswissenschaftlicher pädagogik; usw.

Allemal sind es kriterien, in denen die uneingelösten versprechen der pädagogischen und politischen tradition aufgehoben sind und kritisch gegen die tatsächlichen bedingungen von erziehung und unterricht ausgespielt werdn, indem die wirklichkeit mit ihren – besseren – möglichkeiten konfrontiert wird. Dieser tradition kann sich erziehungswissenschaftliche reflexion nur mit hilfe hermeneutischer arbeitsgänge versichern: Sie *erschließt* das reale »Erziehungsgeschehen in seiner Einmaligkeit und Wandelbarkeit« *als ausdruck* eines wirkens und verhaltens, das von »auf den Educandus gerichteter Verantwortung« geprägt ist (Dahmer 1968, 51) – und ebendies ist die methode der geisteswissenschaftlichen pädagogik.

Soll das nun heißen, daß damit das problem der didaktischen konstruktion schon im vorfeld methodologischer überlegungen in einen *zirkel* eingesperrt würde, aus dem es nur mit dem gewaltstreich einer reduktion – einer technologischen oder einer hermeneutisch-affirmativen – einen ausweg gäbe? Nicht unbedingt, denn immerhin ist zunächst ein kritischer ausweg denkbar, ja er scheint der einzig mögliche zu sein:

Hilbert Meyer wählt diesen weg unter bezugnahme auf Jürgen Habermas: Den sozialtechnologischen ansätzen zur konstruktion und legitimation von curricula müsse eine »Theorie der Beherrschung sozialtechnologischer Prozesse« zugeordnet werden, »die den kritischen Maßstab ihres forschungspraktischen Einsatzes mitbestimmt und so geeignet ist, die sozialtechnologischen Reduktionen ursprünglicher Problematik zurückzunehmen« (Meyer 1972, 233). Eine solche, eine kritische theorie, die hermeneutische verfahren mit empirisch-analytisch gewonnenem wissen verschränkt, die »objektiv sinnverstehend arbeitet«, ist jedoch noch nicht ausgearbeitet. Und wäre sie's, so könnte man aus ihr »keine Modellanweisungen für eine kritisch sich verstehende Curriculum-Theorie ableiten«; kritische theorie entziehe sich direkten ableitungen (ebd., 237).

Was ist damit für das konstruktionsproblem gewonnen? Heißt das nicht, daß kritik sich immer nachgängig profiliert, indem und insoweit sie jene in der forschungs- oder unterrichtspraxis vorweg vorgenommenen reduktionen aufzuheben sucht? Um diese frage zu prüfen, müssen wir den sachverhalt noch ein stück genauer bestimmen.

*Kritik* an erziehungswissenschaftlicher norschung ist möglich *nur im vorgriff* auf ein bild einer ihren gegenstand nicht verfehlenden forschungspraxis. Selbst die sogenannte destruktive kritik, die sich nur als verdammungsurteil allen wissenschaftsbetriebes darstellt, setzt in diesem urteil ein bild einer angemessenen erschließung von wirklichkeit. Derartige verfehlungen – technologische reduktion und hermeneutische affirmation – haben ihren ursprung in undurchschauten gesellschaftlichen herrschaftsstrukturen: Wissenschaft wird zur durchsetzung heteronomer zwecke oder zu deren nachträglicher rechtfertigung in gebrauch genommen. Das bild hingegen einer von herrschaft freien wissenschaft hat Habermas in der »unterstellung« einer idealen sprechsituation und eines reinen kommunikativen handelns anthropologisch vermittelt (Habermas/Luhmann 1971, 140 ff.). Methodologisch impliziert das eine dialektik von hermeneutischen und empirisch-analytischen verfahren, die die aufgabe hat, »aus den geschichtlichen Spuren des unterdrückten Dialogs das Unterdrückte« zu rekonstruieren (Habermas 1969, 164):

»Empirisch-analytisches Wissen vermag die Hermeneutik zu relativieren, indem es Normen, die aus gesellschaftlich tradierten Sinnzusammenhängen stammen, mit den Möglichkeiten ihrer Realisierung konfrontiert und dadurch funktionslos gewordene dogmatisch verhärtete Ansprüche als ideologisch ausweist; Hermeneutik vermag demgegenüber darauf zu verweisen, daß Sprache, auch wenn sie immer der Stabilisierung von Herrschaft dienen kann, dennoch die Herstellung zwangloser Gesprächssituationen zeigt« (Meyer 1972, 236 ff.). – Wolfgang Lempert hat den begriff einer erforschung von bildungsprozessen in emanzipatorischer absicht entwickelt und formuliert den sachverhalt so: »Das technische und das kommunikative Interesse erweisen sich damit als mögliche Momente des emanzipatorischen Interesses, empirisch-analytische und hermeneutische Forschung als Potentiale kritischer Wissenschaft. Sie sind nicht notwendig blind gegenüber den Erfordernissen der Emanzipation, sondern nur soweit, wie sie voneinander isoliert, je für sich absolut gesetzt und positivistisch mißverstanden werden« (Lempert 1971, 320).

Damit zeigt sich jetzt, daß kritik nur dann als nachgängig erscheint, wenn man den zusammenhang einer sich als praktische wissenschaft verstehenden erziehungswissenschaft (analog einer »Gesellschaftstheorie in praktischer Absicht« – Habermas 1971 a, 17) auflöst, wenn man kritik gegen wissenschaft ausspielt. Das ist unzulässig. Da nämlich kritik sich nur in alternativen zu herkömmlicher forschungspraxis artikulieren kann, erweist sich diese als ihrerseits durch kritik vermittelt. Sozialtechnologische methoden, empirisch-analytische insgesamt, und hermeneutische kunstregeln erweisen sich als antworten auf das erkannte und kritisierte ungenügen ihrer weniger differenzierten vorgänger. Wissenschaftsgeschichtliche analysen können das unschwer belegen (z. b. KUHN 1967).

Für die frage der didaktischen konstruktion ergibt sich, daß der *kritische weg aus dem zirkel zugleich der konstruktive* ist. Beim derzeitigen stand erziehungswissenschaftlicher theoriebildung und forschungspraxis ist er zu beschreiben als *dialektik von hermeneutischen und empirisch-analytischen verfahren.* Zu fragen bleibt, ob und wie das methodologisch eingelöst wird. Leider ist das problembewußtsein da noch ziemlich unentwikkelt:

a) Frank ACHTENHAGEN spricht zwar von einer »verschränkung« von empirischen und hermeneutischen verfahren (ACHTENHAGEN 1969, 40). Doch macht ihm die »dialektische doppelzüngigkeit« schwierigkeiten bei der operationalisierung der in ansatz gebrachten begriffe (ebd., 40 ff.). Die auslegung in ein eigenes forschungsprogramm führt ihn deswegen auch dazu, »möglichst nur aus nomologischen Hypothesen das fachdidaktische Gebäude zu errichten« (ebd., 38; siehe dazu genauer unten s. 22 ff.).

b) Auch Wolfgang KLAFKI sagt, erfahrungswissenschaftliche und historisch-hermeneutische methoden seien »wechselweise aufeinander bezogen. Man kann das Verhältnis als einen ständigen dynamischen Rückkoppelungsprozeß beschreiben: von hermeneutischer Entwicklung der Fragestellungen und Hypothesen über die erfahrungswissenschaftliche Überprüfung dieser Hypothesen zur hermeneutischen Interpretation der so gewonnenen Ergebnisse und zur Herleitung neuer Hypothesen für neue empirische Untersuchungen usf.« (KLAFKI 1971, 374). In einem gesellschaftskritischen ansatz bleibe hermeneutik nicht auf die immanente oder historische interpretation beschränkt, sie werde vielmehr »darüber hinaus zu einer aus solchen Interpretationen heraus planenden und hypothetisch entwerfenden wissenschaftlichen Methode«. Empirische forschung habe die aufgabe, in die »von der Wissenschaft zu entwickelnden und von einer wissenschaftlich aufgeklärten Bildungspolitik zu realisierenden Entwürfe ... so viel gesichertes Wissen ... wie irgend möglich« einzubringen (ebd., 385). – Man wird das vorhaben der »lehrplanrevision in Hessen« als beispiel für dieses verständnis von erziehungswissenschaftlicher forschung lesen dürfen (siehe dazu LINGELBACH 1971; BECKER u. a. 1972). Am modell der »Kollegstufe NW« kann man noch besser erkennen, wie die planung aus einer historisch-kritischen interpretation der genese des bildungswesens erwächst (dazu siehe genauer unten s. 130).

c) Ein wenig anders sieht es aus, wenn man die empirischen methoden nicht nur begrenzt, sondern auch *innerhalb ihrer grenzen problematisiert.* Wendet man sie an, so muß man voraussetzen, ihr gegenstand verändere sich während der und durch die anwendung nicht. Notfalls muß vorsorge getroffen werden, etwaige störungen auszuschalten oder zu minimieren. Wird die erforschung der realität von erziehung und unterricht nun aber damit legitimiert, daß ebendiese bedingungen verbessert werden sollen, so kann man erwägen, ob der forschungsprozeß nicht die erste und direkteste möglichkeit einer einflußnahme für innovationen ist. Werner FUCHS hat diese überlegungen unter dem aufschlußreichen titel: »Empirische Sozialforschung als politische Aktion« ausgeführt und dabei – um nur ein beispiel zu nennen – das interview als »lernsituation« interpretiert (FUCHS 1970, 6). Im rahmen eigener arbeiten zum pädagogikunterricht habe ich das so formuliert: Jede analyse von unterrichtspraxis ist ein eingriff in dieselbe. Diesen eingriff »nutzen wir bewußt für die Aktualisierung latenter Rationalität« in der hoffnung, »daß sich auf diese Weise ein lang verborgenes didaktisches Reservoir erschließen und in die Konstruktion einbringen läßt« (MENCK 1971, 367). Im »Marburger grundschulversuch« soll detailliert vermessen werden, welchen einfluß eine forschergruppe im rahmen von »innovationsforschung« hat und haben kann (KLAFKI 1973, 92 ff.; siehe auch ebd., 114). Ein derartiges vorgehen empirischer forschung wird als »action research« bezeichnet, man kann es mit handlungsforschung übersetzen (ebd.). Das praktische interesse erziehungswissenschaftlicher forschung äußert sich hier nicht nur darin, daß die reichweite empirischer verfahren durch den aufweis ihrer nur hermeneutisch näher bestimmbaren grenzen eingeschränkt wird; es vermittelt sich vielmehr mit den methoden empirischer forschung. – Ehe handlungsforschung jedoch in der erziehungswissenschaft in nennenswertem umfang geplant, geschweige denn durchgeführt wird, muß schon vor mißbrauch gewarnt werden. Für die sozialarbeit sagt FUCHS, der gute wille reiche nicht aus, das in ihr enthaltene veränderungspotential beweglich und planvoll zu nutzen:

»Das auf hoher Stufe formaler Rationalität ausgebildete Methodenbewußtsein der empirischen Sozialforschung kann nicht einfach zu den Akten gelegt werden zugunsten einer Verbindung von Forschung und Aktion, wie sie etwa in der Sozialarbeit aufzufinden ist. Das wäre sowohl politisch wie wissenschaftlich ein Rückschritt« (FUCHS 1970, 12; siehe auch HABERMAS 1971 a, 18).

Fast noch wichtiger ist eine zweite warnung: Wenn das leitende interesse in der veränderung des unterrichtsfeldes liegt, könnte es sein, daß die absicht, »mittels Forschung Wissen über den Untersuchungsgegenstand zu erhalten«, nur »auf spezifische Veränderungsschritte und taktische Probleme bezogen« wird (FUCHS 1970, 14). Und schließlich ist gegen eine maßlose selbstüberschätzung der möglichkeiten erziehungswissenschaftlicher forschung zu erinnern, »daß die Methoden des ›action research‹ allein nicht Veränderung der gesellschaftlichen Verhältnisse im Sinne von Emanzipation garantieren« (ebd., 15).

Immerhin sieht es so aus, als deute sich hier ein *typus erziehungswissenschaftlicher forschung* an, der nicht nur eine »verschränkung« oder eine rückkoppelung von empirischen und hermeneutischen arbeitsgängen vorsieht, der vielmehr die in den empirischen methoden aufgehobene kritische potenz aktualisiert und deren beschränkung damit aufhebt. Ähnlich müßte sich von der anderen seite, den hermeneutischen methoden her argumentieren lassen. Dabei ergibt sich allerdings die schwierigkeit, darauf hat HABERMAS aufmerksam gemacht, daß es sich weniger um methoden als um kunstlehren handelt (HABERMAS 1971b, 120). Wenn man seinen vermutungen folgen darf, so bestünde der entsprechende arbeitsgang darin, die den »oberflächenstrukturen« sozialer phänomene »*zugrundeliegenden* abstrakten regelsysteme« aufzudecken und zu rekonstruieren (HABERMAS/LUHMANN 1971, 173ff.). Dieter LENZEN nimmt diesen hinweis auf.

Er entwickelt den ansatz eines »genetischen Strukturalismus«, der durch »eine Dialektik der Transformationen von Oberflächenstrukturen der Welt in Tiefenstrukturen sozialer Systeme« und umgekehrt dieser tiefenstrukturen (»Kompetenz«) in eine soziale oberflächenrealität gekennzeichnet ist (LENZEN 1973, 32). Von daher kann er den »Versuch einer strukturalen Didaktik« konzipieren (ebd., 36). Sie ist insbesondere durch die reziproken transformationsleistungen des lerners charakterisiert, die LENZEN als »lernen« und »handeln« bestimmt. (Auch andere didaktische zusammenhänge vermag LENZEN mit diesem strukturmodell zu fassen.) Bei der ermittlung der tiefenstruktur bezieht LENZEN sich vor allem auf die arbeiten von Jean PIAGET und seinen schülern.

Im vorigen war von der methodologie der erziehungswissenschaft im blick auf ihre konstruktiven aufgaben die rede. Der zusammenhang hätte auch unter der frage nach dem *verhältnis von theorie und praxis* diskutiert werden können; zum teil wurde es bereits ausdrücklich erwähnt. Ich hatte vorerst davon abstand genommen. Denn die bestimmung dieses verhältnisses kann nicht von bestimmten problemen losgelöst werden. Damit kritisiere ich ausdrücklich das vorgehen von Wolfdietrich SCHMIED-KOWARZIK und Dietrich BENNER (1970; siehe auch SCHMIED-KOWARZIK, 1974), die – wie andere – das problem allein im durchgang durch die geschichte seiner explikation glauben, zureichend diskutieren zu können. Man kommt da allenfalls zu solchen formeln wie der gerne zitierten, daß die theorie selbst, »und zwar unmittelbar die radikalste Praxis der heutigen Welt« sei (PICHT 1965, 155). Sie bedürfen der erläuterung, sollen sie mehr sein als eine trivialität. Theodor W. ADORNO gibt sie, indem er die formel mit dem »gegenwärtigen praktizismus« konfrontiert (ADORNO 1969, 188):

»Pseudo-Aktivität, Praxis, die sich um so wichtiger nimmt und um so emsiger gegen Theorie und Erkenntnis abdichtet, je mehr sie den Kontakt mit dem Objekt und den

Sinn für Proportionen verliert, ist Produkt der objektiven gesellschaftlichen Bedingungen. Sie ist wahrhaft angepaßt« (ebd., 181).

Ich falle aus der selbstgewählten rolle (siehe oben s. 6) und gebe noch ein scheinbar fernliegendes beispiel, das zeigen mag, daß jene formel – so richtig sie immer sein mag – nur dann wahr, also praxisverändernd wirksam wird, wenn man sie auf *bestimmte verhältnisse* bezieht:

»Obwohl die dialektischen Beziehungen der Menschen zur Welt unabhängig davon existieren, wie diese Beziehungen *begriffen* werden«, so heißt es in der »Pädagogik der Unterdrückten« von Paulo Freire, »so ist es dennoch wahr, daß die Form der Aktion, die Menschen wählen, zu einem weiten Maß davon abhängt, wie sie sich selbst in der Welt *begreifen*.« (Freire 1971, 88; hervorhebungen von mir, P. M.) »Deshalb versuchen die Unterdrücker, die Qualität der Menschen als ›Be-Denker‹ der Welt zu zerstören. Da die Unterdrücker diese Zerstörung nicht ganz zuwege bringen, müssen sie die Welt *mythizieren*.« (ebd. 161) »Gegenüber der mythizierenden Praxis der herrschenden Eliten erfordert die dialogische Theorie, daß die Welt enthüllt«, das heißt, kritisch analysiert wird (ebd. 200, 199).

*Das* problem, an dem das verhältnis von theorie und praxis in der erziehungswissenschaft der BRD expliziert wurde und wird, ist die *lehrerausbildung.* Da diese hier noch nicht in extenso erörtert werden soll, mögen einige hinweise genügen.

Die gegenwärtige situation ist wenigstens bis auf Erich Wenigers arbeiten und aktivitäten im rahmen der »akademischen lehrerbildung« zurückzuführen. – Weniger ging von dem bemerkenswerten ansatz aus, daß »Spuren von Rationalität sich bereits im naiven, unmittelbaren Erziehen nachweisen lassen« (Dahmer 1968, 49); er spricht vom »Wissen um den theoretischen Gehalt jeden erzieherischen Tuns« (Weniger 1957, 280). Erziehungswissenschaft hat ihre aufgabe nun darin, diese verhüllte rationalität zu entfalten, was Weniger dadurch ausdrückt, daß er theorien verschiedenen grades voneinander absetzt (ebd., 16 ff.). Wissenschaft – theorie dritten grades – hat also die aufgabe, das bewußtsein der in die praxis verwickelten aufzuklären; im erzieher *bildet* sich im durchgang durch solche aufklärungsprozesse die gestalt substantieller vernünftigkeit (Dahmer 1968, 63). Erziehungswissenschaft wird mit bedacht »pädagogik« genannt; ihr selbstverständnis orientiert sich am begriff und an der institutionalisierung der »lehrerbildung«. »Bildung« versteht Weniger als aufklärungsprozeß, in dem der wissenschaftler die rolle des aufklärers hat, der (angehende) lehrer die des aufzuklärenden.

Neuerdings ist das erziehungswissenschaftliche interesse an der lehrerausbildung eher gesellschaftspolitisch vermittelt (planungen wie das Bremer modell; entwicklung von konzepten einer »innovativen Persönlichkeit als Ziel einer veränderten Lehrerbildung«, Frech 1972, 45): »Systemverändernde« innovationen sollen, da man sie politisch nicht unmittelbar durchzusetzen in der lage ist, auf dem wege über unterricht initiiert werden. Deswegen ist es erforderlich, daß – wie Klaus Nagel und Ulf Preuss-Lausitz in etwas anderem zusammenhang formulieren – »partiell die Trennung zwischen Forschern, Vermittlern und handelnden Erziehern aufgehoben« werde (Nagel/Preuss-Lausitz 1971, 461, zum ganzen siehe unten s. 143 sowie Menck 1973).

Nun ist eine quelle für mißverständnisse und ungenauigkeiten in der tatsache zu sehen, daß erziehungswissenschaft das verhältnis von theorie und praxis *unter verschiedenen gesichtspunkten* reflektiert: Einmal bezieht sie sich auf eigene forschungs- und ausbildungspraxis, zum anderen auf die praxis des praktikers.

Von der *forschungspraxis* war bereits die rede: Das leitende interesse erziehungswissenschaftlicher forschung ist das gelingen von praxis; ihr gegenstand konstituiert sich unverkürzt nur, wo die wissenschaft die verantwortung der praxis teilt; versuche, das methodologisch einzulösen, wurden diskutiert. Diese einsicht hat nun institutionelle konsequenzen: Der rahmen, in dem sich der gegenstand erziehungswissenschaftlicher forschung konstituiert, und der rahmen, in dem sich die pädagogische verantwortung (diese chiffre sei zur abkürzung erlaubt) konstituiert, müssen, wo nicht identisch sein, so doch weitgehend übereinstimmen. Wenn also erziehungswissenschaftliche forschung und lehrerausbildung an ein und derselben institution geleistet werden, so ist das eine systematische konsequenz des hier in anspruch genommenen selbstverständnisses der erziehungswissenschaft. (Die errichtung von »gesamthochschulen« ist die institutionelle konsequenz.) – Erziehungswissenschaftler und erzieher sind beide auf das gelingen von praxis verpflichtet. Der standort ist jedoch ersichtlich jeweils ein anderer. Für die wissenschaft vermittelt sich das kriterium – gelingen von unterricht – über die praxis der lehrerausbildung: Die unterrichtspraxis wird zum objekt erziehungswissenschaftlicher forschung im interesse an einer gelingenden lehrerausbildung (siehe z. b. unten s. 31). Dem erziehungswissenschaftler stellt sich das theorie-praxis-problem als problem, sich stets von neuem der praxis zu versichern.

Für den *praktiker* ist unterricht jedoch die unmittelbar zu bewältigende aufgabe, die praxis, auf der »das Moment von Unfreiheit lastet«, das in ihrer »Abkunft von Arbeit« begründet ist (ADORNO 1969, 172). Im sinne des zitats von PICHT (siehe oben s. 16) hätte hier die theoretische vermittlung die unfreiheit aufzuheben, indem sie beispielsweise

- die institutionelle und gesellschaftliche vermitteltheit von praxis aufweist,
- scheinbar unumstößliche fakten problematisiert,
- neben problembewußtsein instrumente zur problemlösung (»technologien«) vermittelt,

kurz: indem sie »die praxis« als ein bewährungsfeld für sinngesteuerte interaktion vermittelte. Das heißt also: Zunächst ließ sich also die sogenannte »akademische« lehrerausbildung formal als institutionelle konsequenz des praxisbezuges der erziehungswissenschaft bestimmen. Zu ergänzen ist nun, daß sie inhaltlich nach den dimensionen auszuführen ist, in denen dem lehrer seine praxis zu einem theoretischen problem wird bzw. werden kann. – Hier breche ich vorläufig ab: Da in diesem abschnitt der arbeit nur in ihre sprache eingeführt werden soll, werde ich an anderer stelle die ausführungen zum curriculum der lehrerausbildung aufnehmen (siehe unten s. 29ff).

In den erläuterungen zur methodologie wurde ein begriff verwendet, von dem auch im folgenden häufiger gebrauch gemacht wird, nämlich der *begriff der »vermittlung«*. Auch ihn will ich eingangs erläutern. – Das »Wörterbuch der Philosophischen Grundbegriffe« gibt die auskunft, »Vermittlung« bezeichne »die Herstellung oder Annahme eines Mittleren (einer Mitte oder eines Mittels) zum *Zweck der Verbindung* oder Vereinigung von Wesenheiten, Möglichkeiten, Begriffen, die einander entgegengesetzt sind oder ausschließen, zwischen denen also an sich keine Beziehung, kein Zusammenhang zu bestehen scheint« (HOFFMEISTER o. J., 644; hervorhebung von mir, P. M.). In diesem sinne brauche ich den begriff, wenn es heißt,

- kriterien (wie »mündigkeit«) würden mit der forschungs- bzw. unterrichtspraxis über bestimmte methoden vermittelt (siehe s. 15) oder
- die verantwortung der praxis als kriterium für erziehungswissenschaftliche forschung werde mit dieser über die lehrerausbildung vermittelt (siehe oben s. 15).

Nun hat der begriff jedoch seit HEGELS kritik an der rede vom »unmittelbaren Wissen« (HEGEL 1830, § 61ff.) eine *kritische funktion*. Die sache ist auch der erziehungswissenschaft bekannt:

In seinem aufsatz über »Pädagogik und Rationalität« wendet sich Klaus MOLLENHAUER gegen eine auffassung von erziehungswissenschaft, nach der diese »von wissenschaftlich nicht weiter auflösbaren Entscheidungen und Wertungen auszugehen« habe. Damit ergäben sich irrationale residuen, die das »Pädagogisch-Eigentliche« ausmachten (MOLLENHAUER 1968, 57).

Allgemein handelt es sich also um die meinung, es gebe tatsachen, wesenheiten, die nur unmittelbar erfahren und gewußt werden könnten. Jeder versuch, etwas über sie auszusagen, verfehle sie bereits. Das ist, wie HEGEL gezeigt hat, nur die halbe wahrheit und deswegen falsch. Erst im durchgang durch bestimmte aussagen ergibt sich die unmittelbarkeit:

»In allen Fällen schließt die Unmittelbarkeit des Wissens nicht nur die Vermittlung desselben nicht aus, sondern sie sind so verknüpft, daß das unmittelbare Wissen sogar Produkt und Resultat des vermittelten Wissens ist.« (HEGEL 1830, § 66) Verhielte es sich nicht so, so führte das zu absurden konsequenzen (ebd., § 71 ff.), deren wichtigste die ist, daß »nicht die *Natur* des *Inhalts,* sondern das *Faktum* des *Bewußtseins* als Kriterium der Wahrheit aufgestellt wird« (ebd., § 71; siehe auch § 74).

Ich sprach davon, daß sich die pädagogische verantwortung im rahmen der lehrerausbildung »vermittele«. Die kategorie der »pädagogischen verantwortung« ist ein musterbeispiel für die besagten irrationalen residuen in der erziehungswissenschaft, wie MOLLENHAUER bereits gezeigt hat: Scheinbar ist sie ein letztes, dessen man unmittelbar innewird, von dem her sich pädagogisches handeln erschließt. In der tat hat der lehrer in der praxis unmittelbar in verantwortung zu entscheiden. (Das ist der sinn aller praktika, die gelegenheit geben sollen, solcherart erfahrungen zu machen). Diese entscheidungssituation wird als scheinbar unvermittelt erfahren. Sie ist es jedoch nicht. Sie ist vielmehr immer schon strukturiert durch anschauungen, erfahrungen, einstellungen, die der lehrer im laufe seiner sozialisation gewonnen hat.

Erich WENIGER hatte von der »eingehüllten Rationalität« gesprochen, »die in der geistigen Haltung des Menschen liegt« (WENIGER 1957, 17) und dafür die chiffre »Theorie ersten Grades« verwandt. – Oder HEGEL: »... jeder gebildete Mensch hat eine Menge von allgemeinen Gesichtspunkten und Grundsätzen unmittelbar gegenwärtig in seinem Wissen, welche nur aus vielfachem Nachdenken und langer Lebenserfahrung hervorgegangen sind« (HEGEL 1830, § 66).

In der lehrerausbildung wird darüber hinaus noch die kenntnis der einschlägigen bedingungen unterrichtlichen handelns erworben, seiner möglichen bestimmungen nach zeit, ort, personen, maßnahmen, interaktionsverhältnissen usw. Im durchgang durch diese – ausdrücklich theoretischen – bestimmungen ergibt sich eine neue qualität von unmittelbarkeit: eine *vermittelte unmittelbarkeit.*

Diesen sachverhalt modifiziert Theodor W. ADORNO in seiner »Negativen Dialektik«, HEGEL korrigierend:

»Vermittlung sagt keineswegs, alles gehe in ihr auf, sondern postuliert, was durch sie vermittelt wird, ein nicht Aufgehendes; Unmittelbarkeit selbst aber steht für ein Moment, das der Erkenntnis, der Vermittlung, nicht ebenso bedarf wie die des Unmittelbaren.« (ADORNO 1970, 172) Damit postuliert er den »vorrang des objekts« vor dem subjekt: »Nur weil das Subjekt seinerseits vermittelt, also nicht das radikal Andere des Objekts ist, das dieses erst legitimiert, vermag es Objektivität überhaupt zu fassen.« (ebd. 184) ADORNO stellt damit keineswegs die dialektik von subjekt und objekt still: »Trotz des Vorrangs des Objekts ist die Dinghaftigkeit der Welt auch Schein. Sie verleitet die Subjekte dazu, das gesellschaftliche Verhältnis ihrer Produktion den Dingen an sich zuzuschreiben.« (ebd. 188) Wen die konsequenz ärgert, daß durch »den Übergang zum Vorrang des Objekts *die Dialektik materialistisch«* wird (ebd. 191, von mir hervorgehoben, P. M.), der prüfe, ob er nicht im traditionellen selbstverständnis der aufklärung befangen ist: im »Trug des zum Absoluten sich stilisierenden Subjekts« (ebd. 185).

Daß auf diese philosophische tradition verwiesen wird, hängt natürlich mit der erwähnten wissenschaftlichen sozialisation des autors zusammen und soll hier seinen sprachgebrauch erläutern. Dieser deckt allerdings zugleich wichtige prämissen seiner im folgenden vorgetragenen überlegungen auf:

a) Die erste prämisse betrifft die differenz zwischen den gemeinten sachverhalten und ihren ausgesagten bestimmungen. Ein beispiel aus der didaktik ist die hinreichend bekannte und diskutierte sogenannte »operationalisierung« von lernzielen. Man intendiert beispielsweise im unterricht »mündigkeit« und wähnt sich dabei unmittelbar sicher dessen, was »mündigkeit« sei. Sieht man jedoch näher hin, so zeigt sich, daß man darüber gar nicht zu reden, ja zu denken in der lage ist, es sei denn in der *sprache bestimmter* lernziele. Deren nähere bestimmung leistet man, indem man ein bestimmtes schülerverhalten als ausdruck der gemeinten »mündigkeit« benennt (siehe dazu MEYER 1972, 88ff.; ders. 1974; siehe auch unten abbildung 3, s. 50). Es wird darauf ankommen, daß diese dialektik von »gemeintem« und »ausgesagtem« nicht eingeebnet wird (siehe hierzu HEGEL 1821, 79ff.). Lernziele gehen nicht in ihren operationalisierungen auf.

b) Eine denkfigur, von der viele pädagogische innovationen leben, ist diese: Ein plan, ein programm wird formuliert, das schlechte praxis verbessern soll. Ist dann die richtige politische entscheidung getroffen, so glaubt man, die ziele seien erreicht, die diese innovation einlösen sollte. An beispielen fehlt es nicht: Die vielfältigen programme zu lehrplanrevision (siehe z.b. KNAB 1971) zeigen – kontrastiert man sie mit der empirie von lehrplanentwicklung – augenfällig die wirkungs- und nutzlosigkeit von programmen, die sich die anstrengung des objekts schenken, um die HEGELsche formel entsprechend zu variieren. Gegenüber einem maßlosen glauben an die allmacht des pädagogischen *gedankens* ist die grundthese meiner arbeit: Didaktische konstruktionen sind mit der erfahrbaren unterrichtlichen *realität* zu vermitteln, einer realität, die erstaunlich widerständig ist, wie sich zeigt, wenn man sie zu »erfahren« sucht. – Darauf will ich nun eingehen.

## 2.2 das paradigma

Das *paradigma unterrichtlicher konstruktion* möchte ich schrittweise in der auseinandersetzung mit solchen denkformen erläutern, die sich auf die *pädagogische umgangserfahrung* stützen. Ich denke hier an das modell zur analyse und planung von unterricht, das Paul HEIMANN und Wolfgang SCHULZ entworfen haben und das die praxis der lehrerausbildung in der zweiten phase weitgehend bestimmen dürfte: das sogenannte »lerntheoretische« oder »lehrtheoretische« modell von unterricht. Der grundgedanke ist dieser:

Es gibt einen »pädagogischen Willen, der die soziale Situation Unterricht teleologisch strukturiert« (SCHULZ 1970, 412). Er äußert sich »in vier aufeinanderbezogenen Entscheidungen« (ebd.), bei denen bestimmte bedingungen zu berücksichtigen sind.

HEIMANN und SCHULZ brachten, als sie dieses einfache grundmodell für die praxis des unterrichtens weiter differenzierten, das auf den begriff, was der lehrer seit je tat, der seinen unterricht vorbereitet und kritisch beobachtet:

»Zwei Situationen sind es vor allem, die die Fähigkeit jedes einzelnen Lehrers zur Reflexion alltäglich herausfordern: *nach* dem Unterricht muß dessen *Analyse* ihm helfen, klüger als vorher zu werden. ... *Vor* dem Unterricht wird er dessen Struktur in der *Planung* antizipieren, d. h. von den angenommenen Voraussetzungen her und auf die gewünschten Folgen hin konstruieren.« (SCHULZ 1965, 22)

Dieses modell hat Frank ACHTENHAGEN für die *konstruktion einer fachdidaktik* übernommen und verfeinert. Er legte ein paradigma vor, dessen ansatz man als normativ-analytisch bezeichnen könnte (HABERMAS 1967, 49 ff.; MENCK 1970, 156 ff.):

Er klassifiziert die sätze einer fachdidaktik nach »aussagen« (die ihrerseits nach der struktur des lerntheoretischen unterrichtsmodells geordnet werden) und »normativen sätzen« (ACHTENHAGEN 1971, 218 ff.). Beide sind unter zwei leitenden kriterien zu prüfen

– den prämissen, »die für empirisch-analytische Aussagen methodologisch gesetzt sind« (ebd. 218), und
– der »normativen Strategie« im didaktischen entscheidungsprozeß (dem pendant zum »pädagogischen willen« bei SCHULZ); er wählt dazu »das emanzipatorische Interesse an der Entwicklung des Menschen ..., wie es im Bildungsbegriff zum Ausdruck kommt« (ACHTENHAGEN 1969, 40).

Damit lassen sich unter den »aussagen« jene ausscheiden, die nicht die qualität von »erklärungen« bzw. »erklärungsskizzen« haben; und es ergeben sich – unter zuhilfenahme des satzes von der strukturidentität von »erklärung« und »prognose« (STEGMÜLLER 1969a, 153 ff.) – »prognosen« bzw. »projektionen« als grundlage für die didaktische konstruktion. Die normativen sätze sind, z. b. mit hilfe einer taxonomie, in formen des schülerverhaltens umzuformulieren und können »mit ihrem Interessensyndrom kritisiert werden, wie es die Kritische Theorie postuliert« (ACHTENHAGEN 1971, 220). Der zusammenhang beider klassen von sätzen ist dann so zu sehen: »Die bekannten nomologischen Hypothesen mit ihren daraus abgeleiteten Prognosen sowie die ›quasi-invarianten‹ Theorien mit ihren Projektionsmöglichkeiten bestimmen den Spielraum der zu wählenden Norm, die damit einen formalen Charakter gewinnt. Denn positiv inhaltlich formulierte Sätze können nur über den erfahrungswissenschaftlich gesicherten Prozeß der Theoriebildung gewonnen werden.« (ACHTENHAGEN 1969, 40)

An diesem grundgedanken halte ich ein motiv fest, das ich als das *postulat der wissenschaftlichkeit didaktischer konstruktion* bezeichnen will:

> Eine fachdidaktik darf keine tatsachenbehauptungen enthalten, die nicht zugleich auch prinzipiell empirisch nachprüfbar wären; und sie darf nur solche ziele formulieren, deren konkrete bestimmung über erfahrungswissenschaftliche theorien gewonnen wird.

Damit ist einstweilen allerdings nur das problem der erfolgskontrolle im hinblick auf vorgegebene ziele gelöst, und zwar durch eine präzisere ausführung der operationalisierungsanweisungen als üblich, nicht aber das der didaktischen konstruktion. – Um dieses anzugehen, bedarf es einer genaueren erörterung der sogenannten »randbedingungen«:

Bei Hans Albert, auf den Achtenhagen sich beruft, heißt es dazu: »Voraussetzung für die prognostische Verwendung einer solchen Theorie ist allerdings eine zutreffende Beschreibung der Ausgangssituation des vorherzusagenden Geschehens... in der Sprache der Theorie, also je nachdem in der jeweils relevanten Ausdrucksweise der physikalischen, biologischen oder soziologischen Wissenschaftssprache.« (Albert 1957, 130) Albert formuliert sodann ein *normativ-analytisches konstruktionsparadigma:* »Liegen diese Bedingungen dann in einem bestimmten Raum-Zeit-Gebiet tatsächlich vor, dann lassen sich mit Hilfe der Theorie die in ihr beschriebenen Wirkungen in einem auf das erste bezogenen Raum-Zeit-Gebiet vorhersagen. Die *praktische Bedeutung* eines solchen Sprachspiels beruht vor allem darauf, daß man oft in der Lage ist, die Randbedingungen des Geschehens in einem Objektbereich so zu beeinflussen, daß die daraus entstehenden Wirkungen mehr oder weniger den eigenen Zwecken entsprechen. Die eigenen Handlungsalternativen spielen in diesem Fall die Rolle kausal-relevanter Umstände (Randbedingungen) und werden in Alternativprognosen berücksichtigt. Das ganze Sprachspiel wird damit auf den eigenen Willen des Handelnden, auf seine Pläne, sein Programm, bezogen und mündet in eine praktische Entscheidung aus, die geeignet ist, den Verlauf des Geschehens mitzubestimmen.« (Albert 1957, 130f.; hervorhebung von mir, P. M.)

Von aller möglichen kritik an diesem paradigma abgesehen: Für die didaktische konstruktion fehlt es über weite bereiche an nomologischen hypothesen, ja selbst an quasi-invarianzen; zum anderen brauchte man bedeutend mehr und genauere daten über die randbedingungen. Das hängt miteinander zusammen, da hypothesen und randbedingungen in derselben theoretischen sprache beschrieben werden. Wo dieser sprache die worte, der theorie die begriffe fehlen, kann man füglich keine differenzierten gesetzesaussagen und sätze über randbedingungen erwarten. Dieses fehlen von daten über durchschnittlichen unterricht sowie von ihn betreffenden hypothesen liegt begreiflicherweise in der komplexität des untersuchungsfeldes begründet (Winnefeld 1967, 34).

Käme es demnach nur darauf an, die faktoren des feldes möglichst präzise zu isolieren und experimentell bzw. quasi-experimentell zu variieren, wäre der mangel kein prinzipieller? Wenn die geisteswissenschaftliche didaktik, um die komplexität nicht zu verfehlen, auf die unterrichtswirklichkeit, das »lehrgefüge«, zurückging und ihre begrifflichkeit unter ausdrücklicher aufnahme der die unterrichtspraxis leitenden begriffe auslegte, so wäre ein solches vorgehen allenfalls vorläufig erlaubt – so lange nämlich, bis man die komplexion der faktoren entknäult hätte? Dies ist eine irrige prämisse. Denn selbst wenn man einmal unterstellt, alle randbedingungen seien irgendwann mit hinreichender präzision zu erfassen: Sie enthalten die »handlungsalternativen« der in der praxis verwickelten subjekte, also der lehrplankonstrukteure, der lehrer und der schüler. *Diese* randbedingungen sind nur sehr beschränkt in der form von relativ stabilen daten zu beschreiben. Hier sind die objekte der erziehungswissenschaftlichen analyse zugleich subjekte der veränderung des gegenstandsfeldes der erziehungswissenschaft. Deswegen wird für den begründungszusammenhang des nun zu entwickelnden konstruktionsparadigmas wieder als tugend reklamiert, was im sinne des bisherigen gedankenganges nur aus not zugelassen werden dürfte: die aufnahme einer wesentlichen prämisse der geisteswissenschaftlichen didaktik, nämlich deren *ausgang von der unterrichtswirklichkeit.* Die formel, auf die Erich WENIGER diese prämisse gebracht hatte, ist bereits zitiert worden (siehe oben s. 11). – Auf der anderen seite kann nicht darauf verzichtet werden, die bedingungen von unterricht erfahrungswissenschaftlich zu ermitteln und hypothesen bzw. quasi-invarianzen zu formulieren. Am postulat der wissenschaftlichkeit didaktischer konstruktion ist festzuhalten. Denn unsere einführenden überlegungen haben gezeigt, daß erfahrungswissenschaftliche analyse – gegebenenfalls gegen ihr selbstverständnis – einem (konstruktiven) interesse an behebung von praktischen schwierigkeiten und der veränderung von randbedingungen entspringt. Wie stellt sich das methodologisch dar?

Bei der erfahrungswissenschaftlichen ermittlung der randbedingungen von unterricht ist zu berücksichtigen, daß als ergebnis deren *durchschnittliche* gestalt erscheint. Eine vielzahl von abweichungen, die – quantitativ – das gesamtbild zwar nur gleichsam an den rändern modifizieren, ihm aber – qualitativ – in wesentlichen elementen widersprechen, geben hinweise darauf, daß die ermittelten durchschnittlichen didaktischen tendenzen nicht unkritisiert herrschen. Die idee, die dem hier zu entwickelnden konzept einer didaktischen konstruktion zugrundeliegt, ist nun einfach diese: *Die sich in der didaktischen praxis selbst, und zwar im modus konstruktiver alternativen äußernde kritik ist auf den begriff zu bringen.* Die konstruktionsproblematik stellt sich dann auf zwei – miteinander eng verschränkten, hier nur zum zwecke der analyse unterschiedenen – ebenen:

1. als (theoretisches) *problem der konstitution* des didaktischen gegenstandes und
2. als (praktisches) *problem der kooperation* der »beteiligten«, also als »kommunikationsproblem«

derart, daß einerseits kommunikation ohne einen begriff von der sache zu blindem praktizismus ausartet und andererseits konstitution ohne kooperation leere glasperlenspielerei bleibt.

1. Was meint »kritik im modus konstruktiver alternativen zur herkömmlichen unterrichtspraxis«? – Die praxis von unterricht soll gewisse allgemeine zielstellungen einlösen, wie sie z. b. in den präambeln von richtlinien formuliert sind. Die frage ist, ob das tatsächlich geschieht oder nicht. Um sie be-

antworten zu können, müssen diese allgemeinen ziele »operationalisiert« werden. Das heißt jetzt aber, sie müssen gleichsam »übersetzt« werden in die sprache der *bedingungen der gesellschaftlichen existenz der adressaten*, also der lehrer und schüler, insbesondere auch in die »sprache« der unterrichtlichen kommunikation. Die allgemeinen zielsetzungen, die leitenden intentionen des unterrichts werden erst in der auslegung auf bestimmte inhalte und technische arrangements des unterrichts greifbar und kritisierar (zur terminologie siehe unten s. 48). Die frage heißt damit also: Entsprechen die methodischen auslegungen den bedingungen der existenz insbesondere der schüler und damit zugleich ihren bedürfnissen? Damit soll nicht gesagt werden, daß unterricht ausschließlich auf diese bedürfnisse normiert werden müsse; nur dies, daß unterrichtliche ziele *mit bezug auf* die existenzbedingungen der schüler zu formulieren sind. – Die didaktische forschung hat zu ermitteln, in welcher weise die zielstellungen durchschnittlich unterrichtsmethodisch ausgelegt werden. Und wo immer konkreter unterricht von der durchschnittlichen gestalt von unterricht abweicht, wird diese implizit kritisiert. Es werden bestimmte züge des »lehrgefüges« vor dem hintergrund der allgemeinen zielsetzungen von unterricht kritisiert, indem alternativen gedacht und unterrichtsmethodisch realisiert werden. Wenn ich nun die besagte geisteswissenschaftliche prämisse übernehme von der einheit des interesses, das die praxis leitet, und desselben, das den gegenstand erziehungswissenschaftlicher forschung konstituiert, so muß das seine entsprechung in der erkenntnismethode haben. Das heißt: Die in der unterrichtlichen konstruktion des »praktikers« *praktizierte* kritik hat das muster abzugeben für die methode didaktischer konstruktion, die ich als *»bestimmte kritik«* bezeichnen will. Denn diese kritik ist über *bestimmte züge* von unterricht vermittelt und realisiert konstruktive alternativen zum kritisierten. Der gegensatz wäre eine pauschale kritik, die gegenwärtige unterrichtspraxis pauschal verwirft und dann glaubt, nach gewissen prinzipien unterricht von vorne und widerspruchsfrei neu konstruieren zu können. Bestimmte kritik nimmt – um es kurz zusammenzufassen – ihre bestimmtheit aus einer genauen »Analyse der Bedingungen«. Die frage muß nun sein, woher sie ihren maßstab nimmt (MENCK 1972a, 26).

Ein vorgehen, das dem »lehrgefüge« eine derart ausgezeichnete stelle einräumt, hat eines vorwurfs gewärtig zu sein: Die bedingungen gesellschaftlicher existenz und von unterricht spiegeln gesellschaftliche herrschaftsverhältnisse; und was garantiert dann, daß in der konstruktion dieser interessebestimmte zusammenhang nicht schlicht reproduziert wird?

Freerk Huisken unterstellt der »herrschenden Didaktik« in der BRD – gewiß zu pauschal –, sie sei weder in der lage, »die Bedingungen zu untersuchen, unter denen heute Innovationen im Bereich des Unterrichts, der Schulorganisation und des gesamten Bildungswesens geschehen, noch fähig ..., die Bedingungen zu hinterfragen, die ihren eigenen theoretischen Wandel stimulieren« (HUISKEN 1972, 218).

Als kritische anfrage ist dies sicher auch dort berechtigt, wo didaktik zu unrecht als teildisziplin der bildungsökonomie rubriziert wird: Wie kann der bezeichneten gefahr methodisch vermittelt, also nicht durch gut gemeinte, aber simple bekenntnisse begegnet werden? Woran kann der utopische überschuß der didaktischen zielstellungen festgemacht werden, wenn anders sie zwar mit bezug auf konkrete bedingungen formuliert werden, diese zugleich jedoch bestimmt kritisieren sollen?

Ich bemerke zunächst, daß der begriff der »bestimmten kritik« auf HEGEL zurückgeht. In der einleitung zur phänomenologie des geistes schreibt HEGEL, da er von der »anstrengung des begriffs« spricht: Das räsonnierende Verhalten »ist das bloß *Negative*; es ist das Letzte, das nicht selbst über sich hinaus zu einem neuen Inhalt geht; sondern um wieder einen Inhalt zu haben muß etwas *anderes* irgendwoher vorgenommen werden ... Dadurch, daß diese Reflexion ihre Negativität selbst nicht zum Inhalte gewinnt, ist sie überhaupt nicht in der Sache, sondern immer darüber hinaus; sie bildet sich deswegen ein, mit der Behauptung der Leere immer weiter zu sein als eine inhaltsreiche Einsicht. Dagegen ... gehört im *begreifenden Denken* das Negative dem Inhalte selbst an und ist sowohl als seine *immanente* Bewegung und Bestimmung wie als *Ganzes* derselben das *Positive*. Als Resultat aufgefaßt ist es das aus dieser Bewegung herkommende, das *bestimmte* Negative, und hiermit ebenso ein positiver Inhalt.« (HEGEL 1821, 49; »begreifendes Denken« von mir hervorgehoben, P. M.)

Theodor W. ADORNO kritisiert die »Gleichsetzung der Negation mit Positivität« (ADORNO 1970, 159): »Ist das Ganze der Bann, das Negative, so bleibt die Negation der Partikularitäten, die ihren Inbegriff an jenem Ganzen hat, negativ. Ihr Positives wäre allein die *bestimmte Negation, Kritik,* kein umspringendes Resultat, das Affirmation glücklich in Händen hielte.« (ebd.) Die dialektik habe ihren erfahrungsgehalt nicht am prinzip der positiven negation der negation, »sondern am Widerstand des Anderen gegen die Identität« (sc. mit dem subjekt; ebd. 161; von mir hervorgehoben, P. M.). »Nichts ist möglich als die bestimmte Negation der Einzelmomente, durch welche Subjekt und Objekt absolut entgegengesetzt und eben dadurch miteinander identifiziert werden.« (ebd. 175)

Damit ergibt sich der zusammenhang mit dem oben angesprochenen vermittlungsproblem: »Was ist, ist mehr, als es ist. Dies Mehr wird ihm nicht oktroyiert, sondern bleibt, als das aus ihm Verdrängte, ihm immanent.« (ebd. 162) Das mehr wird nicht etwa auf dem wege der abstraktion von begriffen erschlossen, sondern dadurch, »daß sie in Konstellation treten« (ebd.). Das heißt also, die konstellationen sind zu entziffern, die das einzelne, die sache, »als Gewordenes in sich trägt. ... Nur ein Wissen vermag Geschichte im Gegenstand zu entbinden, das auch den geschichtlichen Stellenwert des Gegenstandes in seinem Verhältnis zu anderen gegenwärtig hat« (ebd. 163). – Philosophie habe allerdings kein interesse gezeigt zu ermitteln, »wie Gegenstände durch Konstellation zu erschließen seien«, vielmehr müsse man das bedeutenden wissenschaftlichen untersuchungen – gegebenenfalls gegen deren selbstmißverständnis – entnehmen (ebd. 164). So heißt es an anderer stelle von der soziologischen theoriebildung: »Wie aber verbindliche gesellschaftliche Theorie sich mit Material vollgesogen haben muß, so muß das Faktum, das verarbeitet wird, kraft des Prozesses, der es ergreift, selber bereits auf das gesellschaftliche Ganze transparent sein.« (ADORNO 1957, 517).

Empirische sozialforschung habe davon auszugehen, »daß alle von ihr untersuchten Gegebenheiten ... durch die Gesellschaft vermittelt sind« (ebd. 123). Am beispiel der kategorienbildung bei der wahrnehmung von musik erläutert er: »Bloß die Einsicht in die *Genese* der vorfindlichen Reaktionsformeln und ihr Verhältnis zum *Sinn* des Erfahrenen würde es erlauben, das registrierte Phänomen überhaupt zu entschlüsseln.« (ebd. 516; hervorhebungen von mir, P. M.)

Damit ist zwar kein archimedischer punkt jenseits von möglicher ideologieverfallenheit gewonnen. Vielmehr skizziert ADORNO ein dialektisches denken, den versuch, »die Analyse in jedem Augenblick als Teil des analysierten gesellschaftlichen Prozesses *und* als dessen mögliches kritisches Selbstbewußtsein zu begreifen« – wie Jürgen HABERMAS zusammenfaßt (HABERMAS 1963, 309f.).

Didaktische konstruktion setzt mit bestimmter kritik bei unterricht und seinen bedingungen an. Nun hat die herrschende didaktik in der BRD in der tat bislang spätestens an den grenzen des bildungswesens halt gemacht und – allenfalls – den internen bedingungszusammenhang bestimmt kritisiert. Demgegenüber wird es darauf ankommen, daß die didaktische reflexion sich auf die *totalität der bedingungen von* vorfindlichem *unterricht* bezieht in dem doppelten sinne, den HABERMAS anspricht: daß sie bei der erforschung der die erscheinungen bewirkenden ursachen nicht an irgendeiner stelle bei unhinterfragten gegebenheiten aussetzt und daß sie zugleich aufzuhellen sucht, daß und inwiefern sie in denselben bedingungszusammenhang verflochten ist, den sie analysiert. – Diese überlegungen haben methodologische konsequenzen.

Die bedingungsanalyse, die einer didaktischen konstruktion vorausgeht, hat nicht nur die bedingungen selbst zu ermitteln, sie muß sie vielmehr darüber hinaus in ihrer *genese* entschlüsseln. Es genügt also nicht, zu den ohnehin schon bezeichneten faktoren noch ein paar weitere hinzuzufügen, um dem *postulat der totalität* der bedingungsanalyse zu genügen. Vielmehr ist ihre historisch-gesellschaftliche genese zu rekonstruieren. Erst als ergebnis einer *historischen rekonstruktion* kann die konkrete gestalt von unterricht und seinen bedingungen unverkürzt ermittelt und zugleich transparent gemacht werden auf die sinnbestimmung von unterricht, die sie einzulösen vorgibt und zugleich immer wieder partiell verfehlt. – Das ist in doppelter hinsicht eine konsequenz aus der bewußten übernahme der entscheidenden prämisse geisteswissenschaftlicher didaktik: Nimmt man – erstens – vom »lehrgefüge« seinen ausgang, so muß dies konsequent als »Ausdruck jeweils bestimmter historischer Prozesse und Verhältnisse und der in ihnen handelnden Menschen und Menschengruppen mit ihren jeweils geschichtlich bedingten Vorstellungen, Interessen und Motiven verstanden« werden (KLAFKI 1971, 360). Zum anderen muß die beschriebene (siehe oben s. 9) methodische selbstbeschränkung geisteswissenschaftlicher didaktik angesprochen und vermieden werden.

Der gedankengang ist noch unvollständig, wie die folgende beobachtung zeigt: Der bestimmten kritik der erziehungswissenschaft am herkömmlichen unterricht ist eine durch positiv-rechtliche setzungen und ungeschriebenes gewohnheitsrecht abgegrenzter spielraum gesetzt. Eine gravierende verletzung seiner grenzen hat in der regel politische sanktionen zur folge (elternproteste, eingriffe der schulverwaltung). Es wäre ein verhängnisvoller irrtum, wollte man glauben, bestimmte kritik als methode didaktischer konstruktion sei nur wissenschaftlich vermittelt. Sie artikuliert sich zugleich auch politisch-strategisch in dem sinne, daß genau abgeschätzt wird bzw. abzuschätzen ist, was unter gegebenen bedingungen politisch ohne konflikte durchsetzbar ist; welche konflikte bewußt – in didaktisch konstruktiver absicht! – provoziert werden müssen; welche hingegen destruktive folgen für den fachunterricht und insbesondere für die persönlich beteiligten haben. (Lehrer ziehen ohne argwohn unterrichtliche konsequenzen aus dem, was sie bei ihren lehrern hörten oder lasen – und sehen sich existenzgefährdenden angriffen ausgesetzt. Die proteste dieser ihrer lehrer gegen berufsverbote gleichen solange den sprichwörtlichen krokodilstränen, wie derartige konsequenzen nicht mitgenannt werden, wenn das bild eines kritischen unterrichts in der »Kritischen Schule« ausgemalt wird, wie z. b. bei Hans-Jochen GAMM 1970.) – Damit komme ich zum anderen:

2. Die in der praxis sich äußernde kritik sei »auf den begriff« zu bringen, hatte ich gesagt. Das heißt jetzt, daß es darauf ankäme, dieser praxis zu erläutern, ihr den begriff dessen zu vermitteln, was sie tut. Damit ist eine bestimmte aussage darüber gemacht, wie die erziehungswissenschaft ihre praktische und politische verantwortung wahrzunehmen hat, insbesondere eine aussage über form und inhalt der lehreraus- und -weiterbildung; und das hat konsequenzen für die form der erforschung tatsächlich ablaufenden unterrichts. Hierzu verweise ich auf die eingangs vorgetragenen erwägungen (siehe oben s. 14 ff.). Was die lehrerausbildung angeht, so möchte ich nunmehr jene erste skizze (s. 17–19) vervollständigen; ich füge in dieser absicht einen exkurs ein. Dieser exkurs hat eine doppelte funktion: Einmal nehme ich den oben fallengelassenen gedankengang wieder auf. Denn die lehreraus- und -weiterbildung ist offensichtlich die institution, in der der praxis erläutert werden kann, was sie tut. Die einführenden bemerkungen anläßlich des themas »theorie und praxis« reichen dazu noch nicht hin. Zum zweiten ist die institutionalisierung der lehrerausbildung, z. b. die entwicklung eines ausbildungscurriculums, eine konstruktive aufgabe im sinne meiner definition. Deswegen ist es jetzt möglich, das paradigma didaktischer konstruktion im zusammenhang mit dieser aufgabe zu illustrieren.

### *2.2.1 exkurs über die lehrerausbildung*

In der programmschrift »Bildungsreform als Revision des Curriculum« von Saul B. ROBINSOHN sucht man vergeblich nach dem »lehrer«. Nicht einmal als begriff taucht er auf, geschweige denn unter den instanzen seines modells. Das programm der curriculumrevision gab sich in der BRD zunächst den anschein einer administrativen maßnahme zur ausschaltung von ungenauigkeiten und unzuverlässigkeiten des lehrers. Das wirkte in der pädagogischen öffentlichkeit auch noch dann, als die curriculumforschung dieses bild revidierte. In der folgezeit jedoch artikulierte sich das interesse an verbesserung von schulischem unterricht immer stärker als interesse an der schaltstelle, die die von Hans TÜTKEN beschriebenen beiden regelkreise verbindet: am lehrer, der unentbehrlich ist »für die Übersetzung anerkannter Anforderungen in anzuzielende Qualifikationen und für die Erschließung neuer Qualifikationsmöglichkeiten im Unterricht« (KNAB 1971, 27); also am lehrer, der als kollaborateur oder saboteur unumgänglich ins kalkül der curriculumforschung einbezogen werden mußte. Inhaltlich ist die gesteigerte aufmerksamkeit für schule und unterricht zu bestimmen als interesse an gesellschaftlichen reformen, die auf dem wege über schule und unterricht zu verwirklichen seien. Staatliche verwaltung und erziehungswissenschaft entdeckten die lehrerausbildung als eingriffsstelle für politische interessen bzw. intentionen, was gleichsam zu einer konzertierten aktion führte:

a) Bildungspolitisch ausgelegte gesamtgesellschaftliche interessen finden ihren niederschlag in neuplanungen des schulwesens bzw. von teilsystemen (hauptschule, gesamtschule, kollegstufe; neue unterrichtsfächer). Diese institutionellen und curricularen innovationen müssen abgesichert werden durch eine entsprechende ausbildung des lehrpersonals, das die innovationen durchzusetzen hat. Daraus ergibt sich das erfordernis von änderungen der ausbildungsordnungen, fortbildungsveranstaltungen müssen eingesetzt werden usw. Es geht also darum, die trennung von verwaltung, die die interessen des politischen systems durchzusetzen hat, und praxis zu überwinden.

b) Was die erziehungswissenschaft angeht, so wird, wie gesagt (siehe oben s. 18), ihr verhältnis zur unterrichtlichen praxis als das problem der scheidung von theorie und praxis gesehen. Die erziehungswissenschaft hat gelernt, daß ihr seit SCHLEIERMACHER behaupteter prinzipieller praxisbezug konkret wahrgenommen werden müsse. Eine gesellschaftskritische reflexion der erziehungswissenschaft erkannte den »dialektischen Zusammenhang von individueller *und* gesellschaftlicher Freiheit und Gerechtigkeit, individueller Vernunft *und* vernunftgemäßen gesellschaftlichen Verhältnissen« (KLAFKI 1971, 82). Anders gesagt: Das pädagogische interesse der erziehungswissenschaft vermittelt sich nunmehr über eine politische kritik von institutionen der erziehung bzw. von diesbezüglichen planungen. Sollen pädagogisch für sinnvoll erachtete alternativen zu bestimmten institutionen politisch durchgesetzt werden, so ist das nur über politische kritik möglich. Die reduktion auf die politische dimension *bildungs*politischer kritik bedarf dann allerdings eines garanten für die *pädagogische* intentionalität politisch artikulierter institutionenkritik: Ein solcher garant ist der lehrer. Er allein scheint sicherstellen zu können, daß die pädagogischen intentionen nicht verraten werden, die in erziehungswissenschaftlicher reflexion auf bestimmte organisationsmodelle ausgelegt werden. Das hat man – wie gesagt – bald erkannt (z.b. Knab 1971).

Derartige überlegungen finden ihren niederschlag in gutachtlichen oder anderen äußerungen zur lehrerausbildung vor allem an zwei stellen:

1. Alles wissen der erziehungswissenschaft, das sich irgendwie auf unterricht in schule und gesellschaft beziehen läßt, wird in qualifikationskataloge hineingepackt. Dabei wird das ausbildungsleitende interesse an gesellschaftsreformen in der besonderen betonung der »innovationsfunktion« zur organisierenden kategorie der qualifikation erhoben.
2. In akribisch konstruierten organisationsmodellen ·für die lehrerausbildung wird der versuch gemacht, die pädagogische intentionalität gleichsam institutionell zu verankern, und zwar auf dem wege über die mitbestimmung der beteiligten (siehe dazu den »Ergebnisbericht«).

Die so charakterisierte situation muß vor dem hintergrund der in sie hineinragenden vergangenheit gesehen werden (siehe dazu auch oben s. 17). – Leitender gesichtspunkt der geisteswissenschaftlichen konzeption von lehrerausbildung war »die *pädagogische Verantwortung* vor dem und für den jungen Menschen, der auf dem Weg in seine Wirklichkeit, seine Mündigkeit, Menschlichkeit und Freiheit unserer Hilfe bedarf« (Klafki 1963, 112; hervorhebung von mir, P. M.). Die pädagogische verantwortung sollte vermittelt werden über die aneignung ihrer auslegungen in jeweils bestimmten geschichtlichen denksystemen, weswegen man dann von einem »historisch-systematischen« studium der pädagogik sprach. Verbunden mit diesem konzept war die (transfer-)erwartung, daß der so »gebildete« lehrer in der lage sein werde, die pädagogische verantwortung in je konkreten situationen spontan und schöpferisch in bestimmten unterrichtlichen entscheidungen und maßnahmen auszulegen. Ihre begriffliche fassung fand diese erwartung im postulat von der »methodischen freiheit« des lehrers. Durch die ergebnisse erziehungswissenschaftlicher, lernpsychologischer usw. forschung werden die grenzen solcher freiheiten bezeichnet.

An dieser konzeption wurde im laufe der sechziger jahre in der BRD zunehmend kritik geübt. Die rede von der »methodischen freiheit« des lehrers verschleierte, das wurde offenkundig, gleichförmigkeit und lähmenden schematismus tatsächlich ablaufenden unterrichts. So mußte vermutet werden, daß sich unter dem postulat der methodenfreiheit faktisch normierende faktoren durchsetzten, die seine sprengkraft entschärften. Die analyse der lehrerrolle deckte solche faktorengruppen auf; systemtheoretische überlegungen zeigten, daß die – scheinbar – einzigen steuerungsinstrumente für unterricht, nämlich lehrpläne und richtlinien, offensichtlich als solche keine große rolle spielen, vielmehr eher den gesellschaftlichen konsens über die zwecke von schule und unterricht zu garantieren haben (siehe dazu FINGERLE 1973). Vom lehrer aus gesehen: Unter sich wandelnden bedingungen von unterricht in der schule führt das postulat der methodenfreiheit zu unerträglichen belastungen, die nur durch den einsatz von entlastungsstrategien zu ertragen sind, in der regel durch die übernahme normativ begründeter und formulierter anweisungen (BLANKERTZ 1969, 18). Solche belastungen rühren vermutlich daher – und damit sind wir beim problem der lehrerausbildung –, daß entgegen der ursprünglichen formulierung des postulats bei Erich WENIGER keine sorgfalt auf die erforschung und lehrende vermittlung der realen bedingungen von unterricht gewandt wurde.

So sind die reformbemühungen zu verstehen, die in der empfehlung der »Deutschen Gesellschaft für Erziehungswissenschaft« zum erziehungswissenschaftlichen grundstudium ihren ausdruck fanden und deren leitendes interesse es war, die auslegung der pädagogischen verantwortung erfahrungswissenschaftlich zu vermitteln: statt geschichte der pädagogik jetzt didaktik, soziologie, psychologie usw. als inhalte des curriculum der lehrerausbildung (Das Kernstudium 1968). Dazu kamen in schneller folge weitere motive, die den rahmen des vorgegebenen sprengten: Saul B. ROBINSOHN zog als erster die kritik konsequent auf die institutionalisierung der lehrerausbildung aus und legte das organisationsmodell einer »pädagogischen fakultät« vor (Materialien 1971); das verständnis des unterrichts als eines interaktionsfeldes wurde auch für die lehrerausbildung in anspruch genommen: nicht allein wissensvermittlung, sondern zugleich fundierung der erforderlichen emotionalen basis; die einsicht, daß die struktur von schule und unterricht mit der verfassung der gesellschaft zusammenhängt, fand ihren niederschlag im einbezug gesellschafts- und politikwissenschaftlicher elemente (lehrerausbildung in Bremen; siehe dazu z. b. die Dokumentation 1971). Auch die gefahr einer isolierung dieser motive wurde erkannt: das »projekt« soll ihre integration leisten und damit den zusammenhang rekonstruieren, indem sie ursprünglich standen (Ergebnisbericht 1972).

Soviel ist also deutlich: Unter veränderten bedingungen von schule und unterricht bedarf es neuer curricula und institutionen der lehrerausbildung, soll sie nicht hoffnungslos dysfunktional werden. Dies ist denn auch das grundmuster, nach dem fast ausnahmslos die unübersehbare fülle von plänen und programmen gestrickt ist (der begriff »paradigma« ist wegen der naturwüchsigkeit dieser produktionen unangebracht): Die veränderten bedingungen von schule und unterricht in der gesellschaft werden analysiert; aus den ergebnissen werden konsequenzen für die lehrerausbildung deduziert, denen die form von forderungen gegeben wird. Die erwünschte verbesserung von lehrerausbildung gilt dann als erwiesen, wenn sie diesen forderungen entsprechend eingerichtet wird. – Wie müßte es hingegen aussehen, wenn man das hier entwickelte konstruktionsparadigma auf die lehrerausbildung anwendet? Ich will mich bei dieser frage auf die zweite phase beziehen; solange eine einphasige ausbildung noch nicht durchgesetzt ist, findet nur in der zweiten phase eine integration theoretischer und unterrichtspraktischer arbeitsgänge statt.

Die entwicklung eines curriculum der lehrerausbildung ist eine konstruktive aufgabe. Eine seite des spezifisch erziehungswissenschaftlichen beitrags zu ihrer bewältigung ist dabei die präzisierung jener kategorie, die den zusammenhang zwischen bildungspolitischen forderungen und entscheidungen einerseits und der realität der praxis von lehrerausbildung andererseits herstellt. Kurz: Die erziehungswissenschaft hat die ergebnisse, den erfolg von lehrerausbildung zu ermitteln. Man könnte nur dann darauf verzichten, wenn man eine tabula-rasa-situation vor sich hätte. Das ist aber nicht der fall. Bildungspolitische forderungen treffen auf ganz *bestimmte bedingungs- und wirkungsgefüge.* (LENNÉ 1969, 284, spricht von der »autonomen Tradierung« im studienseminar.) Bei diesem bedingungsgefüge setzt die konstruktion an. Der »Ergebnisbericht« formuliert im rückgriff auf Jürgen HABERMAS so: »Emanzipation ... geht jeweils von den gegenwärtigen Bedingungen aus, analysiert sie und entwickelt anhand dieser Analyse Strategien für die Verwirklichung ihrer Zielvorstellungen.« (Ergebnisbericht 1972, 6) Notwendige voraussetzung für die formulierung von programmen der lehrerausbildung ist also die detaillierte und bestimmte kenntnis des bedingungszusammenhanges ihrer *derzeitigen durchschnittlichen praxis:*

Wer bildet wen in welchen institutionen unter welchen äußeren bedingungen aus? Welches sind die inhalte, welche verhaltensweisen werden gefördert, welche hilfsmittel verwendet und anempfohlen (bücher, denkmittel)? Welche fertigkeiten und einstellungen werden durchschnittlich erworben? Wie hängen diese faktoren untereinander zusammen?

Über eine arbeit, die einen komplex genauer untersucht, hat Jens-Jörg KOCH (1972) berichtet:

Eine forschergruppe in Konstanz hat ein instrument zur messung von einstellungen entwickelt und erprobt, die für den lehrerberuf relevant sind. Die ergebnisse sind nicht eben ermutigend: Bezogen auf den zeitpunkt des abiturs werden im studium »wünschenswerte« einstellungen aufgebaut; im vorbereitungsdienst werden sie zurückgenommen; *und* die ergebnisse unterscheiden sich nicht signifikant bei angehenden lehrern einerseits und juristen und medizinern andererseits. Das erstere fazit deckt sich natürlich mit den beobachtungen erfahrener ausbildungsleiter; immerhin weiß man jetzt etwas genauer, auf welchen dimensionen man die »regression« beschreiben kann. Das letztere ist durchaus überraschend.

Die kenntnis des bedingungszusammenhanges von lehrerausbildung, insbesondere in der zweiten phase, beschränkt sich mit ganz wenigen ausnahmen auf die persönlichen erfahrungen »erfahrener« ausbilder. Dementsprechend pauschal muß die kritik dieses zusammenhanges ausfallen, und dementsprechend unbestimmt bzw. beliebig müssen programme zu ihrer revision bleiben.

Selbst wenn aber alle bedingungen bekannt wären, eine klasse derselben entzieht sich weitgehend der empirischen erfassung, nämlich die handlungsmotive der beteiligten lehrer und auszubildenden: Die objekte erziehungswissenschaftlicher analyse – in diesem falle also die lehrer – sind zugleich subjekte der veränderung des gegenstandsfeldes – hier also der lehrerausbildung. Die geisteswissenschaftliche pädagogik hatte die verwicklungen, die sich daraus ergeben, so zu lösen verstanden: Sie setzte mit der theoretischen reflexion beim zusammenhang der praxis an, suchte dieser zum verständnis ihrer selbst zu verhelfen und damit zu einer verbesserung beizutragen. Vorschläge zur ausbildung »innovativer lehrer«, die heute vorgetragen werden (FRECH 1972), stehen in dieser tradition. Allerdings ist man anspruchsvoller, was die differenzierung des selbstverständnisses und die prüfung der verbesserungen angeht. So werden nunmehr eine vielzahl von dimensionen des lehrerverhaltens (TAUSCH/TAUSCH 1970) bzw. segmenten der lehrerrolle (BETZEN/NIPKOW 1971) beschrieben, die dann in aufgabenbereiche der lehrerausbildung übersetzt werden. Damit stellt sich aber das besagte problem der verwicklung von subjekt und objekt neu, und es ergibt sich die aufgabe, die getrennten elemente wiederum zu integrieren. Wie kann das geschehen?

Im rahmen der lehrerausbildung hat die zweite phase die aufgabe der berufseinführung, das ist eine allgemein akzeptierte bildungspolitische vorgabe. Alle ausbildung muß also organisiert werden von einem *begriff von »unterricht in der schule«*. Hieraus ergeben sich bestimmte qualifikationsstrukturen des lehrerberufs. Welche es sind, hängt von der inhaltlichen auslegung jenes begriffs ab. Oder umgekehrt: Jener begriff wird ausgelegt, erläutert durch die jeweiligen qualifikationsstrukturen. Die Hessische Kommission nennt zwei momente: der lehrer als organisator von lernprozessen und als mitglied der sozialen institution schule (Ergebnisbericht 1972, 29). Desgleichen ergeben sich bestimmte arbeitsformen für die ausbildung, insbesondere das entwerfen und die durchführung von »projekten«, denen in der herkömmlichen ausbildungspraxis die sogenannten »unterrichtsreihen« entsprechen. – Mit diesen bestimmungen läßt sich die unübersehbare vielfalt der bedingungen von lehrerausbildung ordnen und auch die aufgabe ihrer revision überschaubar machen. Nicht kommt es darauf an, die »Gunst der Stunde für wirksame Innovationen« zu nutzen (ebd., 3) und gleich alles denkbare zu revidieren. Vielmehr ist die ausbildung in der zweiten phase zu konzipieren als *bestimmte kritik an den herkömmlichen »unterrichtsreihen« im modus konstruktiver alternativen,* also zum beispiel in der form von

»projekten«. »Bestimmte kritik« erfordert – wie gesagt – die möglichst genaue bezeichnung der charakteristischen züge herkömmlicher praxis. Unschwer, aber auch ungenau, könnten dazu folgende hypothesen formuliert werden:

Unterrichtsreihen werden in der regel
- isoliert von einzelnen entwickelt;
- mit hilfe von vorwissenschaftlichen instrumenten strukturiert;
- isoliert in den zusammenhang des unterrichts und der schule gestellt;
- häufig auch ohne rücksicht auf die spezifische situation einer »probeklasse« durchgeführt;
- weitgehend beliebig kritisiert und beurteilt usw.

»Konstruktiv« sind die alternativen nur dann, wenn sie nicht allein denkmöglichkeit bleiben, sondern als handlungsalternativen realisiert werden. Die »konstruktiven alternativen« sind an zwei stellen greifbar: erstens unmittelbar und vornehmlich in der praxis und zwar als solche abweichungen vom durchschnitt, die als »verbesserungen« zu charakterisieren sind; und zweitens dann in den programmen, in die mittelbar auch die erfahrungen der praxis eingehen und die als denkmöglichkeiten und handlungsalternativen zu lesen sind.

Der praktiker wird monieren, daß diese überlegungen sich in der dünnen höhenluft schlechter »abstraktion« bewegen. Sie haben jedoch sehr konkrete konsequenzen: Es war gelegentlich von den bedingungen von schule und unterricht die rede. Ich habe das bewußt so allgemein gehalten und nicht auf die lehrerausbildung eingeschränkt. Hier liegt nämlich ein fehler vieler reformprogramme (der um so erstaunlicher ist, als er in einem gesellschaftskritischen ansatz nicht unterlaufen dürfte). Ich meine das bereits angesprochene problem der totalität des bedingungszusammenhanges (siehe oben s. 27). Reformkonzepte, die faktisch aussparen, daß zum beispiel

- die ausbildung in der zweiten phase nicht unabhängig von der ersten organisiert werden kann; die also z. b. voraussetzen, diese sei so eingerichtet, wie man es sich wünscht oder vorstellt;
- die schulwirklichkeit von einer art ist, daß selbst die am besten ausgebildeten lehrer die lust verlieren, im sinne ihrer ausbildung nun auch lernprozesse zu organisieren (s. Koch 1972);
- die organisation der schulverwaltung fast allen leitenden prinzipien der lehrerausbildung widerspricht;
- das politische system die quadratur des kreises lösen und eine neuordnung schaffen will, die »mit Sparen koordiniert« ist (so der Hessische Kultusminister in einem »Bericht über die Planung der Neuordnung der Lehrerausbildung« vom 4.7.1972);

solche konzepte mögen zwar eine veränderung der gesellschaftlichen verhältnisse intendieren; im hinblick auf veränderungen der lehrerausbildung produzieren sie vermutlich eher illusionen und – bei dem, der sie ernst nehmen will – ein schlechtes gewissen und frustrationen. – Ich wende das in eine antwort auf die kriterienfrage: Nur solche konzepte, die die totalität des bedingungszusammenhanges berücksichtigen, können beanspruchen, verbesserungen zu sein. Man kann diesen gesichtspunkt als kriterium der kritik und als suchschema für »verbesserungen« benutzen. –

Es gibt andere stellen, an denen sich erläutern ließe, was es heißt, der praxis einen begriff dessen zu vermitteln, was sie tut. Zu denken wäre insbesondere an den zusammenhang von »Lehrerausbildung und Curriculumentwicklung« (Menck 1972). Da es an dieser stelle der arbeit jedoch um die darstellung des paradigmas didaktischer konstruktion an einem beispiel geht, soll es mit diesem exkurs sein bewenden haben.

Aus den wissenschaftstheoretischen vorüberlegungen (2.1) ergab sich ein *paradigma* didaktischer konstruktion (2.2), das *zusammenfassend* wie folgt zu charakterisieren ist:

> Erziehungswissenschaft und didaktik teilt ihr leitendes interesse mit der praxis von erziehung und unterricht: gelingen der praxis im sinne des inanspruchgenommenen mündigkeitspostulats. Das paradigma hat demnach erstens das postulat der wissenschaftlichkeit von didaktik zu befolgen, zweitens die prämisse des ausgangs bei der (und nicht nur anläßlich von) unterrichtswirklichkeit zu übernehmen. Methodologisch ergeben sich als charakteristika die »bestimmte kritik« und die »historische rekonstruktion« derselben. Eine entsprechende form der organisation von didaktischer forschung deutet sich an: forschung als »action research« in enger verbindung mit lehreraus- und -weiterbildung.

# 3. bezugsebenen didaktischer reflexion

Vor einem halben jahrhundert – Herwig BLANKERTZ beginnt seine arbeit zur didaktik mit dieser erinnerung – forderte Siegfried BERNFELD, »die Didaktik müsse das zweckrationale Durchdenken des Unterrichts ausweiten auf die den Unterricht fordernde und reglementierende Institution, die wissenschaftliche Analyse anwenden auf das System der Schule, auf Lehrplan und Lernziele« (BLANKERTZ 1970, 13). Es ist interessant, daß BLANKERTZ »didaktik« zwar nicht als bloße »unterrichtslehre« versteht, sondern zugleich als »Theorie der Bildungsinhalte und des Lehrplans« und deswegen auch solche bedingungsfaktoren einbezieht, »die Bernfeld vernachlässigt glaubte« (ebd.). In diesem bleibt seine darstellung jedoch der von ihm kritisierten tradition verhaftet: Die schule als ganzes, das schulwesen als system bleibt ungestört; die von BERNFELD geforderte »instituetik« skizziert BLANKERTZ allenfalls als rahmen seiner didaktik. Er befindet sich dabei in übereinstimmung mit Saul B. ROBINSOHN, der in seiner programmschrift die »Bildungsreform als Revision des Curriculum« und nicht der institution schule in angriff zu nehmen empfahl (ROBINSOHN 1967). Inzwischen hat »die Einbeziehung bildungsökonomischer Überlegungen in die didaktischen Konzeptionen« dazu geführt, daß die schulstrukturellen gegebenheiten von ihnen zwangsläufig mit berücksichtigt werden müssen (HUISKEN 1972, 22):

»Didaktik kann somit erst dann zu einem nicht restringierten Bewußtsein ihrer Aufgaben kommen, erst dann praxisrelevante Konzepte auf empirischer Grundlage erarbeiten, wenn sie ihre Beschränkung auf den scheinbar überschaubaren und kontrollierbaren Unterricht aufgibt und sowohl die Wechselbeziehungen zwischen geplanten Unterrichtsprozessen und Erziehungsfunktionen der schulischen Institution als auch deren Verhältnis zu der sozio-ökonomischen Struktur der Gesellschaft reflektiert.« (ebd.)

Gleichsam nach der anderen seite hin, in richtung auf den unterricht des einzelnen lehrers, können der geisteswissenschaftlichen didaktik weitere differenzierungen entnommen werden. Wie erwähnt (siehe oben s. 6), ordnete Wolfgang KLAFKI die traditionellen pädagogischen disziplinen spezifischen aufgabenbereichen zu. BLANKERTZ stellt das so dar, daß sich in den arbeiten der bildungstheoretischen didaktik vier »Bezugsebenen didaktischer Reflexion« ausmachen ließen:

An erster stelle nennt er »die Entwürfe für einen Bildungsgang, Gesamtkonzeptionen zur Bestimmung der Inhalte, die gelehrt werden, einschließlich der bildungspolitischen Realisierung entsprechender Schulsysteme und deren Differenzierung. ... Die Aufgliederung in Fächer und Sachfelder weist auf eine zweite, präzise abgrenzbare Ebene, nämlich auf die der Fachdidaktiken oder speziellen Didaktiken«. Rahmenthemen bezeichnen eine dritte, die »didaktische Analyse als Kern der Unterrichtsvorbereitung« eine vierte ebene didaktischer reflexion. (BLANKERTZ 1970, 48–50)

Festgehalten sei insbesondere, daß die *abgrenzungen* hier *nach* je spezifischen *aufgabenstellungen* für die didaktische konstruktion vorgenommen werden. – In verschiedenen strategien für die begründung und entwicklung von curricula hat das seine entsprechung in der unterscheidung von entscheidungsebenen:

ROBINSOHN sieht den wert seines »konzeptuellen Schemas« zur curriculumentwicklung darin, »daß es uns zur Trennung verschiedener Ebenen von Curriculum-Entscheidungen verhilft, die in der Praxis nur allzuoft miteinander vermengt werden, nämlich: die Identifizierung von Zielen (aims); deren Übersetzung in spezifische Bildungsintentionen (objectives) und ihre Definition; die Auswahl entsprechender Curriculum-Elemente (content); schließlich die Organisation des Unterrichts« (ROBINSOHN 1971, 61).

Konkreter bestimmen Karl-Heinz FLECHSIG u. a.: »Es ist davon auszugehen, daß Entscheidungen über Lernziele in unserer Gesellschaft permanent stattfinden. Die wichtigste Stelle, an der dies gegenwärtig geschieht, sind die von den Kultusministerien berufenen Gremien, die mit der Revision bestehender oder der Entwicklung neuer Richtlinien und Lehrpläne beauftragt sind. Entscheidungen über Lernziele finden aber auch andernorts statt, beispielsweise bei Konferenzen von Autoren und Autorengruppen, die Lehrbücher entwickeln, auf der Ebene der einzelnen Schulen bzw. Bildungseinrichtungen und nicht zuletzt im Klassenraum selbst.« (FLECHSIG u. a. 1971, 261) – An anderer stelle klassifiziert FLECHSIG entscheidungen über lernziele »nach Rahmenentscheidungen, konzeptionellen Entscheidungen und Exekutiventscheidungen«:

- »Rahmenentscheidungen betreffen etwa Entscheidungen darüber, welche Fächer in welchen Schularten und auf welchen Bildungsstufen in welchem Umfang (Stundentafeln) angeboten werden sollen.«
- »Konzeptionelle Entscheidungen beziehen sich in der Regel auf die Entwicklung eines Curriculums oder die Gestaltung eines Lehrbuchs.«
- »Exekutiventscheidungen betreffen dann etwa die Auswahl von Lehrmaterialien (Lehrbüchern), Organisationsformen, speziellen Inhalten sowie pädagogischen Verhaltensformen« (FLECHSIG 1971, 49). –

Wolfgang SCHULZ schließlich sagt von der didaktischen konstruktion: »Ebenso wie die Analyse spielt sich die Konstruktion von Unterricht auf verschiedenen gesellschaftlichen Ebenen ab, deren Verhältnis zueinander je nach der gesellschaftlichen Lage durchaus unterschiedlich geregelt ist. Solche Konstruktionsebenen sind Schulgesetzgebung und Curriculum, Arbeitsplan und Lehrmittelproduktion bis zum Lektionsentwurf eines Lehrenden« (SCHULZ 1970, 429).

Als kriterium der ordnung kann man mit John I. GOODLAD die *entfernung der ebenen* der curriculumkonstruktion *vom lernenden* annehmen (GOODLAD 1971, 27).

Schon die erste aufzählung bestimmter konstruktionsaufgaben sollte deutlich machen, daß konstruktive leistungen auf ganz verschiedenen ebenen erforderlich sind. Ich möchte diesen eindruck nunmehr präzisieren und nehme dazu die zitierten hinweise von Blankertz und den anderen didaktikern für meine darstellung der problematik didaktischer konstruktion auf. Dabei werde ich – wie Blankertz in seinem referat bildungstheoretischer didaktik – von »*bezugsebenen didaktischer reflexion*« sprechen und ebenfalls ihrer vier identifizieren. Ich möchte mit der formulierung offenlassen, ob die ebenen

- unter dem aspekt der steuerung als entscheidungsebenen oder
- unter dem aspekt der kommunikation als ebenen möglicher diskurse in von handlungszwängen entlasteten situationen

erscheinen. Die ebenen werden abgegrenzt, indem (jeweils verschieden weit ausgeführt)

- aufgaben didaktischer konstruktion und entscheidungen,
- kommunikationsstrukturen der entscheidungsprozesse sowie die instanzen, die die getroffenen entscheidungen politisch zu verantworten haben, und
- informationsquellen bzw. kommunikationsmedien

beschrieben werden. Damit ergibt sich das folgende:

### *a) die didaktische gesamtkonzeption*

Hierunter werden planungen gefaßt, die überregionale, jahrgangsübergreifende und fächerübergreifende systeme betreffen. Das instruktivste beispiel ist die »Kollegstufe NW« (1972; siehe unten s. 129 ff.); das bekannteste die gesamtschule; eindrucksvolles pendant zu den institutionellen planungen ist die »Lehrplanrevision in Hessen« (Lingelbach 1971; Becker u. a. 1972). Die planungen werden von expertenkommissionen im auftrag der exekutive (in der regel der kultusministerien) durchgeführt. Die kommissionen setzen sich aus vertretern der jeweils beteiligten gruppen und der gesellschaftlichen interessengruppen zusammen; »die Entscheidung über die Umsetzung und Verbindlichkeit der Vorschläge« liegt beim – parlamentarisch kontrollierten – minister (Ergebnisbericht 1972, 1). Die kommissionen haben von bildungspolitischen vorgaben auszugehen und sie im hinblick auf bildungstheoretische prämissen und auf empirische daten (insbesondere aus der bildungsökonomie) in institutionelle und curriculare konsequenzen auszulegen. Die ergebnisse werden dem auftraggeber zur entscheidung und durchsetzung und zumeist auch der (pädagogischen) öffentlichkeit zur diskussion vorgelegt. Die festlegungen betreffen inhalte, die als »fächer« o. ä. erscheinen, und organisationsstrukturen. Ihren niederschlag finden sie in »stundentafeln« bzw. deren entsprechungen. – Anmerkungsweise ist noch auf institutionen hinzuweisen, die – zunächst politisch unverbindlich – relativ unabhängig von bestimmten planungsaufträgen derartige planungen anregen und vorbereiten: der »Deutsche Ausschuß« zunächst, dann der »Bildungsrat«, sowie die »Ständige Konferenz der Kultusminister«.

### *b) die fachdidaktik*

Die konstruktionsaufgabe auf dieser ebene ist die entwicklung von lehrplänen, von curricula im engeren sinne. Zu ihrer lösung sind eine vielzahl von strategien erfunden worden, einstweilen werden allerdings wie früher »richtlinien« von »richtlinienkommissionen« entwickelt. Diese setzen sich aus vertretern der schulverwaltung, praktizierenden lehrern und gelegentlich fachwissenschaftlern zusammen. Medium der kommunikation sind die vorgegebenen entscheidungen der ersten ebene, die ergebnisse der fach- und humanwissenschaften (ROBINSOHN 1967, 49) sowie die »praktischen erfahrungen« im fachunterricht bzw. in der administration. Auftraggeber ist wiederum die exekutive (kultusministerium). – Ein vorbehalt ist gleich anzumerken: Wenn hier vom »fach« die rede ist, so sollen damit nicht der traditionelle fächerkanon reproduziert, sondern nur bestimmte abgegrenzte inhaltsbereiche bezeichnet werden.

### *c) die didaktische analyse*

Der begriff »didaktische analyse« stammt von Wolfgang KLAFKI und bezeichnet bei ihm den »Kern der Unterrichtsvorbereitung« (KLAFKI 1963, 126ff.):

»Die didaktische Analyse soll ermitteln, worin der allgemeine Bildungsgehalt des jeweils besonderen Bildungsinhaltes liegt.« (ebd. 134)

Ich gebrauche den begriff hier in einem weiteren sinne zur bezeichnung der ebene, auf der sich die aufgabe der didaktischen strukturierung von themenkreisen stellt. Entscheidungen hat hier der einzelne fachlehrer zu verantworten, was seinen niederschlag z.b. darin findet, daß in zweifelsfällen der leistungsbeurteilung (zeugnisse) sein urteil maßgeblich ist. Gelegentlich entscheiden auch fachkonferenzen o.ä. oder die untere schulbehörde, diese insbesondere in fragen der kanonischen lehrbücher. Schüler könnten etwa in gruppenunterrichtlichen verfahren in den kommunikationsprozeß einbezogen werden, die eltern sind es über elternversammlungen. Medium der kommunikation (sofern davon in ihrem monologischen regelfall noch gesprochen werden kann) ist die fachdidaktische, ggf. fachwissenschaftliche literatur, vermittelt über die lehreraus- und -weiterbildung sowie die erfahrungen mit unterricht.

### *d) die didaktik der unterrichtssituation (mikrodidaktik)*

Aufgabe ist hier die konstitution von konkretem unterricht, die strukturierung von lernprozessen. Damit sind entscheidungen zu treffen, die in der konkreten situation und im rahmen der vorhaben durch die didaktische analyse erforderlich bleiben. Verantwortlich ist wiederum der lehrer. Die kommunikationsstruktur wird bekanntlich als lehrer-schüler-interaktion beschrieben. Medium der kommunikation sind die »unterrichtsmedien«, allgemein die im unterricht verhandelten »sachen«. Medium wird hier also nicht in einem engeren sinne als kommunikationskanal verstanden, wie etwa auch im lerntheoretischen modell von unterricht bei Paul HEIMANN und Wolfgang SCHULZ. – Im sonderfall des lehrprogramms wird die mikrodidaktik, über experimente verallgemeinert, in die didaktische analyse aufgenommen.

Um die abgrenzungen übersichtlich zusammenzufassen, könnte man sich des in abbildung 1 dargestellten rasters bedienen. Sie haben allein den zweck, die analyse der problematik didaktischer konstruktion zu erleichtern und zu präzisieren. Denn so wird eine diskussion mit bezug auf bestimmte aufgabenstellungen möglich. Nun war zustimmend zitiert worden (siehe oben s. 36), der zusammenhang zwischen unterricht, schule und struktur der gesellschaft müsse im blick bleiben (HUISKEN 1972, 22). Das heißt aber für unsere darstellung, daß angegeben werden muß, wie der *zusammenhang der bezugsebenen* didaktischer reflexion zu bestimmen ist. Das kann auf verschiedene weise geschehen.

Interpretiert man sie als *entscheidungsebenen*, so besteht der zusammenhang in diesem: Die jeweiligen entscheidungsinstanzen erwarten, daß ihre entscheidungen auf den unteren ebenen befolgt werden. Hilbert L. MEYER hat das unter aufnahme systemtheoretischer begrifflichkeit so formuliert, daß das curriculum »ein Entscheidungsprogramm für die Unterrichtsentscheidungen« bilde (MEYER 1972, 231; ähnlich THOMA 1972, 199 ff.). – Man kann auch von dem leitgedanken meiner darstellung ausgehen und als kriterium der didaktischen konstruktion das *gelingen von* unterrichtlich vermittelten *lernprozessen* formulieren. Dann wäre der zusammenhang so zu beschreiben: Maßnahmen auf der einen ebene haben das kriterium, zumindest ein notwendiges kriterium ihrer brauchbarkeit und legitimität im gelingen der praxis auf der jeweils darunterliegenden ebene. Daß damit das motiv der mitbestimmung angesprochen ist, liegt auf der hand. Ich möchte diese richtung des zusammenhanges jedoch auch noch dann sehen, wenn z. b.

- schüler im unterricht »stören« (siehe dazu unten s. 76) und
- lehrer sich weigern, rahmenrichtlinien zu erproben usw.

Auch in diesen extremen fällen scheinbar ohnmächtigen oder begriffslosen reagierens muß eine rückwirkung »nach oben« konstatiert werden, die eine revision der dort getroffenen entscheidungen erforderlich macht (also der *abbildung 1:* bezugsebenen didaktischer reflexion

| bezugsebene | aufgabenfeld didaktischer konstruktion | entschei-dungsinstanz | kommunika-tionsstruktur | kommunika-tionsmedien (informations-quellen) | medien der didaktischen steuerung |
|---|---|---|---|---|---|
| 1. didaktisches gesamtsystem | bildungssystem<br>teilsysteme | legislative<br>(exekutive) | öffentlichkeit; wissenschaftliche u. unterrichtspraktische politikberatung; planungskommissionen, planungsstäbe | bildungspolitik<br>bildungsökonomie<br>bildungstheorie | stundentafel<br>kursfolge |
| 2. fachdidaktik | entwicklung von lehrplänen/richtlinien »curricula« | exekutive | wissenschaftliche u. unterrichtspraktische politikberatung: richtlinienkommissionen | fachwissenschaft<br>didaktik<br>humanwissenschaften<br>erfahrungen der praxis und verwaltung | richtlinien |
| 3. didaktische analyse | didaktische strukturierung von themenkreisen | fachlehrer<br>fachkonferenz o. ä.<br>(untere schulbehörde) | fachlehrer, fachkonferenzen (eltern, schüler) | fachdidaktik<br>fachwissenschaft<br>erfahrungen der praxis | lehrplanung<br>lehrbuch<br>unterrichtsprogramm |
| 4. didaktik der unterrichtssituation (mikrodidaktik) | durchführung von unterricht: strukturierung von lernprozessen | fachlehrer<br>schüler | fachlehrer-schüler-interaktion | unterrichtsmedien (»sache«) | sprechakte der beteiligten bzw. unterrichtsmaterialien |

lehrplanungen bzw. rahmenrichtlinien). Zumindest wird die dort entscheidende instanz dazu gezwungen, ihre unfähigkeit zur revision zu dokumentieren (auf dem wege über disziplinarische maßnahmen).

In den folgenden vier kapiteln soll also die problematik didaktischer konstruktion auf diesen vier ebenen gesichtet werden. Es wird sich zeigen, daß dabei die akzente jeweils verschieden zu setzen sind, einmal weil der stand der aufbereitung durchaus verschieden ist, zum anderen weil bestimmte durchgängige fragen (die konstitutionsproblematik zum beispiel) natürlich nur an einer stelle ausführlich zu diskutieren sind. – Die abfolge der kapitel ist dabei ziemlich beliebig. Um den anschluß an die allgemeindidaktische diskussion zu finden, beginne ich mit der didaktik der unterrichtssituation und gehe dann zur jeweils »darüber«-liegenden ebene weiter.

# 4. die didaktik der unterrichtssituation

## 4.0 »textverständnis« im deutschunterricht. ein beispiel

Einer doppelstunde im deutschunterricht einer 12. klasse liegt ein textauszug aus MONTESQUIEUS »Esprit des Lois« zugrunde, in dem in ironischer form die praxis der sklaverei in Nordamerika angeprangert wird. Die aufgabe für die stunde wird mit »textverständnis« umschrieben. Die planung des lehrers sieht – wie sich aus einer seiner äußerungen ergibt – etwa folgende drei teile vor:

»Wir haben den ersten schritt getan. Wir müssen den text erst mal fixieren nach seinem eindruck, den er auf die gruppe, die ihn gelesen hat, gemacht hat. Das ist der erste schritt. Den haben wir hinter uns. Da ist das fixierte an der tafel. Der zweite schritt ist der, daß wir nun von einem wichtigen gesichtspunkt aus den text entschlüsseln. Ich meine, ich verrate kein geheimnis, wenn dieser wichtige gesichtspunkt wohl doch der der ironie ist, die diesem text zugrunde liegt. Und der dritte wäre dann: Was bietet uns dieser text an aufklärung für unser eigenes bewußtsein.«
(Das in der 12. klasse eines niedersächsischen gymnasiums aufgenommene protokoll stellte mir Erhard WIERSING zur verfügung.)

Im ersten teil werden eine reihe von begriffen an die tafel geschrieben, die den ersten eindruck wiedergeben, den die schüler vom text haben. Der reihe nach wird dann jeder dieser begriffe belegt und diskutiert. Eine phase sieht so aus:

l: Wir machen jetzt weiter. Ja. Wir gehen also weiter im text. Wir waren gekommen eben bis zur begründung der unmenschlichkeit, die hier im text ausgedrückt sein soll. Ich überspringe bewußt ironisch.
s: Ich möchte was dazu sagen.
l: Aber gerne, wozu?
s: Zu ironisch.
l: Jetzt? Ich überspringe es und frage Michael: woher ideologisch gebogenes? Im text entdeckt?
s: Ja, das ist gut zu machen. Der grund für die versklavung der schwarzen ist sehr deutlich gesagt hier. In dem 2. und 3. abschnitt: Als die völker Amerikas ausgerottet waren, mußte man afrikanische völker in die sklaverei führen, um sich bei der urbarmachung so vieler länder ihrer bedienen zu können. Und zweitens wäre der zucker zu teuer, wenn man nicht die pflanze, die ihn hervorbringt, von sklaven bearbeiten läßt.
l: Ja. Und?
s: Und dieser ökonomische grund wird gerechtfertigt mit religiösen gründen, z.b. und die, wie ich meine, dadurch ideologisch werden.

l: Noch mal, um es deutlich zu sagen: Michael bezieht sich auf den dritten abschnitt im augenblick und er sagt, der ökonomische grund würde durch religiöse
s: Argumentation gerechtfertigt.
l: Wo liegt die religiöse argumentation vor?
s: z.b. in diesem dritten abschnitt. Man kann sich nicht vorstellen, daß gott, der doch ein sehr weißes wesen ist, eine seele, z.b.
l: Da steht weises wesen.
s: Ach so, weises wesen. Eine seele, zumal eine gute seele, in einen ganz schwarzen körper legt.
l: Das heißt also, die religiöse rechtfertigung liegt nicht in den stellen, die du eben genannt hast, sondern sie ergibt sich aus anderen des textes. Ist das richtig?
s: Die ist dadrin enthalten, aber die ist verbogen, zurechtgebogen. Nämlich man benutzt dieses religiöse argument, um da zu rechtfertigen, daß man menschen versklaven kann. Und das macht man einmal damit, daß man sie von diesen äußerlichkeiten und diesem schwarz-weiß-kontrast, was wir eben erwähnt hatten, in dem man den da mit hereinbringt und dann mit dem religiösen aspekt verkleistert und das dann darauf anwendet.
l: Können wir eben noch mal schnell erfahren, worin denn hier das eigentlich ideologische liegt?
s: Ja, das ideologische liegt darin, daß man die religion benutzt, um z.b. hier ökonomische interessen zu rechtfertigen.
l: Jeder damit einverstanden, daß das ein typisches merkmal für ideologie ist?
s: Nein, ich mein nur, das ist das ideologische in dem fall.
l: Gabriele.
s: Er meint ja nicht das ideologische an sich, sondern das ideologisch verformte, gebogene, mißbrauchte. Daß die ideologie zu irgend etwas mißbraucht wird, um die sklaverei zu rechtfertigen. Das meint er. Er meint ja nicht, daß hier irgendwo ideologie drinsteckt.
l: Oh, ich glaube, jetzt kommen wir doch ins schwimmen über den begriff ideologie. Nicht wir, wir konstatieren ihn, wir nehmen ihn zurück, wir relativieren ihn, wir sagen, das ist ja gar nicht so, das ist nicht direkt ideologisch, das ist jetzt nur in der anwendung bestimmten ideen, die hier gebraucht werden, nur in dieser anwendung und wie sie angewendet wird, steckt ideologisches. Wir kommen jetzt, glaube ich, ins schwimmen in bezug auf den begriff ideologie. Ich seh noch nicht ganz – Michael, du willst was sagen, ich merk das.
s: Ja, da wirds doch... (wird unterbrochen)
l: Ja, muß es sein?
s: Ich finde es insofern ideologisch, daß dieser haltung geisteshaltung, also christentum, und...
l: Ja? Ja?
s: Und weltanschauung benutzt wird, und verbogen benutzt wird, um die ökonomischen interessen zu rechtfertigen.
l: Gut aber
s: Das unmenschliche, daß die damit verursacht haben.
l: Gut. Dabei lassen wir es. So mein ich, glaub ich, ist es klar genug. Michael, genügt dieses eine beispiel?
s: Das langt erst mal.
l: Das langt erst mal.

Über weite strecken handelt es sich also um einen dialog des lehrers mit dem schüler, der den eindruck »ideologisch gebogen« hatte. – Sehen wir uns zunächst den lehrer an: Der lehrer hält sich an seine planung und das bedeutet hier, daß der sachverhalt »ironie« noch nicht an der reihe ist. Des weiteren möchte der lehrer einen ideologie-verdacht widerlegen. Er versucht das dadurch, daß er den schüler immer wieder zu einer exegese des textes, einzelner sätze, auffordert. Dann merkt er, daß er und sein gesprächspartner jeweils etwas anderes meinen, wenn sie von »ideologie« reden. Daraufhin bricht er die besprechung dieses begriffes ab. – Demgegenüber der schüler: Zunächst hatte er den eindruck formuliert. Dazu aufgefordert, versucht er sodann, sich auf die belegpflicht einzulassen. Er hält sich insgesamt an die spielregeln, die ihm der lehrer vorgibt. Als er jedoch merkt, daß der lehrer ihn nicht versteht, insistiert er einfach auf seiner behauptung.

Was dies beispiel lehrt, läßt sich in vier punkte zusammenfassen:

1. Der dialog macht auf den ersten blick einen verwirrenden eindruck. Was der lehrer hier *will,* muß erschlossen werden. Dazu dient zunächst sein aus dem protokollauszug ablesbares verhalten: aufforderungen, gewährenlassen, beendigen; sodann der kontext der stelle im gesamten protokoll: aussagen des lehrers über seine planung, der unterrichtsverlauf vor und nach der zitierten episode, kontextdaten über die klasse usw. Jedenfalls wird – und nur deswegen kann diese episode sinnvoll als unterricht interpretiert werden – vorausgesetzt, *daß* der *etwas* will.

2. Auch der eine schüler will etwas: dem lehrer klar machen, daß die argumentationsfigur des textes »ideologisch« ist. Zunächst läßt er sich auf die vorgegebenen, erwarteten formen des unterrichtsgesprächs ein. Als dies nichts fruchtet, zieht er sich auf penetrantes insistieren zurück (was aber auch nichts nützt, vielmehr zum abbruch der diskussion über diesen begriff führt). Auch dies, was der schüler will, muß interpretierend erschlossen werden.

3. Schließlich die anderen schüler. Gesagt haben sie zwar (fast) nichts. Wie haben sie den text, was haben sie unter und von »ideologie« verstanden? Man müßte sie fragen, was sie während dieses dialogs dachten. Soviel ist jedenfalls sicher: Wenn sie nicht über weitere informationen und fähigkeiten der textanalyse verfügten, würde sich der sachverhalt bestenfalls so darstellen: Es läßt sich nicht ermitteln, ob die aussagen des in frage stehenden textes »ideologisch« sind oder nicht. Bestenfalls – das heißt: sofern sie nicht aus welchen gründen auch immer einer position des dialogs den vorzug geben, zum beispiel auf grund von wertschätzung oder antipathie für die dialogpartner. Mehr als jene einsichten kann man als ergebnis dieser unterrichtsphase füglich nicht erwarten.

4. Unterricht muß durchaus nicht immer gelingen. Das beispiel zeigt, daß schüler und lehrer aneinander vorbeireden. Die phase wird ohne ergebnis abgebrochen. Nicht nur denkbar sind andere beispiele, daß unterricht nicht nur zu mißverständnissen, sondern auch zu manifesten konflikten führt – die mit unterrichtseigenen mitteln (diskussion) oder durch die vorgegebenen machtmittel (disziplinarische maßnahmen) beendet werden.

Dieses beispiel soll die realität veranschaulichen, von der in den folgenden abschnitten dieses kapitels die rede ist. Jeder leser wird sich dabei ohne mühe an selbst erlebte, ähnliche situationen erinnern – gelungene wie mißlungene. (Er mache sich bei der gelegenheit klar, daß einem protokoll natürlich nur ein teil der unterrichtlichen kommunikation zu entnehmen ist.)

## 4.1 das problem der konstitution von unterricht

Neben der lehrplantheorie, die als »curriculumtheorie« zu einer ausgeprägten eigenständigkeit gelangt ist, hat die traditionelle didaktik in der BRD einen weiteren schwerpunkt im problemkreis der unterrichtskonstitution. Ich setze ein bei dem bekannten, von Wolfgang KLAFKI so formulierten »Satz vom Primat der Didaktik im engeren Sinne im Verhältnis zur Methodik«:

»Methoden des Unterrichts dienen dazu, dem Lehrer erfolgreiches Lehren und dem Schüler erfolgreiches Lernen zu ermöglichen. Lehren und Lernen aber richten sich immer auf zielorientierte Inhalte.« Deswegen muß man zuvor »das *Ziel* oder die *Ziele* und die auf die Ziele hin ausgewählten *Inhalte* kennen, die durch Lehre vermittelt und im Lernen angeeignet werden sollen« (KLAFKI u. a. 1970, 70). Oder in eine frage gekleidet: »Welche methodischen Verfahren sind den vorweg durchdachten Lernzielen und den demgemäß ausgewählten Inhalten angemessen?« (ebd., 72) An anderer stelle betont KLAFKI ausdrücklich, daß er »den Satz vom Primat der Didaktik (i. e.s.) im Verhältnis zu den methodischen Fragen nach wie vor für *beweisbar* richtig halte« (KLAFKI 1970, 391; hervorhebung von mir, P. M.).

Diese bestimmungen sind allerdings auf dem hintergrund einer anderen aussage zu lesen: »Jede Methode schließt eine Auffassung vom Wesen und Sinn des Lernens ein.« (KLAFKI 1964, 62) Damit wird – ganz im sinne der didaktischen tradition, auf die KLAFKI sich bezieht (z.b. WENIGER 1960) – die unterrichtsmethodik auf eben die ziele verpflichtet, die auch die wahl der inhalte leitet. Allerdings stiftet dann die rede vom »primat der didaktik i. e. s.« verwirrung. Angemessener wäre es, vom *primat der unterrichtlichen ziele vor inhaltlichen und methodischen festlegungen* zu sprechen. In seiner jetzigen formulierung hingegen wird die gefahr eines grundlegenden irrtums deutlich, daß nämlich die methode ein instrument sei, mit dessen hilfe vorgegebene und vorweg begründete ziele, »zielorientierte Lerninhalte« (KLAFKI u. a.

1970, 70) durchzusetzen sind. Demgegenüber hat Gösta THOMA analysiert, daß eine derartige instrumentalisierung der methode im hinblick auf ein ziel selbst im rahmen des zugrundegelegten zweck-mittel-schemas nur bedingt den sachverhalt trifft:

»Unterrichtsmethode hat also einen doppelten Aspekt: als Subjektbezug ist sie Mittel zur Realisierung von Unterrichtszielen (Zwecken), welche in Referenz an gesellschaftliche Ansprüche formuliert sind; zur Erfüllung dieser Funktion bezweckt sie selbst einen Sach-Gesellschaftsbezug, d. h. organisiert subjektive Voraussetzungen als Mittel unter diesem Gesichtspunkt.« (THOMA 1972, 188 f.)

Um einem instrumentellen mißverständnis aus dem wege zu gehen, haben Hermann-Josef KAISER und Peter MENCK das methodenproblem unter aufnahme der didaktischen tradition (siehe dazu SCHWENK 1974) formuliert als das der konstitution von unterricht. Sie motivieren das so: Den gegenstand wissenschaftlicher forschung gibt es bekanntlich nicht an sich, das erkennende und forschende subjekt *konstituiert* ihn vielmehr erst als solchen, indem es sich einer je bestimmten *methode* der erkenntnis bedient. Man kann also in diesem sinne von der *gegenstandskonstitutiven funktion der erkenntnismethode* sprechen. Wir haben nun den von Herwig BLANKERTZ geprägten begriff der »methodischen leitfrage« (BLANKERTZ 1970, 99 ff.) aufgenommen und vorgeschlagen, diese funktion von methode im zusammenhang des lernprozesses für die unterrichtsmethode zu reklamieren. Man könnte demgemäß von der *lerngegenstandskonstitutiven funktion von unterrichtsmethode* sprechen. KAISER hat das in einer historischen rekonstruktion des begriffs von methode näher ausgeführt:

»Wenn Lernen ein Prozeß ist, wenn ferner Denken prozessual zu fassen ist, dann gibt es keine Inhalte im Sinne eines aggregathaften, von der Methode des Inhaltsgewinns losgelösten Seins. Inhalte sind immer nur als gerade gedachte Inhalte möglich, d. h. der Weg des Lernens und der Vermittlung, der Prozeß des Denkens strukturiert eben diese Inhalte. Ein Nachdenken über Inhalte ist nicht möglich ohne ein Nach-Denken des Weges ihrer Konstituierung. Inhalte können daher immer nur unter *heuristischem* Aspekt betrachtet werden, sofern sie als von der Methode ihres Gewinns *losgelöst* angesehen werden.« (KAISER 1972, 141 f.)

KAISER weist weiter darauf hin, daß die »Reduktion von Methode auf die Funktion der Durchsetzung von Inhaltlichkeit« den unterricht vorrangig aus der perspektive des unterrichtenden erscheinen lasse. Dabei kann nicht in den blick kommen, »welche inhaltsstrukturellen Eigentümlichkeiten eine Methode ... *im Schüler* erzeugt« (ebd. 142). Damit ist motiviert, warum im folgenden an den intentionen der geisteswissenschaftlichen didaktik festgehalten wird, nämlich am interesse an den voraussetzungen inhaltlicher und methodischer entscheidungen, warum jedoch deren terminologie nahezu umgekehrt wird. Im anschluß an KAISER/MENCK (1972, 146 f.) *definiere* ich jetzt:

Die »*unterrichts*situation« wird verstanden als organisatorischer rahmen, der lernprozesse *aller* teilnehmer an dieser situation ermöglichen soll. Die *»thematik«* ist identisch mit dem von Paul Heimann ebenso bezeichneten entscheidungsfeld. Sie ist in der regel wissenschaftlich vermittelt (wissenschaftsorientiertheit allen lernens, siehe dazu den »Strukturplan«) und verweist auf normative setzungen, auf gesellschaftliche ansprüche zurück.

(Im einführenden beispiel ist der text von Montesquieu das thema.)

Die *»techniken«* sind verhaltensformen, fertigkeiten, kenntnisse, z.b. der einsatz von medien usw. von lehrern und schülern.

(Im beispiel sind das also fragen, aufforderungen zur begründung, unterbrechungen auf seiten des lehrers, antworten, ebenfalls unterbrechungen, insistieren auf seiten des schülers; aber auch das einbeziehen von vorwissen, hier zum begriff »ideologie«.)

Die *»unterrichtsmethode«* ist das pädagogische kriterium, das »thematik« und »techniken« unter konkreten bedingungen zu vermitteln hat, indem sie

- die thematik akzentuiert und (gemäß diesen bestimmten bedingungen) strukturiert, die sozusagen anlaß für unterrichtliche bemühungen ist, und
- die integration und anwendung von techniken leitet.

(Im beispiel kann als unterrichtsmethode »textverständnis« bezeichnet werden. Das beispiel ist insofern aufschlußreich, als die »unterrichtsmethode« sich bei lehrer und schülern *verschieden* artikuliert.)

Unterrichtsmethode *konstituiert* also ihren lerngegenstand *»unterricht«*, der als prozeß und in seinem ergebnis greifbar wird. Da unterrichtsmethode einen bestimmten unterrichtsprozeß und bestimmte ergebnisse *intendiert*, wird das intendierte auch *»unterrichtsziel«* genannt.

(Der hinweis auf die »anderen« schüler im beispiel sollte das erläutern: Vor ihren augen konstituiert sich im dialog von lehrer und dem einen schüler der (teil-)gegenstand. Hier vermutlich mit der besonderheit, daß jeder der dialogpartner einen anderen sachverhalt meint und deswegen seine äußerungen einen anderen gegenstand konstituieren.)

Wenn die definitionen auch prinzipiell symmetrisch in bezug auf lehrer und schüler sind, so heißt das durchaus nicht, daß

- keine differenzen oder konflikte denkbar wären und
- die verfügbaren techniken (z.b. sanktionsmittel) faktisch gleich verteilt wären.

Es ist auch keine aussage gemacht, ob faktische gleichheit erstrebenswert sei, konflikte hingegen nicht usw. Von derartigen wertungen wird abgesehen.

Allerdings ist es nicht wertneutral gemeint, wenn wir äußerungen von schülern prinzipiell als gegenstandskonstitutive techniken interpretieren – *ehe* irgendeine wertung solcher techniken z. b. als unterrichtsfördernd oder als störend vorgenommen wird. Daß wir uns das recht für eine derartige interpretation nehmen, ist ein indiz für die von uns in anspruch genommene und verbindliche pädagogische tradition, die nämlich, die sich aus einer rekonstruktion des begriffs »bildung« ergibt (siehe dazu s. 91). – Auf einen sachverhalt schließlich muß noch aufmerksam gemacht werden: Was als ergebnis eines unterrichtsprozesses erscheint – lernleistungen der beteiligten –, das ist in späteren unterrichtsprozessen prinzipiell als technik, als wissen verfügbar und »methodisch« integrierbar. – Den mit diesen definitionen festgelegten zusammenhang kann man nun wie in abbildung 2 skizzieren.

*abbildung 2:* modell zur konstitution und erforschung von unterricht (nach MENCK 1971, 162)

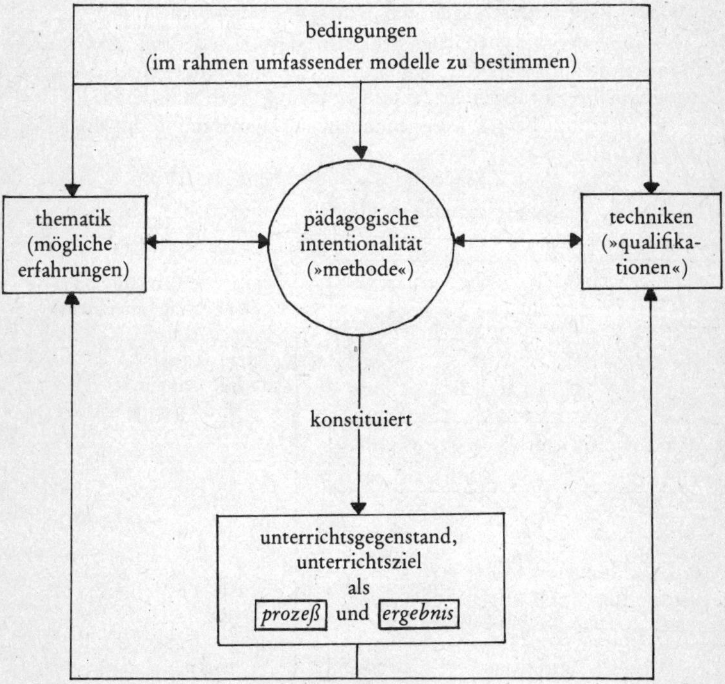


Um nach einer anderen seite hin den zusammenhang mit der didaktischen tradition zu beleuchten: Der begriff »unterrichtsmethode« wird hier nahezu synonym mit Paul HEIMANNS »intention« gebraucht: »Intention ... im Sinne von

Zwecksetzung und Sinngebung unterrichtlicher Akte« (HEIMANN 1962, 125). Bei Wolfgang SCHULZ allerdings deutet sich die absicht an, klassen von lernintentionen vor aller inhaltlichen bestimmung der »sinngebung unterrichtlicher akte« zu isolieren: »Die Intention, die Unterrichtende verfolgen, lassen sich formal in drei ... Dimensionen gliedern.« (SCHULZ 1970, 413 ff.) Diese dimensionen werden bekanntlich dadurch gewonnen, daß man die durch lernprozesse intendierte verhaltensänderung mit hilfe dreier dimensionen menschlichen verhaltens beschreibt. Immerhin wird die inhaltliche bestimmung dann in einem zweiten reflexionsgang geprüft, in der »normenkritik«. Wie sich aber in den arbeiten von Bernhard und Christine MÖLLER (z. b. MÖLLER 1969) zeigt, ist es nur ein schritt, diesen zusammenhang von vorausgesetzter intentionalität (»zwecksetzung und sinngebung«) und den bestimmten verhaltensweisen (»intention*en*«) aufzulösen. Die sinngebung ist dann den – wie auch immer strukturierten – unterrichtlichen akten scheinbar äußerlich, diese werden als mittel angesehen, jene einzulösen. Dabei wird unterschlagen, daß jede sinngebung unaussagbar bleibt, es sei denn in kategorien eben jener strukturen (also z. b. der mit hilfe von lernzieltaxonomien formulierten »intentionen«), und umgekehrt, daß jedem unterrichtlichen arrangement eine vorstellung vom sinn pädagogischen handelns zugrunde liegt. Dieser gedankengang kann mit hilfe der abbildung 3 erläutert werden.

*abbildung 3:* auslegung der pädagogischen intentionalität (»methode«) auf lernziele

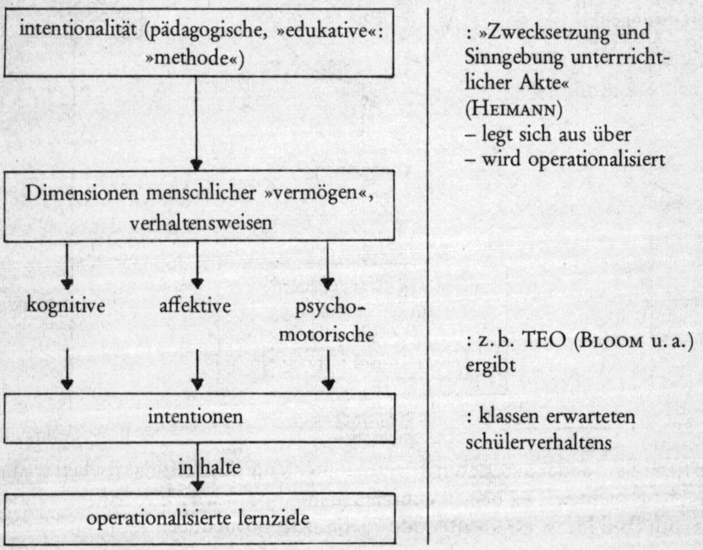

Als chiffre für die leitende intentionalität werden gewisse allgemeine prinzipien benutzt, »formale gesichtspunkte« (siehe dazu BLANKERTZ 1970, 41) wie »mündigkeit« oder »emanzipation«. BLANKERTZ bezeichnet deswegen das allen technischen und thematischen arrangements vorausgesetzte moment der sinngebung unterrichtlicher akte als »edukative intentionalität« (BLANKERTZ 1970b); wir sprechen, um dessen konstitutiven zusammenhang mit technischen und thematischen auslegungen festzuhalten, von unterrichtsmethode.

Gemäß dem ansatz unserer überlegungen kommt nun der analyse von faktischem unterricht für die konstruktions- bzw. konstitutionsproblematik eine entscheidende bedeutung zu. Aus unseren festlegungen ergibt sich, daß thematik und techniken nicht isoliert betrachtet und auf einen »unterrichtserfolg« bezogen werden können. Das ist weniger trivial, als es zunächst erscheinen mag. Angesichts der komplexität des pädagogischen feldes hat empirische unterrichtsforschung nämlich durchweg empirisch relevante variablen isoliert und sie bei konstanthaltung der anderen faktoren experimentell bzw. quasi-experimentell variiert. Karl-Heinz FLECHSIG weist demgegenüber mit recht darauf hin, »daß jede Veränderung einer Variablen in ihren Wirkungen auf die übrigen Komponenten in Rechnung gestellt werden muß«, ihr systemzusammenhang also berücksichtigt werden müsse (FLECHSIG u. a. 1969, 451). Es sieht allerdings nicht so aus, als habe die unterrichtsforschung modelle entwickeln können, die der »faktorenkomplexion« des unterrichtsfeldes rechnung tragen: Entweder sind sie zu komplex, als daß sie zu interpretierbaren ergebnissen führten (siehe dazu die arbeiten von Peter PETERSEN), oder sie thematisieren einen einzelnen aspekt (siehe dazu die übersicht bei KOSKENNIEMI 1971).

»Unterrichtsmethode« ist nach diesen begrifflichen festlegungen also nicht an sich greifbar. Vielmehr konstituiert sie in der strukturierung und zuordnung von techniken und inhalten den gegenstand unterricht. Es sei erlaubt, den zusammenhang mit einem fiktiven beispiel zu verdeutlichen: Im sozialkundeunterricht soll das thema »mitbestimmung« behandelt werden, als sozialform werde der »frontalunterricht« – in der variante des lehrervortrags – gewählt. Der bei SCHULZ (1965) geschulte didaktiker möchte einwenden: Das thema »mitbestimmung« erlaube wegen des »implikationszusammenhanges« (BLANKERTZ 1970, 94ff.) diese entscheidung nicht, allenfalls das »unterrichtsgespräch« sei zulässig. Solche argumentation unterschlüge jedoch das moment der »intentionalität«, wäre also keine »methodische« im sinne meines sprachgebrauchs. Denn hier wird nur scheinbar vom thema her, in wahrheit hingegen von der in ihm stillschweigend vorausgesetzten »methodischen« maxime: »selbständig interessen artikulieren können« her kritisiert. – Auf der anderen seite ist das thema durchaus mit einer autoritären »methode« verträglich; welche gestalt es dann vermutlich annehmen dürfte, dafür gibt Horst RUMPF (1971c) instruktive beispiele.

Unterricht ist damit so etwas wie ein globales erfolgskriterium von unterrichtsmethode. Nun ist aber auch »unterricht« selbst nicht zu fassen, man kann ihn allenfalls von zwei seiten aus angehen: Erstens gibt das unterrichtsprotokoll aufschluß über den unterrichtsverlauf, das, was im unterricht zur sprache kommt, also den unterrichtsprozeß; zweitens können die im unterricht abgelaufenen lernprozesse am unterrichtsergebnis, am endverhalten der beteiligten abgelesen werden, das über tests, beobachtungen usw. ermittelt wird. Das protokoll erfaßt zugleich mehr und weniger als der test: Es weist aus, was dem lerner tatsächlich vorgestellt wurde, dieser wählt aus dem angebot gleichsam aus; welche techniken er dabei aktualisiert und erwirbt, geht durchaus nicht in allen fällen aus dem protokoll hervor; im test kann jedenfalls im prinzip danach gefragt werden.

Nach dieser differenzierung ergeben sich drei hauptaufgaben der unterrichtsforschung: zunächst die *unterrichtsanalyse* und die *ergebniskontrolle.* Da sich beide, aller behaupteten interdependenz zum trotz, zu isolieren trachten, bedarf es weiterhin der *methodenkritik.* – Für das verständnis des folgenden ist eine klärung der begriffe »modell« und »theorie« unerläßlich, ich schiebe in dieser absicht einen exkurs ein.

### *4.1.1 exkurs über »theorie« und »modell«*

Leider herrscht in der didaktischen literatur keine hinreichende klarheit über die verwendung der begriffe »modell« und »theorie«, nicht einmal dort, wo sie thematisiert werden.

So gibt Walter Popp (1970, 50) im ersten teil eines satzes eine erläuterung des »modells«, im zweiten dann eine definition von »theorie«; ausdrücklich handelt er jedoch vom »modell«.

Herwig Blankertz (1970) betitelt seine arbeit »Theorien und Modelle der Didaktik«; er behandelt dann im einzelnen
– bildungs-, lern- und informations*theoretische modelle* sowie
– die *theorie* des lehrplans und der curriculum-reform.
Er schreibt jedoch nirgends, was er unter »theorie« bzw. »modell« versteht.

Dieser sprachgebrauch bedarf der klärung.
(1) Der begriff des *modells* wird in der didaktik in der regel mit bezug auf den unterrichts- bzw. lernprozeß gebraucht. Dazu zunächst einige *beispiele:*

Auf dem Trierer Hochschultag 1962 sagte Wolfgang Klafki im hinblick auf das »didaktische Feld«, es gehe darum, »ein Denkmodell zu skizzieren, in dem alle Grundbeziehungen zur Sprache kommen, die in jeder Gesamtkonzeption einer Besonderen Didaktik oder einer Bereichs- bzw. Fachdidaktik, ebenso aber bei einer einzelnen didaktischen Entscheidung wie auch in der didaktischen Vorbereitung des Lehrers auf eine Unterrichtsstunde berücksichtigt sein wollen« (KLAFKI 1963, 99; im original hervorgehoben). Dabei ergaben sich für ihn vier dimensionen: die dimension der

- geschichtlichkeit didaktischer entscheidungen,
- der verschiedenen perspektiven des welt- und selbstverständnisses und der motivation,
- der allgemeinen sinngebung der geistigen grundrichtungen und der schulfächer,
- der inneren struktur und der schichtung der bildungsinhalte (ebd. 100).

Etwa gleichzeitig hatte sich Paul HEIMANN die aufgabe einer »didaktischen Kategorial-Analyse« gestellt, »die einige strukturelle Konstanten von Unterrichtsvorgängen ... herausarbeitet« (HEIMANN 1962, 123). Wolfgang SCHULZ beschreibt diesen arbeitsgang genauer: »Wenn man das *Phänomen* Unterricht betrachtet, wie es sich im schulischen Alltag, wie in historischen Dokumenten darbietet«, so hat man zunächst von den eigenen voraussetzungen etc. abzusehen, »damit das Erkenntnisobjekt unverstellt in den Blick kommt«. Des weiteren ist von allem situationsbedingt zufälligen zu abstrahieren; »dann tritt die *formale Struktur* hervor, als deren inhaltliche Variation sich konkreter Unterricht beschreiben läßt« (SCHULZ 1965, 23). Es ergeben sich die bekannten entscheidungs- und bedingungsfelder als »wertfreies Beschreibungsmodell« (ebd. 24), das man sich als raster vorstellen mag, »der über das Unterrichtsgeschehen gelegt wird, um eine möglichst präzise Deskription der inhaltlichen Variation formaler Konstanten zu ermöglichen« (ebd. 25).

In der curriculumforschung sprach Saul B. ROBINSOHN von einem »konzeptuellen Schema«: »Es scheint, daß eine Analyse des allgemeinen ... Feldes der Curriculum-Entwicklung Kategorien und Beziehungen erbringt, die sich in einem Begriffssystem, in einem konzeptuellen Schema ordnen lassen.« (ROBINSOHN 1971, 60; siehe auch John I. GOODLAD 1971, 26ff.)

Schließlich seien Klaus GIEL und Gotthilf G. HILLER erwähnt, die die unterrichtlichen zusammenhänge »durch Konstruktion sichtbar« machen wollen: Das ergebnis einer »strukturalistischen Tätigkeit«, die in der zerlegung von tatsächlichem unterricht und der »Komposition der als ›bedeutungsvoll‹ vermuteten Elemente« besteht, sind unterrichtsmodelle (GIEL/HILLER 1970, 743), gedanklich konsequent durchkonstruierte funktionszusammenhänge (ebd. 740).

Aus diesen beispielen geht die *methode* hervor, derer man sich mehr oder weniger ausdrücklich bedient, die grundbegriffe, »kategorien« oder die charakteristischen zusammenhänge des didaktischen gegenstandsfeldes zu bestimmen: so etwas wie eine *phänomenologische reduktion* (SCHULZ 1965, 23).

Wolfgang STEGMÜLLER charakterisiert diese im zusammenhang mit einem referat der philosophie Edmund HUSSERLS durch folgende vier komponenten:

- die historische einklammerung, in der alles abgelegt wird, »was wir an Theorien und Meinungen, sei es aus dem Alltag, sei es aus der Wissenschaft, sei es aus dem Bereiche des religiösen Glaubens, übernommen haben«;
- die existenziale einklammerung, »nämlich die Enthaltung von allen Existenzialurteilen, selbst jenen, bei denen ... eine absolute Evidenz vorliegt«: Für philosophische erkenntnis als wesenserkenntnis ist die reale existenz der betreffenden gegenstände unwesentlich;
- die eidetische reduktion, »durch welche die geistige Umstellung vom Tatsächlichen auf das Wesen erfolgt, z. B. von diesem individuellen Rot zum Wesen Rot«;

– die transzendentale reduktion, »durch welche die Gegebenheiten im naiven Bewußtsein zu transzendentalen Phänomenen im ›reinen Bewußtsein‹ werden« (STEGMÜLLER 1969, 71).

Diese liste zeigt beiläufig, daß in der didaktischen modellbildung in der regel nur die beiden ersten komponenten zur geltung kommen.

Christian SALZMANN (1972) macht nun den versuch, die erkenntnisse einer allgemeinen modelltheorie (H. STACHOWIAK, 1965) für den modellbegriff in der unterrichtsforschung und -planung fruchtbar zu machen. Im anschluß an und ergänzung von STACHOWIAK stellt er folgende *merkmale* von didaktischen modellen heraus, wobei er sich wiederum der phänomenologischen analyse bedient:

– abbildung, repräsentation gewisser originale;
– verkürzung auf jeweils relevante merkmale; SALZMANN erläutert dieses charakteristikum durch »akzentuierung«, nämlich das hervorheben des wesentlichen, und »durchschaubarkeit«;
– subjektivierung: Modelle repräsentieren nur eingeschränkt, und zwar auf bestimmte subjekte, operationen und zeiträume; SALZMANN fügt das merkmal der
– konstruktion und orientierung hinzu: Modelle werden zur »optimalen Orientierung angesichts ungeklärter oder unbewältigter Situationen« konstruiert. (SALZMANN 1972, 473; 470)

Diese versuche, den modellbegriff zu präzisieren, sind noch unvollständig. Zur charakterisierung eines modells gehört nicht nur die beschreibung seiner elemente und ihrer bezüge untereinander. Vielmehr ist deren auswahl geleitet von jeweils bestimmten *interessen am* modellhaft gefaßten *gegenstand*: In allen vorgenannten fällen, die SALZMANNschen »gedanken« einbegriffen, spricht eher ein unmittelbar konstruktives interesse des praktikers an unterrichts*planung* bzw. curriculum*entwicklung* aus den bemühungen der modellkonstrukteure:

»Durch Modelle entsteht eine klar strukturierte und dadurch erst begreifbare und *dem Handeln zugängliche* Wirklichkeit.« (POPP 1970, 50; von mir hervorgehoben, P. M.) Thematisch ist dieser aspekt von GIEL und HILLER ausgeführt worden: Das legitime verfahren, unterrichtliche »Zusammenhänge auf ihre Funktion hin zu prüfen und Alternativen zu diskutieren«, ist für sie der »konstruktive Zugriff« (GIEL/HILLER 1970, 742).

Meine überlegungen gehen zwar von demselben konstruktiven interesse aus, unterscheiden sich jedoch darin, daß ich dabei zugleich das postulat von der wissenschaftlichkeit didaktischer konstruktion beanspruche: Der übergang von modellhaftem erkennen und rekonstruieren der wirklichkeit zum handeln ist erfahrungswissenschaftlich zu vermitteln. Es ist nämlich ein unterschied,

- ob ich angehenden lehrern hilfestellung leisten will bei der vorbereitung ihrer unterrichtsreihen (siehe oben s. 33f.); dann mag das lerntheoretische »modell« von unterricht gute dienste tun; oder
- ob ich die unterrichtswirklichkeit erforschen will mit der absicht, auskunft über in ihr wirksame gesetzmäßigkeiten zu erhalten; dann leiten jeweils verschiedene grundlegende theoretische fragestellungen die modellbildung (siehe hierzu das folgende).

Demnach wäre also nach der funktion von modellen im zusammenhang der unterrichts*forschung* zu fragen (so auch andeutungsweise SALZMANN 1972, 481f.). Mit den worten von N. L. GAGE: Modelle sind jene denkweisen, »mit deren Hilfe Forschungen vorstrukturiert werden«. Sie ermöglichen entscheidungen darüber, »welche Arten von Variablen und Beziehungen zwischen Variablen man untersuchen will« (Handbuch der Unterrichtsforschung I, 274). Ergebnis solcher forschung sind theorien.

(2) Selbst im falle des *theorie*begriffs ist der sprachgebrauch durchaus nicht eindeutig. In den empirischen wissenschaften bezeichnet man als theorie »eine deduktiv verknüpfte Menge von Gesetzen« (Handbuch der Unterrichtsforschung I, 211). Dabei sind gesetze »Generalisationen oder universale Aussagen, die individuelle Tatsachen untereinander verknüpfen« (ebd. 179); wegen ihrer prinzipiellen falsizierbarkeit werden sie auch »nomologische Hypothesen« genannt (ebd. 180f., zum ganzen siehe STEGMÜLLER 1969 a). In weniger strengem sprachgebrauch spricht man von einer theorie schon, »wenn man auf der Grundlage der Regeln der Logik eine Gruppe von Variablen miteinander in beziehung setzen kann« (Handbuch der Unterrichtsforschung I, 284). Das heißt, daß auch dann von einer theorie gesprochen wird, wenn ihr keine nomologischen hypothesen, sondern nur rudimentäre erklärungen oder erklärungsskizzen zugrundeliegen (STEGMÜLLER 1969a, 105ff.). – Die funktionen einer theorie in diesem sinne lassen sich kurz so zusammenfassen: »Eine Theorie erklärt nicht nur und macht nicht nur Voraussagen, sie *vereinheitlicht* auch die Phänomene. Sie kann diese Funktion nur deshalb leisten, weil sie eine gewisse Struktur besitzt. Eine empirische Theorie ist eine linguistische Struktur, bei der einige Teile etwas über die Welt aussagen.« (Handbuch der Unterrichtsforschung I, 214)

Man könnte diesen sachverhalt in absetzung vom modell auch so ausdrücken: Im modell (paradigma, konzeptuellen schema) werden variablen, kategorien, strukturelemente ausgezeichnet, und es wird behauptet, *daß* zwischen ihnen ein zusammenhang existiere. Theorien machen aussagen darüber, *wie* sie zusammenhängen. Damit ist zugleich der modellcharakter von theorien bezeichnet und die tatsache, daß in einer theorie gegenüber dem modell weitergehende annahmen gemacht werden müssen.

Es hat den anschein, als kehre Klaus HEIPKE in seinem anhang zum artikel von BRODBECK die hier verwendete terminologie geradezu um: Theorien im sozialwissenschaftlichen bereich seien »meist nur qualitativ oder höchstens topologisch formuliert« (Handbuch der Unterrichtsforschung I, 253). Modelle hätten dann die funktion der »Ergänzung, Präzisierung und Interpretation von Theorien«, also die fähigkeit, »eine Theorie soweit zu ergänzen, daß annehmbare und in größere Zusammenhänge einzuordnende Resultate das Ergebnis sind« (ebd., 250). Die präzisierung bestehe häufig in der einführung einer metrik etc. – Ersichtlich bedient HEIPKE sich eines anderen als des hier gebrauchten modellbegriffs.

Für diese annahmen wird nun wiederum der theorie-begriff verwendet. Verschiedenen theorien (deduktiv verknüpften mengen von gesetzen oder aussagen) liegen nämlich in wesentlichen zügen übereinstimmende grundannahmen über die funktionalen zusammenhänge der variablen zugrunde, so daß man gleichsam klassen von theorien bilden kann.

N. L. GAGE sucht z. b. nach solchen theorien des unterrichtens, die erklären, warum das verhalten der einen person das verhalten einer anderen person beeinflussen kann. Er diskutiert dann theorien, die auf je verschiedene annahmen über die art der einflußnahme zurückgehen: die theorien des konditionierens, der identifikation und des kognitiven verhaltens (Handbuch der Unterrichtsforschung I, 346 ff.). – Hermann-Josef KAISER und Peter MENCK haben bei ihrer revision des »methoden«begriffs die frage gestellt: »Wie läßt sich die Dynamik darstellen, die hinter den ›inhaltskonstitutiven methodischen bemühungen steht?« Sie haben sich bei der beantwortung auf psychoanalytische und behavioristische theorienbildung bezogen. (KAISER/MENCK 1972, 153 ff.) – Jürgen HABERMAS klassifiziert »allgemeine theorien sozialen handelns« nach drei »theoretischen ansätzen«, die einen »kategorialen rahmen« für theorien abgeben: theorien reiner wahl, handlungstheorie und verhaltenswissenschaft (HABERMAS 1967, 47). In der auseinandersetzung mit Niklas LUHMANN konfrontiert er zum zwecke der auseinandersetzung zwei sich ausschließende klassen von theorien: Er geht von der vermutung aus, »daß die Systemtheorie der Gesellschaft mit einer kritischen Gesellschaftstheorie zwar die Ebene der Theoriebildung teilt, aber auf dieser Ebene einer gegenläufigen Strategie folgt« (HABERMAS/LUHMANN 71, 143). Programmatisch wird diese klassenbildung im titel auf die frage gebracht: »Theorie der Gesellschaft oder Sozialtechnologie?«

Wenn – um den faden aufzunehmen – BLANKERTZ vom »informationstheoretischen modell« der didaktik spricht, so ist damit der sachverhalt im sinne der hier versuchten präzisierung der begriffe angemessen bezeichnet: Ein modell des unterrichtsprozesses, das aufgrund von bestimmten, nämlich behavioristischen grundannahmen zu einer – einstweilen noch höchst unvollständigen – theorie ausgebaut wurde. Im falle des bildungs- und lerntheoretischen modells trifft lediglich die charakterisierung als modell zu. Sie dem informationstheoretischen gegenüberzustellen heißt zu fragen, nicht nur ob es *einen* ansatz, *ein* modell des unterrichts gebe (BLANKERTZ 1970, 16 f.), sondern auch ob unterrichtliche erscheinungen durch *eine* theorie angemessen erklärt werden können. Die frage ist natürlich zu verneinen zugunsten einer vorstellung, nach der mehrere theorien zusammenkommen, die bestimmte felder abdecken. Mit deren beschreibung ist es im rahmen der didaktik in der BRD noch nicht weit her. Lehrplantheorie und theorie der curriculumreform sind über den modellcharakter jedenfalls noch nicht hinaus. Karl FREY und Hilbert MEYER haben inzwischen allerdings zusammengetragen, was an »theorien des curriculums« entworfen wurde – zum teil wiederum modelle. Ironisch könnte man sagen, die häufige verwendung des »theorie«-begriffs verschleiere den sachverhalt, daß die didaktik sich noch weitgehend im »entdeckungszusammenhang« bewege und nur vereinzelt in den »begründungszusammenhang« vorstoße. Das ist angesichts des interesses nicht verwunderlich, das die entwicklung der didaktik in der BRD durchweg motiviert: Durchweg ist es ein unmittelbares interesse an didaktischer konstruktion; ein interesse, das den praxisbezug der erziehungswissenschaft unmittelbar umlegt in die maxime: »Schlüssele dem praktiker sein handlungsfeld auf und vergeude keine zeit mit dem entwerfen und dem ausbau praxisferner theorien!«

Um auf den begriff »theorie« zurückzukommen: Nur uneigentlich ist also die rede von einer »theorie des unterrichts« erlaubt, gleichsam als bezeichnung für das insgesamt erziehungswissenschaftlicher aussagen über unterricht auch dann, wenn sie weder hypothesen, noch erklärungsskizzen sind, sich vielmehr im vorfeld der modellbildungen befinden. Und so ist auch der untertitel dieser arbeit zu verstehen.

## 4.2 die unterrichtsanalyse

Das interesse an unterrichtsanalyse scheint in der BRD nicht groß zu sein. Es ist schwer, sich überhaupt material zu verschaffen: Gedruckte unterrichtsprotokolle haben seltenheitswert, filme sind bis auf wenige nur am herstellungsort (unterrichtsmitschau) verfügbar. Vor allem fehlt es weitgehend an einigermaßen befriedigenden theoretischen ansätzen zu ihrer auswertung, obwohl die fragen seit langem formuliert sind, an die derartige ansätze anknüpfen müßten (SCHORB 1965). Die tradition einer »pädagogischen tatsachenforschung« Peter PETERSENS ist offensichtlich versiegt. Demgegenüber stehen eine vielzahl von unbeantworteten fragen, Horst RUMPF zählt einige auf:

»Was ist wesentlich, was überflüssig...? Welche Erklärung, Begründung wird anderen vorgezogen...? Welche Operationen werden toleriert, um etwas verständlich zu machen...? Welche Probleme im Zusammenhang der Materie werden ausgeklammert, welche werden dargeboten, welche offen gelassen, welche werden mit einer Lösung versehen?« (RUMPF 1971, 15)

Um diese fragen zu beantworten, bedarf es einer theorie, die die formulierung und prüfung von hypothesen in diesem bereich gestattet. Eine solche gibt weder das suchschema, das RUMPF an derselben stelle vorschlägt (RUMPF 1971, 12ff.), noch das modell der unterrichtsanalyse von HEIMANN und SCHULZ, noch auch unser modell – dies allerdings aus verschiedenen gründen:

Das modell der unterrichtsanalyse hat – wie gesagt – das interesse, die unterrichtspraxis für eine optimale steuerung durch den lehrer durchsichtig zu machen. Ganz ähnlich ist das interesse von RUMPF, das zeigen zum teil auch die zitierten fragen. Die unterschiede liegen allenfalls darin, was die autoren unter »optimal« verstehen mögen.

Das modell von KAISER und MENCK (siehe oben abbildung 2, s. 49) hingegen ist zu grobmaschig, als daß es zu einer empirischen analyse von unterricht taugte. Man betrachte etwa die »techniken« und bedenke, was da alles unter diesen titel subsumiert wird. Allerdings kann und soll es als such- und beurteilungsmodell für solche unterrichtsparadigmata dienen, die es ermöglichen,

– bestimmte züge, bedingungen, gesetze von unterricht unter einem
– bestimmten interesse an ihrer ermittlung

zu erforschen. In diesem sinne will ich die in der didaktischen literatur vorgetragenen theoretischen ansätze nicht im detail referieren; dazu kann ich auf die umfangreiche darstellung von Matti KOSKENNIEMI (1971) verweisen:

Dieser überblick hat allerdings einen bedauerlichen schönheitsfehler: KOSKENNIEMI stellt im 13. kapitel »Die Taxonomien des Unterrichtsvorganges« dar, darauf im 14. kapitel: »Theoriemodelle in der empirischen didaktischen Forschung«. Natürlich sind theorien auf daten über unterricht und insofern auf bestimmte analyseinstrumente, »Klassifikationssysteme des Unterrichtsvorganges« (so in kapitel 13) angewiesen. Diese jedoch sind ihrerseits auf der grundlage bestimmter modellannahmen über unterricht zu entwickeln und entwickelt worden. Das läßt sich exemplarisch an dem modell von Ned A. FLANDERS demonstrieren. KOSKENNIEMI zieht also auseinander, was in einen forschungs- und sachlogischen zusammenhang gehört.

Statt einer ausführlichen darstellung will ich im folgenden drei charakteristische klassen solcher ansätze skizzieren und auf unser »modell zu erforschung von unterrichtsmethode« (siehe abbildung 2, s. 49) beziehen.

(1) unterrichtsanalyse als interaktionsanalyse

Dieser ansatz ist in der BRD im großen umfang und mit erfolg durch Reinhard und Anne-Marie TAUSCH für empirische unterrichtsforschung fruchtbar gemacht worden:

Unterricht findet in der regel als »zwischenmenschliche Interaktion« statt (TAUSCH/TAUSCH 1970, 16). »Durch das Verhalten des Erziehers werden im unmittelbaren persönlichen Kontakt mit Jugendlichen bei diesen bestimmte Reizungen ... der Sinnesorgane bewirkt. Diese Reizkonstellationen führen zu Änderungen der zentralen physiologischen Erregungsvorgänge im Individuum. Zusammen mit diesen zentralen physiologischen Erregungsvorgängen werden im allgemeinen ausgelöst:

– Bestimmte bewußte Erlebnisinhalte...
– Weitere nicht-bewußte Prozesse im Organismus...« (ebd., 39).

Aus den im hauptteil des buches von diesem theoretischen ansatz aus analysierten arbeiten ergeben sich neben anderen zwei hauptdimensionen des verhaltens von lehrern/gruppenleitern:

– die emotionale dimension (wertschätzung vs. geringschätzung etc.) und
– die lenkungsdimension (maximal starke lenkung vs. minimale lenkung etc.; ebd., 155).

Ihnen entspricht jeweils ein bestimmtes schülerverhalten (ebd., 168f.). Im blick auf ein »funktionierendes demokratisches Gesellschaftsleben« (ebd., 16) läßt sich dann wünschenswertes lehrer/erzieher-verhalten beschreiben und in einer fülle von »Demonstrationsbeispielen für angemessenes Modellverhalten« illustrieren (ebd., 9).

Der TAUSCHsche ansatz geht nicht zuletzt auf die epochemachenden arbeiten von Kurt LEWIN und seinen mitarbeitern zurück (LEWIN u. a. 1939). Ihm und ähnlichen arbeiten von Harold H. ANDERSON ist ein differenzierterer ansatz verpflichtet, den Hartmut W. FRECH ins deutsche übertragen und für den gebrauch in der lehrerausbildung empfohlen hat: Ich meine die »interaktionsanalyse« von Ned A. FLANDERS (FRECH 1971; auch KOSKENNIEMI stellt ihn recht ausführlich dar, KOSKENNIEMI 1971, 157ff., 202ff.). Aus zwei gründen gehe ich etwas ausführlicher darauf ein. Einmal läßt sich hieran exemplarisch der zusammenhang zwischen bestimmten modellannahmen und einem darauf bezogenen instrument der unterrichtsbeobachtung erläutern. Zum anderen ist zu befürchten, daß in der praxis der lehrerausbildung dieses instrument aus seinem theoretischen kontext gelöst wird, daß also aussagen über »unterricht« gemacht werden, ohne daß sie im hinblick auf das zugrunde liegende modell interpretiert würden.

Auch FLANDERS geht es um den zusammenhang von lehrerverhalten einerseits und dem lernerfolg auf der anderen seite. Nun setzt er kein einliniges abhängigkeitsverhältnis an. Vielmehr ist die lernsituation insgesamt zu berücksichtigen. »Erst wenn man die Verhaltensweise des Lehrers und die Situation kennt, kann man voraussagen, wie sich das Verhalten der Schüler verändern wird.« (KOSKENNIEMI 158) Die grundannahme des modells ist die, »that the learning potential of pupils is inversely related to their level of dependence within reasonable and practical limits of classroom organization« (AMIDON/HOUGH 1967, 109). Dabei bezeichnet »dependence« ein subordinationsverhältnis lehrer-schüler, das durch die verantwortung des lehrers für unterricht konstituiert wird. – Das modell umfaßt nun die folgenden variablen:

– Kriteriumsvariable ist die abhängigkeit (dependence) des schülers vom lehrer (und damit indirekt der lernerfolg);
– die wichtigste unabhängige variable ist der einfluß des lehrers auf den schüler. Er wird als direkt bzw. indirekt eingeschätzt und am verbalverhalten (als repräsentative stichprobe des gesamtverhaltens interpretiert) des lehrers gemessen. – Die äußerungen des lehrers werden mit hilfe der sogenannten »interaktionsanalyse« nach »indirekt« und »direkt« klassifiziert. Die kategorien des FLANDERSschen instruments zur beobachtung von unterricht sind also operationalisierungen der

variablen »einfluß des lehrers«. – Dazu kommen die beiden variablen
- klarheit des lernziels für den schüler. Hier werden zwei ausprägungen angenommen aufgrund der plausiblen überlegungen, daß am anfang eines lehrgangs das ziel weniger klar ist als am ende;
- wertgehalt des zieles. »Der Wertgehalt ist positiv, wenn das Ziel im Einklang mit den Interessen des Schülers steht und eine seinen Voraussetzungen entsprechende Tätigkeit erfordert. Negativ ist der Wertgehalt bei Zielen, die den Schüler nicht interessieren oder deren Erreichen eine Tätigkeit voraussetzt, die im Widerspruch zu seinen Neigungen steht.« (KOSKENNIEMI 160)

Eine allgemeine anmerkung zu diesem modell ist noch erforderlich: Wer sich darüber gedanken macht, wie unterricht die selbstbestimmung des schülers ermöglichen solle, dem mag es wehtun, wenn hier als konstitutiv für unterricht ein abhängigkeitsverhältnis angenommen wird (»grundannahme«). Aber wohlgemerkt: Dies heißt nicht, daß unterricht hierarchisch strukturiert sein *solle,* nur, daß dem so *ist,* und daß es grade von abhängigkeit gibt. Wie sie unter dem postulat der selbstbestimmung *einzuschätzen* ist und welche maßnahmen der lehrer ergreifen sollte, das ergibt sich erst aus bestimmten hypothesen, zu denen die unterrichtsforschung kommt, wenn sie das feld unterricht nach diesem modell strukturiert.

Schließlich sei noch auf einen der deutschen tradition der unterrichtsforschung entstammenden ansatz hingewiesen: In Friedrich WINNEFELDS arbeiten laufen die »pädagogische tatsachenforschung« Peter PETERSENS und gestaltpsychologische theorien zusammen:

»Alles pädagogische Geschehen im Unterricht (ist) zwischenmenschliches Geschehen. Deshalb darf der kontakt-pädagogische Aspekt als der zentrale Ansatzpunkt gelten, unter dem pädagogische Vorgänge angegangen werden können.« Die zentrale fragestellung der unterrichtsanalyse lautet demnach: »Welche sozialen Gesamt- und Teilzüge lassen sich im pädagogischen Handlungsgefüge während des Unterrichts erkennen? In welchen pädagogischen Kontaktformen läuft der didaktische Prozeß? ... Welche allgemeinen Zusammenhänge und Regelmäßigkeiten lassen sich aus der Analyse des didaktischen Kontaktgeschehens herauslesen?« (WINNEFELD 1967, 45)

Diese beispiele mögen genügen, um eine klasse von theorien des unterrichts zu charakterisieren, deren *leitendes interesse* durch den *begriff »sozialklima«* oder »klassenklima« zu kennzeichnen wäre.

(2) unterrichtsanalyse als analyse der inhaltsstruktur
Eine zweite klasse von theorien des unterrichts geht von folgender überlegung aus:

Beim lernen von begriffen sind zu unterscheiden: »die logische Struktur eines Gegenstandes oder Faches, die eine sinnvolle, nicht-willkürliche Anordnung des Stoffes bedeutet, und auf der anderen Seite die individuelle kognitive Struktur eines Lernenden. Eben weil und insoweit diese sinnvollen Beziehungen bestehen, kann die logische Struktur in die psychologische Struktur eines lernenden Individuums überführt werden. ... Der enge Zusammenhang zwischen allgemeiner logischer und individueller psychologischer Struktur eines Faches oder Lerngegenstandes ist deshalb nicht überraschend, weil ja die sogenannte logische Struktur aus den Erkenntnisbemühungen hervorragender Wissenschaftler hervorgeht.« (SKOWRONEK 1969, 134f.)

Der *leitbegriff* ist hier die *»kognitive struktur«*. Helmut SKOWRONEK fühlt sich dabei an J. F. HERBARTS lehre vom »bildenden unterricht« erinnert (ebd., 135; siehe auch BLANKERTZ 1970, 94 f.); das konzept der maieutik von SOKRATES ist ein weiterer vorläufer (siehe dazu KAISER 1972, 133). Es könnte dabei auf den ersten blick scheinen, als sei die »psychologische Struktur eines lernenden Individuums« eine anthropologische invariante, die es zu erforschen gälte; erst dann könnte man entscheiden, wie ein lerngegenstand strukturiert sein muß, damit er »effektiv vom Lernenden assimiliert werden kann« (ebd., 132). Demgegenüber ist festzustellen, daß die kognitive struktur des lernenden das »Produkt aller früheren kognitiven Lernvorgänge« darstellt (ebd.). Das heißt, daß lernen eine geschichte hat, die über die jeweiligen lerninhalte identifizierbar wird und nicht ausschließlich von unhistorischen strukturen her bestimmbar ist. – Die eindrucksvollsten forschungen zur »kognitiven struktur« haben Jean PIAGET und seine mitarbeiter und schüler vorgelegt, wir brauchen sie hier nicht zu referieren.

Dieter LENZEN (1973) hat mit ausdrücklichem bezug auf PIAGET vorgeschlagen, jenen zusammenhang von logischer struktur der sache und kognitiver struktur des lernenden nach dem modell von oberflächenstruktur und tiefenstruktur zu bestimmen, das er aus einer rekonstruktion des strukturalismus gewonnen hat. Der grundgedanke seiner skizze einer »strukturalen didaktik« ist dieser:

»Unter *Tiefenstruktur* wird die – im weitesten Sinne – kognitive Organisation des Menschen zu verstehen sein; die naturalen und sozialen Gegebenheiten seiner Umwelt, gleichgültig, ob von ihm selbst hervorgebracht oder nicht, werden als *Oberflächenstrukturen* betrachtet werden.« (ebd., 36)

Der transformationsakt von tiefenstrukturen in oberflächenstrukturen soll »als Arrangement der Realität überhaupt, als Handeln begriffen werden« (ebd.).

»... der Transformationsprozeß von Oberflächenstrukturen in Tiefenstrukturen (soll) als Lernen aufgefaßt werden.

Beide Transformationsprozesse, Handeln *und* Lernen sind keine indifferenten Verläufe, sondern Aktivitäten des Subjekts.« (ebd., 36f.)

Die aufgabe der strukturalen didaktik wäre es, die regeln zu rekonstruieren, denen diese transformationen folgen.

Es gelingt LENZEN, für den bereich des spracherwerbs mit diesem ansatz eine reihe von forschungsansätzen und -ergebnissen in ein neues licht zu rücken. Allerdings betreffen diese vornehmlich die ebene der »didaktischen analyse«. Ein modell, in dem RUMPFS leitfrage danach beantwortet werden könnte, wie »die unterricht vorgestellten Sachen de facto stilisiert werden« (RUMPF 1971, 81) – ein solches modell hat LENZEN damit noch nicht entwickelt. Er deutet es jedoch an, da er unter dem titel »unterrichtsmethode« elemente der sprechakt-theorie in seine strukturale didaktik einbaut und die unterrichtliche kommunikation analysiert.

Es gibt allerdings einen höchst interessanten versuch, die »feinstruktur von unterrichtsinhalten« zu bestimmen; er läßt sich im rahmen des paradigmas von der kognitiven struktur interpretieren: Ich meine die entwicklung und insbesondere die erprobung von *lehrprogrammen.* Zunächst einmal liegt das thema des unterrichts sozusagen sachstrukturell gegliedert (als »basaltext«) vor; dem stehen einige aus der erfahrung sowie der (behavioristischen) lerntheoretischen forschung gewonnene regeln für die strukturierung des themas zu einem lehrprogramm gegenüber. Auf dieser grundlage wird eine erste version eines lehrprogramms entworfen. Sie wird erprobt. Schwierigkeiten und fehler werden analysiert. Eine neue version wird erstellt und so weiter. Dieser prozeß der erprobung läßt sich nun interpretieren als empirische ermittlung der kognitiven struktur des adressaten. Man *konstruiert* also die feinstruktur im erprobungsprozeß des lehrprogramms. Natürlich gibt man sich mit diesem sehr aufwendigen verfahren nicht zufrieden und versucht, eine »Mikrostruktur*theorie* von Lehrprogrammen ... im Hinblick auf die mehr oder weniger bekannte Psychostruktur« zu entwickeln (Frank 1969, 13; hervorhebung von mir, P. M.). »Das ist jedoch bisher erst in sehr bescheidenen Ansätzen gelungen, nicht zuletzt wegen der sehr viel größeren Komplexität des Adressaten im Vergleich zu den heute üblichen konkreten Lehrautomaten.« (ebd., 14)

Solchen versuchen gegenüber nimmt sich ein ansatz von Rumpf vergleichsweise bescheiden aus. Im zusammenhang mit der analyse von lehrbüchern hat er einen begriff verwandt, der sich vermutlich als analysemaß auch des unterrichts eignen könnte, den grad der »Definitheit, d.h. der Endgültigkeit und Überholbarkeit des in Schulbüchern niedergelegten Wissens« (Rumpf 1971c, 119ff.). Allerdings müßte der begriff noch weiter operationalisiert werden, ehe er für empirische analyse von unterricht verwendung finden kann, wobei insbesondere die aufarbeitung linguistischer theorien weiterführen dürfte. Ich erwähne ihn deswegen, weil Rumpf dabei die heute plausible vermutung äußert, »daß so vereinfachte Lerninhalte (d.h. solche, die einen hohen grad von definitheit aufweisen, P. M.) den Lernenden nicht zu divergierendem, autoritätsunabhängigem und realitätsoffenem Denken disponieren« (Rumpf 1971b, 82):

»Was in der empirischen Unterrichtsforschung als autokratisches und dominatives Lehrerverhalten beschrieben wurde und was sich auf den Modus des Lehrerverhaltens gegenüber dem Schüler bezieht, müßte seine Entsprechung in der Strukturierung der im Unterricht vermittelten Sache haben. Vereinfachungen, die aus der Materie alles wegfiltern, was in dargebotenen Erklärungen und Urteilen gefährlich werden könnte, haben deutlich dominative Züge.« (ebd., 80)

Damit stellt er den bezug zur analyse der unterrichtlichen interaktion her, allerdings nur in der form einer – wenn auch plausiblen – vermutung.

(3) unterrichtsanalyse als analyse der unterrichtssprache
Gerhard PRIESEMANN interpretiert unterricht als einen kommunikationszusammenhang (PRIESEMANN 1971, 11 und passim):

»Für den Unterricht als eine besondere Form zwischenmenschlicher Kommunikation und Interaktion ist die Sprache das Medium aller Medien; es ist das Verständigungsmittel, auf das alles zurückführbar ist, was jeweils als Mittel der Verständigung eingesetzt wird.« Das ziel unterrichtlicher kommunikation ist »das unmißverständliche Verstehen« (ebd., 82). Dementsprechend stellt sich für PRIESEMANN die aufgabe, »diejenigen Aussagen in die Betrachtung (einzubeziehen), die im Unterricht selbst vorkommen, ja ihn im Grunde erst konstituieren« (ebd., 33).

Auch FLANDERS beschränkt verhalten im unterricht auf sprachliches verhalten. Der charakteristische unterschied ist nun aber der, daß PRIESEMANN *verständigung* und verständigung *über sachen* nicht prinzipiell, sondern nur aus gründen der analyse auseinanderhält, für ihn konstituiert sich unterricht erst in der *verständigung über sachen.* Insofern erweist sich sein ansatz als aussichtsreicher versuch der erforschung einer unverkürzt verstandenen unterrichtsmethode. Dieter SPANHEL (1971) schränkt diesen ansatz ein, indem er die »Sprache des Lehrers« analysiert; ich meine in unzulässiger weise, da er sie aus dem unterrichtskontext isoliert. – PRIESEMANN hat zunächst einen globalen ansatz entworfen, der den rahmen für eine vielzahl von möglichen aufgaben einer sprachanalytischen erforschung von unterricht absteckt. Arno A. BELLACK und seine mitarbeiter haben sich auf die analyse einer unterrichtsreihe beschränkt und dabei ein modell für »sprachliches verhalten von lehrern und schülern« entwickelt (BELLACK u.a. 1966, 1):

In enger anlehnung an Ludwig WITTGENSTEIN ging man davon aus, daß die erste funktion der sprache »the communication of meaning« sei. Dabei ist »the meaning of a word ... its use in the language« (ebd., 2). Bei der operationalisierung verschiedener dimensionen von »meaning« folgt BELLACK wiederum WITTGENSTEIN: »The speaking of a language is part of an activity, or of a form of life.« Solche aktivitäten nennt BELLACK mit WITTGENSTEIN »sprachspiele« (ebd., 3). Zwei momente, in denen spiel und unterricht übereinstimmen, verknüpfen dann den sprachphilosophischen ansatz WITTGENSTEINS mit der unterrichtstheorie: Unterricht ist soziales handeln, in dem die »spieler« bestimmte rollen innehaben; und die handlungen der »spieler« werden von gewissen grundregeln geleitet. Wie bei PRIESEMANN erlaubt das modell eine analyse sowohl des verhaltens als auch der inhaltlichen dimension der kommunikation.

Dieser ansatz wird hier erwähnt, obwohl er in der BRD bislang allenfalls zur kenntnis genommen und nur gelegentlich erprobt wurde. Hier wird zum ersten mal umfassend unterricht in seiner *inhaltlich-intentionalen* struktur analysiert, der theoretische hintergrund der analyse expliziert und zu einem differenzierten analyseinstrument entwickelt, das verhältnismäßig komplexe aussagen über unterricht ermöglicht.

## 4.3 die ergebniskontrolle

Angesichts der fülle von literatur zur messung und beurteilung von leistung und anderen persönlichkeitsvariablen scheint es auf den ersten blick, als bewege man sich bei der kontrolle des unterrichtsergebnisses auf gesichertem boden, einem theoretisch gut aufbereiteten feld. Das trifft allerdings nur in beschränktem umfang zu, wie sich zeigen wird, wenn wir versuchen wollen, unter der hier leitenden unterrichtsmethodischen fragestellung einen weg zu bahnen.

Eine prämisse des meine darstellung leitenden konstruktionsparadigmas ist, den anschluß an die praxis des unterrichtens zu suchen und diese praxis an konstruktiven alternativen zu kritisieren. Hier geht es also um die praxis der messung und beurteilung des unterrichtsergebnisses. Nun ist diese in der tat bereits ausführlicher wissenschaftlicher analyse unterzogen worden, alternativen wurden nicht nur vorgeschlagen, sondern bereits in großem stil erprobt und bewährt: Karlheinz INGENKAMP handelt die sache unter der gegenüberstellung von traditionellem lehrerurteil und durch tests objektivierter schülerbeurteilung ab (INGENKAMP 1969; 1971). Karl Josef KLAUER u. a. diskutieren die theorie und anwendungsmöglichkeiten von »lehrzielorientierten tests« (KLAUER u. a., 1972). Man muß die fragestellung jedoch noch etwas präziser formulieren, indem man die aufgabe der messung und beurteilung von leistungen und anderen persönlichkeitsvariablen interpretiert als aufgabe der ermittlung, verarbeitung und auswertung von darauf bezogenen empirischen daten.

In ähnlicher weise bestimmt Benjamin S. BLOOM das testen »als ›systematische Stichprobengewinnung von Merkmalen eines Individuums zu einer gegebenen Zeit unter bestimmten Bedingungen‹ ... Die Reaktionen des Individuums auf die durch den Test gestellten Anforderungen werden zu einem oder mehreren Meßwerten verarbeitet, die die spezifizierten Merkmale beschreiben sollen.« (Handbuch der Unterrichtsforschung I, 1008)

Was die *datenermittlung* angeht, so kann man sich auf die bewährten verfahren stützen, die die *empirische sozialforschung* entwickelt und problematisiert hat. Die in der *unterrichtspraxis* üblichen verfahren sind zum teil vorwissenschaftliche vorformen desselben:

- einschätzung der »beteiligung im unterricht«: beobachtung;
- mündliche prüfung: befragung;
- schriftliche ausarbeitung, aufsatz: inhaltsanalyse.

Vorwissenschaftlich sind sie insbesondere deswegen, weil sie den kriterien der zuverlässigkeit (reliabilität) und der gültigkeit (validität) nicht oder nur unvollkommen genügen:

»Zuverlässigkeit ist das Ausmaß der Streuung des Instruments bei wiederholtem Messen« (MAYNTZ u. a. 1969, 65). »Die Frage nach der Gültigkeit einer Skala ist die Frage danach, ob sie tatsächlich das mißt, was der Forscher mit ihr zu messen beansprucht.« (ebd., 66; im original z. t. hervorgehoben, P. M.)

Diese bestimmungen bedürfen noch einer weiteren präzisierung: Was heißt »gewinnung von daten«? Gemeint ist damit so etwas wie die symbolische repräsentation von merkmalsausprägungen der zu untersuchenden realität, das heißt in unserem falle zum beispiel der schulleistung von schülern. Dieser vorgang ist weitgehend kalkülisiert und wird unter dem titel einer »theorie des messens« abgehandelt (siehe z. b. FRICKE 1972, dort auch literaturhinweise: 128; die umfassendste darstellung gibt PFANZAGEL 1968). – Weil der sachverhalt für die praxis des unterrichts von außerordentlicher bedeutung ist, andererseits im schulalltag seine struktur wohl selten durchschaut wird, erlaube ich mir hierzu einige einführende bemerkungen in form eines *exkurses*.

Der gegenstand einer *theorie des messens* kann allgemein so beschrieben werden:

»*Messen* im engeren Sinne heißt die nach bestimmten Regeln vollzogene Zuordnung von Symbolen zu beobachteten Merkmalsausprägungen auf den zu untersuchenden Merkmalsdimensionen.« (MAYNTZ u. a. 1969, 38) Präziser formuliert Reiner FRICKE: »Die meisten in der empirischen Pädagogik und in den anderen empirischen Sozialwissenschaften der Erkenntnissicherung dienenden statistischen Verfahren benötigen als Ausgangsdaten Zahlen, aus denen dann die Zufallswahrscheinlichkeit der beobachteten Phänomene geschätzt werden. ... Eine repräsentative Zuordnung von Zahlen zu diesen Phänomenen bezeichnet man als Messung« (FRICKE 1972, 17).

Diese einschränkung, nach der als symbole »zahlen« (d. h. genauer: reelle zahlen $x \in \mathbb{R}$) gewählt werden, ist üblich (so auch PFANZAGEL), aber nicht zwingend.

*Gegenstand ist* also *eine (endliche) menge* $A := \{a_1, \ldots, a_k\}$ *von (empirischen) objekten* (z. b. 22 schüler der 8. klasse der hauptschule in Nordwalde). Auf dieser menge sind eine endliche *menge von (n-stelligen) relationen* $R := \{R_1, \ldots, R_h\}$ erklärt (z. b. die zweistellige relation $R_i$: »$a_m$ meldet sich häufiger als $a_n$«; oder die ebenfalls zweistellige relation $R_j$: »Differenz der punktwerte von $a_p$ und $a_q$ im leistungstest L«). Das system $\langle A, R \rangle := \bar{A}$, in dem alle objekte und alle zwischen ihnen definierten relationen zusammengefaßt sind, nennt man eine »empirische relationale struktur« oder auch ein *»empirisches relativ«*. – Weiterhin existiere eine *»symbolische relationale struktur«* $\bar{B} := \langle B, S \rangle$, d. h. eine *menge von symbolen* $B := \{b_1, \ldots, b_l\}$ (z. b.

»natürliche zahlen«, »buchstaben«, »farben«) und eine menge von auf B definierten relationen $S := \{S_1, \ldots, S_m\}$. Das *messen von merkmalen der empirischen objekte* wird nun definiert durch eine eindeutige und relationstreue abbildung f von $\bar{A}$ in $\bar{B}$

$$f: \bar{A} \rightarrow \bar{B}$$

d. h. eine abbildung, die jedem $a_i$ aus A ein $b_j$ aus B zuordnet und die relationen $R_g$ aus R in relationen $S_h$ aus S überführt. – Eine solche abbildung f, zusammen mit der empirischen und der symbolischen relationalen struktur, nennt man eine *»skala«*. Jede abbildung f erzeugt ein modell der empirischen relationalen struktur, deswegen spricht man von einem *»meßmodell«*. – Ich gebe zwei *beispiele:*

(1) Für das oben genannte empirische relativ $\bar{A}_i = \langle\{22 \text{ schüler}\}, \{\text{»meldet sich häufiger als«}\}\rangle$ kann man etwa als symbolisches relativ die menge der lexikalisch geordneten buchstaben des deutschen alphabets wählen: $\bar{B}_i = \{A, \ldots, Z\}$ und die auf ihr definierte zweistellige relation: $S_i = \{\text{»ist vorgänger von«}\}$ (symbolisch geschrieben »$\langle$«). Eine abbildung $f: \bar{A}_i \rightarrow \bar{B}_i$ könnte dann durch die folgende zuordnung beschrieben werden:

$$f: \begin{array}{ccccccccccc} a_1 & \langle & a_3 & \langle & a_{17} & \langle & a_{12} & \langle & \ldots & \langle & a_2 \\ \downarrow & & \downarrow & & \downarrow & & \downarrow & & & & \downarrow \\ A & \langle & B & \langle & C & \langle & D & \langle & \ldots & \langle & V \end{array}$$

Zu lesen ist das so: $a_3$ meldet sich häufiger als $a_1$, $a_{17}$ häufiger als $a_3$, $a_2$ ist derjenige schüler, der sich am häufigsten meldet. – Wie leicht ersichtlich, erfüllt auch die folgende funktion g die erforderlichen voraussetzungen der eindeutigkeit und relationstreue:

$$g: \begin{array}{ccccccccccc} a_1 & \langle & a_3 & \langle & a_{17} & \langle & a_{12} & \langle & \ldots & \langle & a_2 \\ \downarrow & & \downarrow & & \downarrow & & \downarrow & & & & \downarrow \\ A & \langle & C & \langle & E & \langle & F & \langle & \ldots & \langle & Z \end{array}$$

(2) Ein bekanntes beispiel ist die gruppierung von niveaugruppen in A-, B-, C-kursen. In diesem falle sind die objekte »leistungsgruppen«, bekannt ist die empirische relation: »ist leistungsstärker als«; die abbildmenge ist $B_j = \{A, B, C\}$ mit: $A \langle B \langle C$.

Nun ist es selbstverständlich, daß man sich bemüht, alle bekannten empirischen relationen auch tatsächlich zu berücksichtigen. Wenn die punktwertdifferenz im leistungstest bekannt ist, so wäre es ein informationsverlust, konstruierte man eine abbildung, die zwar die ordnungsrelation »größer als« respektiert, nicht aber eine additive relation wie eben die »differenz«. Eine wesentliche frage der meßtheorie ist demnach, welche empirischen relationen bekannt sind, wie streng die anforderungen an die abbildungen des empirischen relativs ins symbolische relativ sein müssen und welche logischen und/oder mathematischen operationen im symbolischen relativ demnach erlaubt sind – kurz, auf welchem »niveau« gemessen werden kann. Den erlaubten operationen entsprechen erlaubte transformationen der abbildungen, d. h. solche, die die eindeutigkeit und relationstreue erhalten (siehe beispiel 1).

Danach können klassen von skalen gebildet und durch die jeweils identifizierbaren empirischen relationen (axiomatische konstruktionen des symbolischen relativs) und durch die zulässigen transformationen beschrieben werden. In der abbildung 4 sind die üblichen skalentypen zusammengestellt.

| skalentyp | empirische relation | zulässige transformationen | beispiele |
|---|---|---|---|
| nominal-skala | gleichheit<br>$\bar{A}: = \langle A, = \rangle$ | eindeutige | postleitzahlen<br>geschlecht |
| ordinal-skala | gleichheit<br>anordnung<br>$\bar{A}: = \langle A, =, < \rangle$ | monotone | windstärken<br>schulnoten |
| intervall-skala | gleichheit<br>anordnung,<br>gleichheit von differenzen<br>$\bar{A}: = \langle A, =, <, \delta \rangle$ | lineare<br>($x' = a\,x + b$; mit $a \neq 0, b > 0$) | temperatur<br>datum<br>punktwerte bei leistungstests |
| verhältnis-skala | gleichheit<br>anordnung<br>gleichheit von verhältnissen<br>$\bar{A}: = \langle A, =, <, \pi \rangle$ | »dehnungen«<br>($x' = a\,x$; mit $a \neq 0$) | länge<br>gewicht<br>kinderzahl |

Hier wird deutlich, warum ich die abbildung in ein »*symbolisches*« relativ der in ein »numerisches« relativ vorziehe, also in ein solches, dessen elemente reelle zahlen sind: In diesem falle muß man nämlich höllisch aufpassen, daß man auch in der tat nur die auf der *menge* der reellen zahlen *definierten* relationen in anspruch nimmt, zu denen empirische entsprechungen vorhanden sind, also die durch die jeweilige abbildung f induzierten relationen, nicht aber sämtliche auf dem *körper* der reellen zahlen definierten.

Der leser ohne mathematische vorkenntnisse darf hier wieder einsetzen, die sache ist nämlich ganz einfach: Schon als i-männchen hat er gelernt, daß man äpfel und birnen nicht zusammenzählen könne. Das hört sich jetzt so an: Auf der menge »obst« ist als empirische relation nur die »gleichheit« (oder natürlich »ungleichheit«) erklärt (also sinnvoll), nicht aber die der »gleichheit von abständen« (die eine addition erlaubte). – Oder: Der leser überlege sich, wie sinnvoll es ist, einen mittelwert der postleitzahlen von Nordwalde (4401) und Hannover (3000) zu errechnen, also: (4401 + 3000) : 2. Weder die Deutsche Bundespost noch der autofahrer haben etwas von dem ergebnis, einfach deswegen, weil dieser rechenoperation kein sachverhalt in der realität entspricht.

Damit komme ich zur frage der schulischen leistungsmessung und -beurteilung zurück. Im falle der herkömmlichen meßpraxis werden die unterrichtlichen leistungen durchweg den elementen der menge $N_6 := \{1, \ldots, 6\}$ zugeordnet; als empirische relationen können: »ist gleich« und »ist besser als« identifiziert werden. Die abbildungen haben also ordinalskalenniveau; die abstände zwischen den »noten« sind bekanntlich nicht gleich. Anders ist es im falle von tests, wo aufgrund bestimmter anforderungen an das jeweilige empirische relativ ein intervall-skalenniveau gleichsam erzwungen werden kann (siehe z. b. Klauer 1972b).

Die nächste frage ist die nach der *funktion der messung* von leistungen und weiteren persönlichkeitsvariablen. In der regel wird sie – so auch bei Ingenkamp – unter den gesichtspunkten der

- leistungsbeurteilung zur diagnose und prognose individuellen leistungsverhaltens und der
- effektivitätsprüfung zum zwecke der unterrichtsmethodischen und bildungspolitischen diagnose und planung (Ingenkamp 1969; siehe dazu auch Klauer 1972a, 39ff.).

diskutiert. Uns interessiert sie als kriterium des erfolgs von unterricht, von lehr-lern-prozessen, und damit als voraussetzung zur beurteilung von unterrichtsmethode (siehe unten s. 74).

Als erstes problem ergibt sich dabei das der *vergleichbarkeit von leistungen.* Klauer erörtert es unter dem begriff der »norm«.

Er unterscheidet herkömmliche tests (informelle und standardisierte) von lehrzielorientierten je nach den bezugswerten, den normen: »Lehrzielorientierte Tests vergleichen die Leistung des Individuums mit dem Lehrziel. Sie arbeiten auf der Basis einer Idealnorm, wobei die Idealnorm identisch ist mit dem Lehrziel.« (Klauer 72a, 25) Herkömmliche tests vergleichen die leistungen des individuums mit der realnorm, d. h. der leistungsverteilung einer bezugsgruppe (der lerngruppe oder der gesamtpopulation). Beide »Verfahren liefern verschiedenartige Informationen. Deshalb sind beide notwendig. In einem Fall erhält man Auskunft über das Verhältnis des Schülers zum Lehrziel, im andern Fall Auskunft über die Position des Schülers innerhalb einer Bezugsgruppe von Schülern.« (ebd., 31) Angesichts der praxis von leistungsmessung muß ergänzt werden: Es ist von wichtigkeit, die verschiedenen verfahren und ihre leistungen genau auseinanderzuhalten, insbesondere den unterschied zwischen standardisierten und informellen tests (die herkömmliche praxis entspricht diesen). Die wahl der lerngruppe als bezugsgruppe ist gewiß insofern gerechter, als damit die leistungsmessung auf den unterrichtsprozeß bezogen wird. Nicht zulässig ist es jedoch, aus den ergebnissen schlüsse zu ziehen, die allenfalls bei standardisierten tests erlaubt wären: so zum beispiel die errechnung von notenmittelwerten (die – wie gesagt – überhaupt nur unter bestimmten voraussetzungen zulässig ist) im zusammenhang mit dem numerus clausus.

Noch schwieriger wird die *interpretation der daten,* wenn man sich nicht auf leistung beschränkt, sondern sie in einen zusammenhang mit anderen faktoren wie »individuelle Voraussetzungen, Anstrengungen, Fortschritte usw.« zu bringen versucht (INGENKAMP 1969, 412). Damit stellt sich das problem ihrer wichtung in bezug auf bestimmte normwerte, die durch pädagogische und politische postulate vorgegeben sind. Dasselbe problem stellt sich übrigens, das sei hier nur angemerkt, auch bei der wichtung der lehrziele im zusammenhang mit der leistungsmessung.

Es ergibt sich, daß die schülerbeurteilung (gegebenenfalls auch die lehrerbeurteilung – so in den USA) situationsübergreifende vorgaben zu berücksichtigen hat: die verknüpfung von leistungsmessung mit der vergabe von sozialen positionen, der beurteilung der effektivität von schulsystemen usw. In der leistungsbeurteilung koinzidieren also zwei interessen: erstens das interesse an einer beurteilung des individuellen oder gruppenverhaltens als ausdruck der pädagogischen intentionalität und zweitens eine effektivitätsprüfung und kontrolle im gesamtgesellschaftlichen interesse. Es ist unwahrscheinlich, daß diese situation nicht zu einem interessenkonflikt führt, insbesondere auch bei den besagten meßtheoretischen schwierigkeiten.

Ich gehe nunmehr von den methodischen fragen über zum inhaltsaspekt: *Was* ist zu messen und zu beurteilen? Diese frage müßte unter aufnahme der oben diskutierten theorien des unterrichts geprüft werden, d.h. es wäre zu fragen, ob der unterricht

- zu einem wünschenswerten sozialklima und individuellen sozialverhalten,
- zum aufbau und der differenzierung einer kognitiven struktur bzw.
- zur entfaltung einer unterrichtssprache führt, die verhaltens- und inhaltsaspekt integriert.

N. L. GAGE moniert mit recht, daß »die Theorie des Unterrichtens vernachlässigt und der Theorie des Lernens zu viel Aufmerksamkeit geschenkt worden« sei (Handbuch der Unterrichtsforschung I, 343). Die ansätze für eine theorie des unterrichtens, die er dann skizziert, sind jedoch wiederum gleichsam symmetrisch zu den einschlägigen klassen von lerntheorien konzipiert, d.h. auf die theorien des konditionierens, der identifikation und der kognitiven struktur.

Das liegt an seiner definition von unterricht: In der einleitung des »Handbuch für Unterrichtsforschung« schreibt er: »Unterrichtsforschung zielt auf den Nachweis und die Messung von Variablen im Verhalten und bei Merkmalen von Lehrern, auf die Aufdeckung von vorausgehenden Bedingungen oder Determinanten dieser zentralen Variablen und auf das Aufzeigen der Folgen oder Auswirkungen dieser Variablen.« (Handbuch der Unterrichtsforschung I, VIII)

Gleichwohl eignen sich diese ansätze für die diskussion der erfolgskontrolle, da die vorliegenden versuche der theoretischen erfassung in der regel eben auf lern- und nicht auf unterrichtstheorien zurückgreifen.

(1) die theorie des konditionierens

Diese klasse von theorien geht auf ein modell zurück, für das sich der lernprozeß der schüler so darstellt:

»(1) Sie müssen durch etwas innerhalb oder außerhalb ihrer selbst stimuliert werden, (2) sie müssen eine beobachtbare oder nichtbeobachtbare Reaktion ausführen und (3) irgendeine Art von Reinforcement erhalten, das ihnen mitteilt, daß entweder Gefahr droht (Furcht) oder daß Gefahren gebannt sind (Erleichterung), daß Sicherheit zu erwarten ist (Hoffnung) oder daß Sicherheit schwindet (Enttäuschung).« (ebd., 351) Das Problem für den Lehrenden besteht darin, »für den Lernenden eine solche Anordnung zu treffen, die ihm erlaubt, die angemessene Reaktion auszuführen, so daß diese Reaktion belohnt oder bestraft werden kann« (ebd., 352).

In einer derart simplen form wird dieses modell heute nicht mehr gebraucht:

»Der heutige Behaviorismus ist, im Gegensatz zu seinen Anfängen, nicht darauf angewiesen, lediglich Aussagen über die wahrnehmbaren Reize und Reaktionen zu machen. Er kennt auch ›intervenierende Variablen‹, d. h. Konstruktionen, die sich zwischen Reiz und Reaktion schieben und als Disposition im Innern des Organismus zu verstehen sind. Solche intervenierenden Variablen können konstitutionell vorgegeben oder aufgrund von Lernen und Erfahrung erworben sein.« (Skowronek 1969, 16)

Nach diesem modell besteht das problem der erfolgskontrolle darin, die »angemessenheit der reaktion« zu prüfen, d.h. *das endverhalten mit dem eingangsverhalten zu vergleichen.* Um das einigermaßen zuverlässig und gültig bewerkstelligen zu können, entwickelte die forschergruppe um Benjamin S. Bloom die »Taxonomy of Educational Objectives« (TEO).

Die TEO klassifiziert das verhalten, und sie knüpft dabei an die gängige beurteilungspraxis von lehrern u. a. an (Bloom e. a. 1956, 13). Sie ist nicht einer bestimmten lern- oder persönlichkeitstheorie verpflichtet (ebd., 17), d. h. sie macht keine differenzierten annahmen über intervenierende variablen. Allerdings ist sie mit den einschlägigen theorien vereinbar. – Wegen der für diese klasse von theorien erforderlichen beobachtbarkeit des verhaltens kommt vornehmlich der kognitive bereich in betracht. Diese zuordnung, sowie die im folgenden darzustellende des affektiven bereichs zur theorie der identifikation ist natürlich etwas gewaltsam, aber insofern doch berechtigt, als die jeweils in anspruch genommenen lerntheorien das nahelegen.

Auf die inhaltsneutralität solcher meßinstrumente ist hinlänglich hingewiesen worden (z.b. Blankertz 1970, 157ff.), sie entspricht durchaus auch dem anspruch ihrer autoren (Bloom e. a. 1956, 12). Damit impliziert ihre anwendung zugleich eine analyse des entsprechenden lerninhalts; nach David R. Krathwohl ist das dann jedoch nur noch die arbeit des bibliothekars (Krathwohl 1971, 77). Die inhalte sind also additiv anzufügen.

(2) das konzept der kognitiven struktur
Dies konzept ist bereits vorgestellt worden (siehe oben s. 60f.). Sein unterschied gegenüber dem des konditionierens besteht im wesentlichen darin, daß es erstens differenziertere *annahmen über die struktur des lernenden individuums* macht:

»Die kognitive Struktur als Produkt aller früheren kognitiven Lernvorgänge hat per se eine bestimmte Organisation. Diese Organisation sollte möglichst ökonomisch sein, d.h. mit möglichst wenig Aufwand das Lernen von Neuem und das Behalten des Alten möglich machen. Das geschieht am besten in einer hierarchischen Struktur, in der es Relationen der Über- und Unterordnung von Begriffen (in weitem Sinne) gibt, in der nach Graden der Allgemeinheit oder Spezifität kognitiver Inhalte unterschieden wird. Man darf annehmen, daß die Voraussetzungen gegeben sind, eine solche optimale kognitive Struktur zu erreichen, wenn der zu lehrende Gegenstand oder das zu lehrende Fach möglichst luzide nach umfassenden, integrativen und erklärungsmächtigen Begriffen aufgebaut ist.« (SKOWRONEK 1969, 133)

So ist Robert M. GAGNÉ vorgegangen. In praktisch-unterrichtstechnologischer absicht faßt er die ergebnisse lernpsychologischer forschung zusammen. Seine acht lerntypen beschreiben dann gleichsam die »grammatik«, die struktur, die den »sätzen« zugrundeliegt, zu denen BLOOM und seine mitarbeiter kommen (siehe MEYER 1972, 110). Die komplexität, die diese zum hierarchisierungsprinzip machen – im kognitiven bereich, und nur der steht hier in frage –, identifiziert GAGNÉ in den lernprozessen selber. Damit ist zweitens die *inhaltsneutralität* in einer wichtigen hinsicht *eingeschränkt*: Der inhalt wird hinsichtlich seiner charakteristischen strukturierung (»structure of the discipline«) unauswechselbar. Die inhaltlichkeit des inhalts bleibt aber beliebig. Für die erfolgskontrolle stellt sich dieses problem als das der trennung von kognitiver struktur und »einstellungen«.

(3) das konzept der identifikation
GAGE bringt die vorstellung der identifikation in zusammenhang mit der »Bildung von Einstellungen, wenn dafür klare, strukturierte, logisch zwingende oder einsichtige Grundlagen fehlen« (Handbuch der Unterrichtsforschung I, 354). Demnach entspräche diesem theorietyp im hinblick auf die erfolgskontrolle die messung von *einstellungsänderungen*. Auch für diesen bereich wurde eine TEO vorgelegt (KRATHWOHL 1964). Wie im kognitiven bereich die »komplexität« das hierarchisierungskriterium abgibt, so hier der begriff der »internalisation«. KRATHWOHL und seine mitarbeiter erinnern, daß der begriff nahezu identisch mit dem der sozialisation sei, bei ihnen jedoch nicht nur die genese konformen, sondern auch nichtkonformen verhaltens umfasse. Sie diskutieren den zusammenhang mit dem konzept der normativen kontrolle und mit der psychoanalytischen theorie. Sicher sei »internalisation« ebensowenig eindimensional wie »intelligenz«, als kon-

strukt vorläufig jedoch nützlich. Mit diesen hinweisen soll angedeutet werden, welche struktur die hier erforderliche »grammatik« haben könnte. Einen umfassenden überblick über deren elemente hat – in technologischer absicht – Helmut FEND (1969) gegeben.

Die *praxis der beurteilung von unterrichtserfolg* bleibt hinter solchen konzepten weit zurück – und ist ihnen weit voraus. Sie bleibt zurück, da allenfalls im falle der schulleistungstests die theoretischen ansätze aufgenommen werden, wobei das konzept der kognitiven struktur die instrumente einstweilen noch überfordert und die messung von einstellungsänderungen noch ziemlich problematisch ist. Sie ist ihnen voraus, sofern sie den hier analytisch aufgelösten zusammenhang aller momente des unterrichts- und des lernprozesses festzuhalten zumindest intendiert, weswegen bekanntlich zum beispiel am aufsatz gegenüber dem test beharrlich festgehalten wird. Damit ergibt sich aus den technischen schwierigkeiten ein *theoretisches problem*:

Es stellt sich so, daß nebeneinander verschiedene modelle des lehr-lernprozesses den ansatz für die theoriestücke bilden, auf die dann eine ergebniskontrolle aufbauen kann und, solange keine umfassende theorie entwikkelt ist, aufbauen muß. Man kann das problem mit KRATHWOHL zuspitzen auf die frage nach den beziehungen des affektiven bereichs zum kognitiven (KRATHWOHL 1964, 45ff.). Es ist ein beliebtes spiel, eine »aufspaltung des psychischen« zu kritisieren und unvermittelt als ausdruck eines sozialtechnologisch-manipulativen interesses zu entlarven (so zum beispiel BREYVOGEL 1972).

Eine derartige kritik unterschlägt, was KRATHWOHL ausführlich belegt, *daß* und inwiefern keine »fundamentale trennung« der bereiche denkbar sei. Sie ist lediglich zum zwecke der analyse vorgenommen worden und zudem mit einem hohen grad von beliebigkeit behaftet: »Our split between the affective and cognitive domains is for analytical purposes and is quite arbitrary.« (KRATHWOHL 1964, 62) Sie entspricht jedoch auch der gängigen unterrichtspraxis. – Die absicht von BREYVOGEL geht allerdings in eine etwas andere richtung. Er möchte eine unkritische rezeption der »Berliner Didaktik« verhindern (1972, 32).

Sinnvoller wäre es zu fragen, wie es zu der »lernziel-dimensionierung« (MEYER 1974, 79ff.) kommt. Auch da finden sich bei KRATHWOHL hinweise, denen man nachgehen sollte:

KRATHWOHL unterscheidet zunächst: »In the cognitive domain we are concerned that the student shall be able to do a task when requested. In the affective domain we are more concerned that he *does do* it when it is appropriate after he has learned that he *can do* it. Even though the whole school system rewards the student more on a *can do* than on a *does do* basis, it is the latter which every instructor seeks.« (ebd., 60) Dann weist er darauf hin, daß die messung von lernfortschritten sich aus folgenden gründen besonders schwierig gestaltet:

– Die »richtige« antwort braucht nicht indikator für einen lernprozeß zu sein, sie

kann ggf. auch darauf zurückgeführt werden, daß der schüler wahrnimmt, ein ihm zur verfügung stehendes verhalten werde von ihm erwartet;
- die schulische umgebung, insbesondere das system der notengebung, verhindert das messen von »does do«-lernzielen;
- einen unterschied zwischen kognitivem und affektivem bereich macht die frage nach dem maßstab: Im einzelnen falle kann er hier nur vom schüler selbst gesetzt werden.

Die aufgabe einer theoretischen, begrifflichen rekonstruktion der einheit von menschlichem verhalten – kognitiver und affektiver dimension – stellt sich also in der tat. Einen ansatz, einstweilen allerdings nicht mehr, hat Jürgen HABERMAS skizziert:

»Die in kommunikativer Erfahrung zugänglichen Phänomene, also Zustände und Äußerungen sprach- und handlungsfähiger Subjekte, sind Hervorbringungen, sie werden nach Regeln generiert.« (HABERMAS/LUHMANN 1971, 172) Die regeln, nach denen sinnhaft strukturierte zusammenhänge gebildet werden, »haben normative Geltung. Eine Theorie, die solche Zusammenhänge erfassen soll«, hat die aufgabe der »rationalen *Nachkonstruktion von Tiefenstrukturen*, die die innere Logik einer regelrechten Generierung verständlicher Phänomene erschließt. Daher haben die Methodologen einer verstehenden Soziologie stets darauf aufmerksam gemacht, daß sich die sozialwissenschaftliche Theoriebildung an jene Kategorien ›anschließen‹ muß, die das Selbstverständnis und die Situationsdeutungen der sozialen Gruppen und der handelnden Individuen selber bestimmen. Einen theoretischen Anspruch wird freilich eine systematische sinnverstehende Soziologie erst in dem Maß einlösen ... können, als sie die den Oberflächenstrukturen *zugrundeliegenden* abstrakten Regelsysteme aufdeckt und rekonstruiert.« (ebd., 173)

Diesen ansatz weiter zu verfolgen, scheint zur zeit der einzig erfolgversprechende weg zu einer theorie des unterrichts, die den »erfolg« von unterricht unverkürzt aufzunehmen gestattet. Den anfang versucht Dieter LENZEN (1973; siehe oben s. 61) zu machen. Wie sich daraus ein zufriedenstellendes instrument der erfolgskontrolle wird entwickeln lassen, ist jedoch noch nicht abzusehen. Vorläufig scheint es, als müsse man es bei der hypothese bewenden lassen: Der struktur des unterrichtsverlaufs entspricht die struktur des lernergebnisses beim einzelnen, einer hypothese, die unausgesprochen hinter den arbeiten von PRIESEMANN und BELLACK steht und leider bislang durch nichts bewiesen ist.

### 4.4 die kritik von unterrichtsmethode

Das kriterium von unterrichtsmethode ist das gelingen von lernprozessen. Was heißt das nach dem gesagten? Unterrichtsmethode konstituiert unterricht, und unterricht wird analysierbar über den prozeß (4.2) und sein ergebnis (4.3). Gemäß unserem paradigma (kapitel 2) ist diese analyse, d.h. die rekonstruktion der konstitution von unterricht, voraussetzung für bestimmte, für konstruktive unterrichtskritik. Das maß der bestimmtheit ist dabei durch die genauigkeit der instrumente festgelegt, mit der unterricht analysiert werden kann. Wie in den abschnitten 4.2 und 4.3 gezeigt wurde, gibt es eine reihe von z.t. recht differenzierten »sprachen« (d.h. modellen) zur analyse von unterricht. Dennoch ist die kritik von »methode« auf der ebene des unterrichts noch nicht zum gegenstand wissenschaftlicher reflexion gemacht worden. Kritik von unterrichtsmethode ist einstweilen auf die praxis der lehrerausbildung (kritik von probelektionen) beschränkt (siehe dazu jedoch THIEMANN 1974). Allerdings können im anschluß an unser konstruktionsparadigma, insbesondere an das modell zur analyse von unterricht, einige *maximen zur kritik von unterrichtsmethode* formuliert werden:

1. Gegenstand der unterrichtskritik sind die struktur unterrichtlicher inhalte und unterrichtliche techniken *als ausdruck* der unterrichtsmethode.
2. Unterrichtskritik hat darauf zu achten, daß nicht inhalte einerseits oder unterrichtliche techniken andererseits isoliert und zum selbstzweck gemacht werden. Mit wechselnden etiketten wird in der praxis immer wieder gefordert,
   - dieser oder jener inhalt sei so oder so zu strukturieren, dann sei mit besseren unterrichtsergebnissen zu rechnen, oder
   - autoritär bzw. dominativ zu kennzeichnende techniken seien durch sozial-integrative zu ersetzen.

   Dort werden inhalte, hier die interaktionsformen, also bestimmte techniken, isoliert und damit zum selbstzweck. Demgegenüber muß die unterrichtskritik in einen theoretischen ansatz eingetragen werden, der nicht die technische und die inhaltliche seite isoliert und den erfolg dann getrennt »abtestet« und kritisiert.
3. Wenn sich die kritik auf unterrichtsanalyse stützt, so ist darauf zu achten, daß diese nicht ausschließlich als prozeßanalyse oder als ergebnisanalyse konzipiert werden darf. Unterrichtliche lernprozesse »sind« weder dies, noch jenes allein: »prozeß« und »ergebnis« sind konstrukte. Und nur über beide zusammen kann »unterricht« als praxis begriffen werden.
4. Insbesondere hat die unterrichtskritik zu berücksichtigen, daß alles reden über unterricht von bestimmten modellannahmen über diesen ausgeht. Das gilt auch dann, wenn die modellannahmen nicht ausdrücklich ausgewiesen werden. Die kritik betrifft also nur die züge von unterricht, die durch das jeweilige modell ausgezeichnet worden sind.

Auch dann, wenn wir ein unterrichtsprotokoll als »unterricht« analysieren, unterstellen wir eine modellannahme, die nämlich: Unterricht »sei« das, was im protokoll erscheint. Eine beurteilung der in abschnitt 4.0 wiedergegebenen unterrichtsphase ist relativ zu dieser modellannahme. Das heißt, daß die kritik generell unter dem vorbehalt steht: Es könnte sein, daß eine analyse der non-verbalen kommunikation zu anderen ergebnissen führt und damit das urteil über diesen unterricht modifiziert werden muß.

## 4.5 bemerkungen zur rolle des schülers im unterrichtsprozeß

Kaiser und Menck hatten ihre begrifflichen festlegungen (siehe oben s. 48) unter anderem damit begründet, daß eine unterrichtstheorie von der jedenfalls *prinzipiellen symmetrie der rollen* von schüler und lehrer im unterricht auszugehen habe. Das trifft sich mit der neuerdings stärker betonten forderung, schüler seien an entscheidungen über curricula zu beteiligen (so z. b. Knab 1971, 26). Was das in unserem zusammenhang heißen kann, soll am schluß dieses kapitels noch etwas näher erläutert werden.

Zunächst einmal sind damit die möglichkeiten der interessenvertretung in den entscheidungsgremien auf den verschiedenen ebenen angesprochen. Es handelt sich um die frage der mitbestimmung. Karl-Heinz Flechsig zeigt auf, welche probleme das aufwirft:

»Würde man es dort (sc. im bereich der schule, P. M.) allein den Lernenden selbst oder ihren Eltern überlassen, über die Lernziele zu entscheiden, so könnte unter Umständen gerade dadurch das Recht auf freie Entfaltung der Persönlichkeit beeinträchtigt werden, da erwiesenermaßen die künftigen Lebenschancen in hohem Maße von frühen Lernerfahrungen abhängen, so daß Fehlentscheidungen der Lernenden oder ihrer Vertreter besonders schwerwiegende Konsequenzen hätten. Eine Freigabe der Entscheidungen etwa an die Erziehungsberechtigten wäre somit nur einer Gesellschaft legitim, deren Glieder gleichmäßig aufgeklärt sind, so daß alle Eltern selbst zum Wohle ihrer Kinder entscheiden können. Andererseits ist das Erreichen eines solchen Aufklärungsstandes selbst ein wichtiges gesellschaftliches Lernziel, das... nur durch zunehmende Mitbestimmung der Betroffenen erreichbar ist.« (Flechsig 1971, 43) Andersherum ausgedrückt: Der aufgeklärt mitentscheidende schüler ist eigentlich – kein schüler mehr.

Nun ist die unterrichtssituation aber der ort, an dem eine *entscheidungskonstitutive mitbestimmung* nicht erst durch institutionelle vorgaben gesichert werden muß: Schüler treffen im unterricht entscheidungen und tragen somit zu dessen konstitution bei; auch dann, wenn sie sich für die extreme möglichkeit entscheiden, nicht zu antworten. Im vollzug des unterrichts äußern schüler explizit oder implizit eigene interessen und vermitteln sie mit den in der person des lehrers repräsentierten objektiven gesellschaftlichen interessen. Da diese formulierungen unter den gegenwärtigen bedingungen von öffentlichem unterricht als pure ironie erscheinen mögen, seien sie als maxime umformuliert: Durch die festlegungen des KAISER/MENCKschen modells soll gewährleistet sein, daß schüleräußerungen prinzipiell als interessenartikulation und damit als beitrag zur konstitution von unterricht interpretiert werden. Es ist nützlich, sich klarzumachen, daß derartige formulierungen nicht an den möglichkeiten von unterricht heute vorbeigehen. Eine ganze reihe von berichten zeugen davon, daß in der praxis unterrichtsmodelle erprobt werden, die sich an einer solchen konzeption orientieren (SCHAEFFER/LAMBROU 1972; WÜNSCHE 1972). Solche versuche bezeichnen ein ende jener skala von möglichkeiten, als deren mittelpunkt sich »durchschnittlicher« unterricht darstellt (siehe oben s. 24).

Die gängigen instrumente der unterrichtsforschung gehen von anderen vorstellungen aus. Bekannt und häufig moniert, deswegen auch sehr schnell modifiziert (AMIDON/HUNTER 1967: VICS), ist die klassifikation des schülerverhaltens bei der interaktionsanalyse von Ned A. FLANDERS nach:

- schüler antwortet und
- schüler initiiert (Handbuch der Unterrichtsforschung I, 703).

Es gibt andere und differenziertere instrumente (z. b. OSCAR, ebd., 718 ff.). Entscheidend für unseren gedankengang ist nicht der grad der differenziertheit, sondern die interpretation der ergebnisse.

Reinhard und Anne-Marie TAUSCH verwenden in diesem zusammenhang den ausdruck »angemessenes« bzw. »unangemessenes« verhalten: »Angemessenheit bzw. Unangemessenheit bezieht sich dabei immer auf die im Vorangegangenen dargelegten Ziele der Erziehung und des zwischenmenschlichen Zusammenlebens.« Nicht also sei an angepaßtes bzw. unangepaßtes verhalten zu denken. (TAUSCH/TAUSCH 1970, 16) –

In seiner untersuchung über »Effektivität von Unterrichtsmethoden«, auf die ich noch zurückkomme (siehe unten s. 51 ff.), klassifiziert Leo ROTH das »individuelle Schülerverhalten im Unterricht« so: Einige individuelle verhaltensweisen »sind vom Lehrer nicht erwünscht (... »Schwatzen«, ... »Stören ohne direkten Nachbarkontakt«) und gelten als unterrichtsstörend, andere sind erwünscht (»Hilfe leisten«, ... »sachbezogene Äußerungen«) und werden als »unterrichtsfördernd« beurteilt (ROTH 1971, 140). ROTH macht ergänzend darauf aufmerksam, daß solche wertungen auf gesellschaftspolitische postulate zurückgingen (ebd., 208).

Zu diesen abgrenzungen ist zu bemerken, daß auch »unangemessenes« bzw. »unterrichtsstörendes« verhalten *zielkonstitutives* verhalten ist. Anders gesagt: Der irrtum liegt darin anzunehmen, unterrichtliche nah- oder fernziele seien fest vorgegeben und müßten nur noch erreicht bzw. könnten verfehlt oder sabotiert werden. Das ist nur die halbe wahrheit. Das konkrete unterrichtliche zielgefüge konstituiert sich im unterrichtlichen handeln, das – wie immer die jeweiligen interessen zueinander gelagert sind – im gelingen von lernprozessen sein gemeinsames kriterium hat.

# 5. die didaktische analyse

Der begriff »didaktische analyse« stammt wohl von Wolfgang KLAFKI (1963). Ich brauche ihn hier in einem weiteren sinne als er: Während KLAFKI damit nur den »Kern der Unterrichtsvorbereitung« bezeichnet, gebrauche ich ihn für die gesamte aufgabe der strukturierung von unterricht.

Die analytische scheidung dieser ebene der »didaktischen analyse« von der zuvor behandelten ist zum teil gewaltsam. Eine reihe von fragen, auf die bereits eingegangen wurde, gehörten eigentlich auch hierher, so insbesondere die der erfolgskontrolle. Dennoch lassen sich die ebenen abgrenzen. Die mitbestimmungsproblematik zum beispiel stellt sich in der unterrichtssituation anders als bei der unterrichtsplanung: Hier ist die von FLECHSIG gestellte kompetenzfrage (siehe oben s. 75) ersichtlich nicht zu umgehen. Weiter war zwar von inhalten und techniken des unterrichts die rede, auch davon, daß sie strukturiert seien. Gerade dies muß jedoch nun weiter ausgeführt werden. Die unterrichtsplanung, die planung sächlicher einheiten von unterricht, also von »reihen« oder »kursen«, erstreckt und strukturiert sich über eine reihe von zeitlichen einheiten, d.h. von »stunden«. Die konstruktionsaufgabe auf der ebene der »didaktischen analyse« ist demnach die didaktische strukturierung von themenkreisen. Ich werde sie nach der inhaltlichen seite akzentuieren und über das »didaktische strukturgitter« handeln. Dabei werde ich so vorgehen, daß ich

- zunächst die anknüpfungspunkte bei der didaktischen tradition aufzeige,
- sodann auf die frage nach der struktur der wissenschaften eingehe und
- schließlich erörtere, auf welche weise die »pädagogische intentionalität« in der didaktischen strukturierung geltend gemacht werden kann.

Nach der seite der techniken spreche ich von »lehrmethoden«. – Zuvor gebe ich jedoch wiederum ein beispiel zur illustration.

## 5.0 das trägheitsgesetz. eine unterrichtsreihe

Das beispiel entstammt der »Konstruktiven Didaktik« von Gotthilf G. HILLER (1973); es handelt sich um das erste NEWTONsche axiom, das »trägheitsgesetz«. Durchgeführt wurde der unterrichtsversuch in dem ersten schuljahr einer hauptschule, einer fünften klasse also (ebd., 89). – Zunächst einmal ist erforderlich, sich klar zu machen, welche funktion »unterricht« nach HILLER haben soll:

»Wenn man die Gegenwartssprache als Reservoir vieler ... Spezialsprachen begreift, dann vollzieht sich Unterricht so, daß aus dieser Gegenwartssprache deutlich kontrastierend aufeinander bezogene Sprachfelder herausgearbeitet werden. Dies geschieht, um zu zeigen, wie dasselbe Stück Wirklichkeit in den verschiedenen Sprachdimensionen erscheinen kann, welche Möglichkeiten des Handelns im Bezug auf diese Realität in diesem oder jenem Sprachfeld eröffnet werden, welche Möglichkeiten nicht im Blick sind.« (ebd., 101 f.)

Demnach hat also der unterricht »die formale Sprache« des physikalischen lehrbuchs zu reflektieren, damit die »relative Stringenz der physikalischen Methode« erkennbar wird (ebd., 79; im original z. t. hervorgehoben, P. M.).

Die unterrichtsreihe beginnt nun damit, daß an zwei beispielen zusammengetragen wird, »was die Leute normalerweise, was wir über den Verlauf von Bewegungen alles wissen« (ebd., 89). Die »common-sense-Erfahrungen« (ebd., 90) werden als tafeltext festgehalten. Der lehrer stellt dem das erste »gesetz« von NEWTON in wörtlicher übersetzung gegenüber. Im nachfolgenden gespräch soll der unterschied, ja widerspruch, zwischen alltäglicher erfahrung und dem vorgehen »der physiker« herausgearbeitet werden: »Die Physiker unterscheiden sich dadurch von den Leuten auf der Straße, daß sie sich entschieden haben, das In-Bewegung- und das Zur-Ruhe-Kommen als ein Zusammenspiel von Kräften anzusehen.... Die Physiker werden also dadurch Physiker, daß sie sich an diese genau bestimmte Art und Weise halten, die Dinge, die sie beobachten können, zu erklären.« (ebd., 91) Der nächste schritt des unterrichts steht unter der frage: »Was kommt dabei heraus, wenn wir die ersten Beispiele ... erklären wie die Physiker, also mit dem Beharrungsgesetz Newtons?« (ebd., 92) Das Ergebnis: »Durch die Entscheidung der Physiker, Newtons Gesetz zur Grundlage der Erklärungsversuche zu machen, wird ermöglicht, daß der Physiker sehr schwierige Bewegungserscheinungen, die der Mann auf der Straße nicht oder nicht ausreichend zu erklären weiß, bis jetzt erklären kann.« (ebd.)

Dieses beispiel dient im ursprünglichen kontext ausdrücklich dazu, eine konzeption von unterricht zu erläutern. Was deswegen vielleicht überpointiert erscheinen mag, gilt allerdings für die »didaktische analyse« überhaupt: Schüler werden zur auseinandersetzung mit bestimmten sachverhalten angeregt und angeleitet. Die »sache« ist hier der »trägheitssatz« – aber was ist das? Was sind »kräfte«, was ist ein »satz«, ein »axiom«, ein »gesetz«? Woher kommen solche begriffe und was leisten sie? Die »sache« ist ein bestimmter ausschnitt aus der den schüler umgebenden wirklichkeit – ein bestimmter, also durch bestimmte merkmale ausgezeichneter, in bestimmter weise strukturierter ausschnitt der wirklichkeit. Die sache wird weiterhin auf eine bestimmte weise vorgestellt (hier anhand erzählter beispiele und von tafeltexten) und entfaltet. Dies geschieht im referierten beispiel in der form des gesprächs, und das ist sinnvoll, da die unterrichtsreihe ja die möglichkeiten sprachlicher artikulation thematisiert. Schließlich wird die sache mit den eigenen erfahrungen der schüler konfrontiert. Damit eröffnen sich für diese neue möglichkeiten, erfahrungen zu machen – und damit neue handlungsperspektiven. Die veranstaltung unterricht, in der schüler sich mit »sachen« auseinandersetzen, hat den sinn, wirklichkeit, welt für die schüler verfügbar zu machen. – Das mag genügen als eine erste skizze der wesentlichen momente jener aufgabe, die ich als »didaktische strukturierung von themenkreisen« bezeichnet hatte.

## 5.1 das didaktische strukturgitter

### *5.1.1 die didaktische tradition*

An ansätzen für die didaktische strukturierung von themenkreisen fehlt es nicht. Wolfgang Klafki hat unter dem titel »Didaktische Analyse als Kern der Unterrichtsvorbereitung« ein »Kategoriesystem für Studierende bzw. praktizierende Lehrer« entwickelt (Klafki 1970, 391). »Die didaktische Analyse soll ermitteln, worin der allgemeine Bildungsinhalt des jeweils besonderen Bildungsinhaltes liegt.« (Klafki 1963, 134) Der begriff »bildung« bezeichnet dabei »einen Komplex pädagogischer Zielvorstellungen«; wenn von »bildungsinhalten« die rede ist, sind immer »Inhalte gemeint, die unter dem Gesichtspunkt bestimmter pädagogischer Ziele gewählt worden sind« (Klafki u. a. 1970, 67, im original z. t. hervorgehoben, P. M.). Deswegen spricht Klafki heute von der »Theorie der zielorientierten Lehr- und Lerninhalte« (ebd., 70).

Die leitfragen der »didaktischen analyse« bei Klafki sind (ich gebe sie hier gerafft wieder):

- welchen sinn- und sachzusammenhang vertritt und erschließt der inhalt?
- welche bedeutung hat der inhalt im geistigen leben der kinder, welchen sollte er – »vom pädagogischen Gesichtspunkt aus gesehen« – darin haben?
- worin liegt die bedeutung des themas für die zukunft des kindes?
- welches ist die struktur des inhalts?
- woran läßt sich der inhalt veranschaulichen? (Klafki 1963, 135 ff.).

Der »didaktischen analyse« hat die »methodische vorbereitung« zu folgen. »Sie befaßt sich... mit der Frage, auf welchen Wegen die jeweiligen Kinder und der durch die didaktische Analyse in seiner pädagogischen Bedeutung und Struktur ermittelte Bildungsinhalt zu einer fruchtbaren Begegnung geführt werden können« (ebd., 142). Im einzelnen verweist KLAFKI hierzu an Wolfgang KRAMP und dessen »Hinweise zur Unterrichtsvorbereitung für Anfänger« (KRAMP 1964).

Auf eine nötige korrektur des sprachgebrauchs habe ich bereits aufmerksam gemacht: Die rede vom primat der didaktik im engeren sinne sollte ersetzt werden durch die vom primat der pädagogischen intentionalität vor inhaltlichen und methodisch-technischen arrangements (siehe oben s. 46). Dann würde sich viel streit um worte erübrigen. – Das KLAFKIsche modell der unterrichtsvorbereitung bedarf jedoch zweier weiterer korrekturen.

1. Den überlegungen zur auswahl bestimmter inhalte liegt »eine gewisse Vorstellung von der Realität des Unterrichts zugrunde« (KLAFKI 1970, 389) – und von der struktur durchschnittlichen unterrichts, so wäre in seinem sinne zu ergänzen. Diese zu ermitteln haben Paul HEIMANN und seine schüler zunächst in analytischer absicht eine »Theorie des Unterrichts« entwickelt, die »die im Unterricht auftretenden *Strukturen, Probleme* und *Faktorengruppen* abzubilden versucht« (HEIMANN 1965, 11). Sie soll dem praktiker ein »theoretisches Verhalten« ermöglichen, eine »vieldimensionale Reflexion« über alle phasen des verlaufs von unterricht: Jedem konkreten unterrichtsvorgang entspricht »auf der theoretischen Ebene ein individuelles theoretisches Äquivalent..., das von Fall zu Fall aus dem bereitstehenden Begriffsmaterial der Theorie zu bilden ist« (ebd., 9). Wolfgang SCHULZ faßt so zusammen:

»Der pädagogische Wille, der die soziale Situation Unterricht teleologisch strukturiert, muß sich, wenn er voll wirksam werden will, in vier aufeinander bezogenen Entscheidungen äußern, in denen er die formalen Strukturmomente *Intentionalität, Thematik, Methodik* oder Verfahrenslehre und *Medienwahl* inhaltlich bestimmt. ... Wir wissen, wie unterschiedlich diese Formalstruktur eines Unterrichtsfeldes inhaltlich gefüllt werden kann, und behaupten, daß dies mit der Abhängigkeit des Unterrichts von seinen Einflußgrößen, den *individuellen Voraussetzungen* und den *sozialen Voraussetzungen* zusammenhängt, die wiederum vom output des Unterrichtsgeschehens mitbestimmt werden, von den *individuellen Folgen* und den *sozialen Folgen,* die Unterricht hat.« (SCHULZ 1970, 412f.)

Wichtig ist die interdependenz aller strukturelemente, insbesondere der von BLANKERTZ sogenannte »implikationszusammenhang« inhaltlich-intentionaler und methodischer entscheidungen (BLANKERTZ 1970, 94ff.).

Um sodann konstruktiv werden zu können, bedarf es zusätzlicher prinzipien. SCHULZ nennt da zunächst die durch bildungspolitische entscheidungen vorgegebene »axiome« und »postulate« (SCHULZ 1970, 429ff.), sie gehören allerdings zu den vorgeordneten ebenen. Dann kommen die prinzipien

– der interdependenz, »der widerspruchsfreien Wechselwirkung der Planungsmomente«,

- der variabilität, »der absichtsvollen Bereitstellung von Alternativen«, und
- der kontrollierbarkeit didaktischer entwürfe (SCHULZ 1965, 45).

Allerdings täuscht diese auskunft nicht darüber hinweg, daß diesem modell auf der ebene der didaktischen analyse entscheidungs*kriterien* fehlen, wenn auch die struktur des entscheidungsfeldes genauer aufgeklärt wird (so auch KLAFKI 1970, 389). Die kritisierte position von KLAFKI behält insofern recht, als sie im bildungsbegriff ein auswahl- und strukturierungskriterium behauptet, das es prinzipiell erlaubt, entscheidungen in allen feldern rational zu begründen.

2. Ein zweites problem ist das, welche rolle die »fachwissenschaften« im zusammenhang der inhaltskonstitution haben. KLAFKI hatte zu ihnen ein gebrochenes verhältnis gehabt, gebrochen durch die pädagogisch-didaktische fragerichtung. Um den sachverhalt näher zu beleuchten, gehe ich von Erich WENIGERS einsicht aus, daß »die wissenschaft nicht in der lage sei, den lehrplan zu legitimieren und die sinngebung des unterrichts zu bestimmen (WENIGER 1952, 24ff.). Nimmt man dazu das geisteswissenschaftliche verständnis von theorie, nach dem theorie vorgängige praxis abzuklären habe, so ergibt das so etwas wie einen primat der didaktischen frage gegenüber den aussagen der wissenschaften:

Es leuchte ein, sagt KLAFKI, »daß – grundsätzlich gesehen – das Vorhandensein bestimmter Wissenschaften nicht einmal die notwendige Voraussetzung für die Möglichkeit der Didaktik ist«. Wenn es z. b. keine politische wissenschaft gäbe, ein politischer unterricht jedoch für unabdingbar gehalten werde, so müßte sich der didaktiker selbst daran begeben, »einen Kreis von Erfahrungen, Einsichten, Begriffen, Kategorien zu entwickeln, die der genannten Aufgabe gemäß sind; er müßte eine neue ›Schulwissenschaft‹ aufbauen« (KLAFKI 1963, 113f.).

Diese bemerkung steht in einem zusammenhang, in dem KLAFKI feststellt, die didaktik habe »in eigener Verantwortung und unter eigenständigen pädagogischen Kriterien« die fachwissenschaft um antwort zu bitten (ebd.). Man muß noch die abwehr des »scientismus« dazunehmen, der meinung, »Wissen im Sinne der Wissenschaft« sei der eigentliche sinn der schulbildung (ebd., 28), um zu verstehen, daß die im gefolge solcher didaktik entstandenen fachdidaktiken ihre strukturierenden grundbegriffe nicht unter bezugnahme auf die entsprechenden wissenschaften, sondern auf die praxis des fachunterrichts formulierten (so noch die »Didaktik der deutschen Sprache« von Hermann HELMERS 1969). Solche einschränkung übersieht, was bei WENIGER auch zu lesen steht:

Es sei wahrscheinlich, daß »in der Schule Wissenschaft und Schulfach erst durch eine *gemeinsame Beziehung auf etwas Drittes* in Verbindung treten, das den Zwecken der Wissenschaft ebenso ihren Sinn gibt, wie den Zielen des Unterrichts« (WENIGER 1952,

24; hervorhebung von mir, P. M.). – Im zusammenhang einer ganz anderen tradition (siehe hierzu KAISER 1972, 137 ff.) formuliert Jerome S. BRUNER dieselbe überlegung so: Er gehe von der annahme aus, »daß ein Zusammenhang zwischen dem besteht, was ein Gelehrter an der Front seines Fachgebietes tut und was ein Kind tut, das mit diesem Fachgebiet zum erstenmal in Berührung kommt« (BRUNER 1960, 39).

In diesem sinne besteht ein wesentlicher impuls des programms einer curriculum-revision darin, daß allenthalben versucht wird, die grundbegriffe der fachdidaktik auf dem wege über eine analyse der einschlägigen wissenschaften zu konstruieren. Um nur ein paar beispiele zu nennen:

Helge LENNÉ analysiert die »mathematikdidaktik« und prüft, welche zusammenhänge zwischen deren leitbegriffen und der fachstruktur von mathematik bestehen (LENNÉ 1969, insbesondere 114 ff.). – Walter JUNG spricht in seinen »Beiträgen zur Didaktik der Physik« (1970) interessanterweise vom »fach*methodischen*« problem der ermittlung der physikalischen grundkonzepte und -prozesse. – Im falle der arbeitslehre kann man sich nicht auf eine bezugswissenschaft stützen (KLAFKI 1967, 114). Adolf KELL zeigt, wie über die organisationstheorie die einschlägigen wissenschaften integriert und dann »Konstruktionsprinzipien für ein Arbeitslehre-Curriculum« entwickelt werden können (KELL 1971, 38).

Die geisteswissenschaftliche lehrplantheorie hatte die eigenständigkeit der *pädagogischen* fragestellung betont. Demgegenüber tritt jetzt die aufgabe einer analyse der »*fach*struktur« in den vordergrund. Dem liegt die folgende einsicht zugrunde:

In den wissenschaften wird die beobachtung und interpretation der wirklichkeit systematisch unternommen; mit hilfe ihrer methoden und resultate versucht der mensch, diese wirklichkeit zu bewältigen. (ROBINSOHN 1967, 46) Daraus wird gefolgert: »Die Bedingungen des Lebens in der modernen Gesellschaft erfordern, daß die Lehr- und Lernprozesse wissenschaftsorientiert sind. ... Die Wissenschaftsorientiertheit von Lerngegenstand und Lernmethode gilt für den Unterricht auf jeder Altersstufe.« (Deutscher Bildungsrat 1970, 33)

Wiederum behält KLAFKI recht, wenn er auch heute noch darauf insistiert, bei dem verhältnis von fachdidaktik und fachwissenschaft könne es sich nicht um eine »Ableitung didaktischer Konsequenzen aus vermeintlich unproblematischen fachwissenschaftlichen Voraussetzungen handeln« (KLAFKI 1970, 388). Wir halten mit KLAFKI an dem *erfordernis eines pädagogischen kriteriums für didaktische entscheidungen* fest. Dann ist jedoch zu fragen, was »bildung« bei KLAFKI nun eigentlich heißt:

»jenes Phänomen – so sagt er – an dem wir ... unmittelbar der Einheit eines objektiven (materialen) und eines subjektiven (formalen) Moments innewerden« (KLAFKI 1963, 43). »Bildung ist *kategoriale Bildung* in dem Doppelsinn, daß sich dem Menschen eine (sc. dingliche und geistige, P. M.) Wirklichkeit ›kategorial‹ erschlossen hat und daß eben damit er selbst ... für diese Wirklichkeit erschlossen worden ist« (ebd., 44). Damit erwächst der didaktik die »Aufgabe einer eigenständig pädagogischen Struktur- und Kategorialforschung, die von der geschichtlich gegebenen Bildungswirklichkeit und von den angesichts dieser Wirklichkeit erwachsenden Bildungsaufgaben auszugehen hätte. Ihre Aufgabe wäre es, die Kategorien und Strukturen jener geistigen Grundrichtungen zu ermitteln, in denen dem jungen Menschen heute sein Leben als verpflichtende Aufgabe oder als freie geistige Möglichkeit gegeben ist.« (ebd., 45)

Damit macht KLAFKI das kriterium »bildung«

- inhaltlich an den die dingliche und geistige wirklichkeit leitenden intentionen und
- formal am gesichtspunkt der wechselseitigen erschließung und erschlossenheit

fest. Ganz ähnlich Josef DERBOLAV zur selben zeit in einer etwas anderen begrifflichkeit:

Er erläutert die grundstruktur der didaktik an einem »reflexionsstufenmodell«. Dies modell geht aus (1. stufe) von der unmittelbar praktischen reflexion des *umgangs,* in dem »die ›Gegenständlichkeit‹ der Welt als Zuhandenes dem von der Sitte gesteuerten Handlungsdialog noch unmittelbar zugeordnet ist« (DERBOLAV 1960, 41). Dem folgt als 2. stufe die der theoretischen erkenntnis, die in distanz zur praktischen umgangsbefangenheit tritt: Der praktische normhorizont des umgangs wird reduziert auf das postulat der richtigkeit des *wissens.* Auf der 3. stufe erscheint das wissen im rückbezug auf die gleichsam zeitweilig dispensierte dimension des handelns als medium der erschließung von handlungssituationen, DERBOLAV bedient sich des begriffs des *gewissens*, um auszudrücken, daß nunmehr ein »Handeln aus vermittelter Verantwortung« möglich sei (ebd., 42; siehe auch oben s. 20). – Insgesamt ergibt sich eine dialektische vermittlungsbewegung, »die im Übersteigen der zweiten Reflexionsstufe deren praktische Voraussetzungen in der ersten ergreift und sich zum Besitz erhebt« (ebd.). Um sie zu charakterisieren, bedient auch er sich des begriffs der »kategorie«: »Theoretische Kategorien haben also gegenstands- und wissenskonstitutive Funktion, pädagogische Kategorien erfüllen die Aufgabe der Norm- und Gewissenskonstitution.« (ebd., 50) »Bildungskategorien« sind »die in den Sachgehalten (Wissenschaften) vorausgesetzten bereichsspezifischen Normstrukturen oder Sollensgehalte« (ebd.).

Gegenüber KLAFKI liegt der vorzug darin, daß DERBOLAV den bildungsvorgang dialektisch faßt (auch KLAFKI nennt seine begrifflichkeit »dialektisch«, meint damit jedoch eher eine art »sowohl-als-auch«-dialektik). Damit kann er das positive wissen rückbeziehen auf seine voraussetzungen im sinnbestimmten umgang. Dieses wissen verweist zugleich voraus auf wissenschaftlich vermitteltes handeln. »Der praktische Auftrag dieser scientifischen Auslegung der Umgangserfahrung in regionale Wissensbereiche ist im Grunde kein anderer als der, potentielle Handlungssituationen nach ihren Möglichkeiten sach-, situations- und normgerechter Bewältigung zu erschließen.« (ebd., 35) Hier zeigt sich jedoch zugleich dieselbe auffassung, die ich bei KLAFKI zum bildungsbegriff notiert hatte: Die normativen voraussetzungen des umgangs werden unkritisch als »bestimmte verantwortungsgehalte« den bereich des wissens gegenüber aktualisiert (DERBOLAV 1960, 35). Die leitenden kategorien solcher didaktik lassen sich trefflich in die formel von »aneignung und begegnung«[3] zusammenfassen. Hermann-Josef KAISER hat ihren historisch-systematischen hintergrund erhellt und nachgewiesen, daß damit die rede von der eigentätigkeit des individuums sich selbst ad absurdum führt. Es gehe nur mehr darum, »daß man einem Gegenstand gerecht wird« (KAISER 1972, 134).

Nachdem im gefolge von Theodor W. ADORNO die kritische dimension des bildungsbegriffs demgegenüber wieder freigelegt worden war (ADORNO 1962; MOLLENHAUER 1968 u. a.), geriet ein derartiger normenpositivismus ins wanken. Dennoch finden sich selbst bei BLANKERTZ formulierungen, die daran erinnern. Der begriff der »methodischen Leitfrage« – so definiert dieser – habe »die individuell-subjektiven ... *Voraussetzungen* der Schüler mit dem objektiven *Sachanspruch* ... zu vereinigen« (BLANKERTZ 1970, 99; hervorhebungen von mir, P. M.). Das voraussetzungsverhältnis ist nicht derart einlinig, vielmehr ein wechselseitiges; Gösta THOMA hat dies dann präzisiert: Im unterricht treffen individuelle und gesellschaftliche ansprüche unter bestimmten – wiederum individuellen und gesellschaftlichen – bedingungen aufeinander. Dabei erscheinen die individuellen ansprüche unter dem gesichtspunkt gesellschaftlicher ansprüche als zu berücksichtigende bedingungen, als voraussetzungen, und umgekehrt. (THOMA 1972, 188f.) – Mit diesen ausführlichen rückgriffen auf die didaktische tradition ist nun der rahmen für die folgenden überlegungen abgesteckt.

### *5.1.2 die wissenschaften und erkenntnisleitende interessen*

Die aufgabe war die didaktische strukturierung von themenkreisen, also einer *sache*. Sie ist gelegentlich künstlerisch oder technisch-fachlich »geordnet«, wie Wolfgang SCHULZ es ausdrückt (SCHULZ 1970, 416), in der regel aber vermittelt über gewisse wissenschaften. Für diesen fall wird im folgenden argumentiert.

Das entspricht dem heute selbstverständlichen postulat von der wissenschaftsorientiertheit allen lernens (Deutscher Bildungsrat 1970, 33). Diese selbstverständlichkeit ist jedoch eine scheinbare. Das postulat hat zwar eine kritische stoßrichtung gegen solche postulate wie die der
– volkstümlichen bildung (siehe dazu HILLER 1973) und der
– berufskundlichen bildung (siehe dazu Kollegstufe NW 1973),
mit deren hilfe das vertikal gegliederte allgemeinbildende schulwesen und die duale berufsausbildung ideologisch gerechtfertigt wurden. Ob das postulat in allen fällen zur didaktischen strukturierung eines fachbereiches ausreicht, ist zumindest zweifelhaft:

Ein indiz ist die verlegenheit der kollegstufenempfehlung gegenüber dem bereich des musischen (Kollegstufe NW 1972: Nur der »sport« erscheint namentlich, und dies auch nur im »wahlbereich«, s. 58). Es gibt »sachen«, die über andere symbolsysteme als die formalisierten fachsprachen der wissenschaften vermittelt sind.

In diesem letzteren falle der wissenschaftlichen vermittlung allerdings wird die strukturierung durch deren grundbegriffe, »axiome« geleistet (»structure-of-the-discipline«, siehe dazu z.b. Meyer 1972, 112f.). Die ermittlung solcher strukturen stößt jedoch auf schwierigkeiten. Offensichtlich gibt es nicht nur eine struktur, sondern verschiedene denkbare und konkurrierende. Das kann am fortschritt der wissenschaftlichen erkenntnis liegen (entwicklung differenzierterer und modifizierter modelle in den naturwissenschaften). Deswegen wird es für eine detaillierte ausführung unumgänglich sein, die geschichte der jeweiligen wissenschaft aufzuarbeiten. Vor allem liegt es jedoch an der aspekthaftigkeit von modellen (siehe oben s. 54).

Beispiele sind unschwer aus jeder wissenschaft beizubringen: Helge Lenné (1969) erinnert an den unterschied von intuitionistisch-konstruktiven und axiomatischen ansätzen in der mathematik; die politikwissenschaft strukturiert sich je anders wenn konsens, wenn macht oder wenn konflikt als grundlegende kategorie in anspruch genommen wird; von der erziehungswissenschaft war bereits eingangs die rede (siehe oben s. 8ff.).

Jürgen Habermas hat bekanntlich den versuch gemacht, solche verschiedenen »ansätze« zusammenzufassen. Als *bedingung der möglichkeit wissenschaftlicher erkenntnis* ermittelte er bestimmte *»erkenntnisleitende interessen«*:

– »Das Erkenntnisinteresse an der technischen Verfügung über vergegenständlichte Prozesse«: Erfahrungswissenschaftliche theorien erschließen die wirklichkeit »unter dem leitenden Interesse an der möglichen informativen Sicherung und Erweiterung erfolgskontrollierten Handelns« (Habermas 1969, 157);
– »Das praktische interesse«: Hermeneutische forschung erschließt die wirklichkeit »unter dem leitenden Interesse der Erhaltung und der Erweiterung der Intersubjektivität möglicher handlungsorientierter Verständigung« (ebd., 158);
– Das »emanzipatorische erkenntnisinteresse«, das auf selbstreflexion zielt: Eine kritische sozialwissenschaft rechnet »damit, daß die Information über Gesetzeszusammenhänge im Bewußtsein des Betroffenen selber einen Vorgang der Reflexion auslöst. ... Ein kritisch vermitteltes Gesetzeswissen kann auf diesem Wege das Gesetz selbst durch Reflexion zwar nicht außer Geltung, aber außer Anwendung setzen« (ebd., 158).

Um mißverständnisse zu vermeiden – zum beispiel eine verwechslung subjektiver, empirischer interessen des forschenden mit den »erkenntnisleitenden interessen« –, sei der stellenwert dieses begriffes ausdrücklich herausgestellt: Bei den erkenntnisleitenden interessen handelt es sich um »spezifische Gesichtspunkte, unter denen wir die Wirklichkeit transzendental notwendig auffassen« (ebd., 162), um einen »transzendentalen Rahmen«, innerhalb dessen »wir unsere Erfahrungen a priori und vor aller Wissenschaft organisieren« (Habermas 1971a, 15). Auf der ebene faktisch geschehender erforschung von wirklichkeit legen sie dann »drei Kategorien möglichen Wissens fest: *Informationen,* die unsere technische Verfügungsgewalt erweitern; *Interpretationen,* die eine Orientierung des Handelns unter gemeinsamen Traditionen ermöglichen; und *Analysen,* die das Bewußtsein aus der Abhängigkeit von hypostasierten Gewalten lösen« (Habermas 1969, 162; hervorhebungen von mir, P. M.).

Der struktur der »sache« sind also derartige erkenntnisinteressen inhärent. – Allein, damit ist sie noch nicht hinreichend bestimmt; ein zweiter gedankengang muß angefügt werden.

Wenn »die« wissenschaft als medium der erkenntnis der sache bezeichnet wurde, so sollte das nicht heißen, daß jeweils eine der historisch zufällig entstandenen wissenschaften zuständig sei, vielmehr ist in der regel ein interdisziplinärer zugriff auf die im unterricht verhandelte sache erforderlich. Dies argument eines »interdisziplinären zugriffs« ist allerdings noch kein systematisches: Damit wird allein darauf aufmerksam gemacht, daß jeweils verschiedene wissenschaftliche disziplinen die »sache« aufschlüsseln. Welche es sind, in welchem zusammenhang sie stehen, das kann allenfalls in einzelfällen beschrieben werden. Ich möchte darüber hinaus den versuch machen, vorliegende fachdidaktische strukturierungsvorschläge auf den begriff zu bringen (siehe dazu Blankertz u. a. 1971; 1973) und damit die frage nach den zuständigen fachwissenschaften systematisch zu beantworten. Dazu gehe ich von dem »didaktischen Strukturgitter für den Politischen Unterricht« aus, das Gösta Thoma (1971) vorgelegt hat:

Thoma formuliert als erwartung, die er mit der entwicklung des strukturgitters verbindet: Es solle »ein der kritischen Intention des Bildungsbegriffs folgendes Kriterium pädagogischer Verantwortung« darstellen, »welches sich für politische Bildung spezifisch qualifiziert und sich auf die Aussagen der relevanten Wissenschaften bezieht« (ebd., 81).
Er entwickelt dieses kriterium in folgenden schritten:
1. wird der inhalt des »politischen« bestimmt: »Das Curriculum hat das *Selbstverständnis der Bundesrepublik* und der sich in partikularem Sinn als der Träger der Republik verstehenden Interessengruppen zu repräsentieren.« (ebd., 72)
2. muß dieses selbstverständnis »durch die *einschlägigen Wissenschaften* ... objektiviert werden. Der Grundlagenstreit der Wissenschaften erfordert
3. eine »ideologiekritische Begrenzung der Aussagen« der wissenschaften, die »über das Problem der *erkenntnisleitenden Interessen«* angegangen wird (ebd., 75).
4. wird schließlich das »didaktische Kategoriengefüge« an die aussage geknüpft, das die menschengattung »von Haus aus an bestimmte *Medien der Vergesellschaftung* gebunden ist: an Arbeit, Sprache und Herrschaft« – wie Thoma, Jürgen Habermas zitierend, formuliert (ebd., 78; hervorhebungen im vorigen von mir, P. M.). Das ist – vereinfachend nachgezeichnet – der gang, den Thoma bei der entwicklung seines strukturgitters nimmt. Ich möchte nun versuchen, *die logik dieses arbeitsganges* zu erschließen, und beginne dazu beim letzten schritt:

Thoma macht hier die aussage, daß die wirklichkeit, auf die unterricht sich bezieht, *gesellschaftliche praxis* der menschengattung ist. Denn er nennt mit den »medien der vergesellschaftung« die gleichsam transzendentalen voraussetzungen bestimmter gesellschaftlicher praxis – dies ist jedenfalls der stellenwert der kategorien von Habermas.

Indem Thoma sodann (1. schritt) das selbstverständnis der republik sowie der interessengruppen thematisiert, grenzt er die »gesellschaftliche praxis« überhaupt auf das *»politische«* ein, legt er also den ausschnitt gesellschaftlicher praxis fest, der im politischen unterricht thematisiert wird.

Dann bringt er (2. schritt) die potentiell *kritische funktion der wissenschaft* zur geltung, kritisch gegenüber der ungebrochenen durchsetzung jener interessen im unterricht.

Schließlich (3. schritt) begrenzt er die tragweite wissenschaftlicher aussagen, indem er mit den »erkenntnisleitenden interessen« die *kategorialen voraussetzungen wissenschaftlicher aussagemöglichkeiten* benennt.

Damit leistet Thoma zweierlei: *Erstens* deutet er an, welche funktion »unterricht in der schule« zu erfüllen habe, eine *unterrichtstheorie in nuce* also: Unterricht bezieht sich auf wirklichkeit; diese wirklichkeit wird konstituiert durch gesellschaftliche praxis der menschlichen gattung; diese wirklichkeit wird vom menschlichen subjekt erfahren und erkannt; in spezifischer weise geschieht das im rahmen der institution »unterricht in der schule«. – Daraufhin kann er ein *instrument* entwickeln, *das diese wirklichkeit strukturiert.* Er gibt ihm die form eines zweidimensionalen »gitters«, in dem die kategorialen voraussetzungen von

– gesellschaftlicher *praxis* als »medien der vergesellschaftung« und
– wissenschaftlicher *erkenntnis* als »erkenntnisleitende interessen«

miteinander verknüpft werden. Dieses gitter hat dann die aus abbildung 5 ersichtliche gestalt.

*abbildung 5:* das strukturgitter

| medien der vergesellschaftung \ erkenntnisleitende interessen | technisch | praktisch | emanzipatorisch |
|---|---|---|---|
| arbeit | über wissenschaften vermittelte gesellschaftliche praxis | | |
| sprache | | | |
| herrschaft | | | |

Man stoße sich nicht an der begrifflichkeit transzendentalkritischer provenienz. Um es noch einmal ausdrücklich zu sagen: Hier werden nicht die (erkenntis-)leistungen empirischer subjekte, auch nicht die faktische produktion der wirklichkeit durch die arbeit bestimmter historischer klassen beschrieben. Hier wird der grundbegriffliche, der »kategoriale« rahmen bezeichnet, innerhalb dessen die beschreibung der leistungen empirischer subjekte und der historisch bestimmten wirklichkeit und ihrer genese allererst möglich ist.

Damit kann nun zugleich gesagt werden, was Thoma in diesem ersten zugang nicht leistet: Dieses kategoriale gefüge konstituiert gesellschaftliche praxis allgemein, nicht aber den *gegenstand des politischen unterrichts,* das »politische«. Dies erfolgt in einem *zweiten* arbeitsgang. – Ich hatte gesagt, Thoma bestimme mit dem ausgang vom »selbstverständnis der republik« das »politische«, also den bereich gesellschaftlicher praxis, der gegenstand des politischen unterrichts ist. Das dürfte als gewaltsam und unmotiviert erscheinen. Dieser eindruck entsteht jedoch nur, weil Thoma diesen ansatz schlicht als »these« einführt (Thoma 1971, 72), ohne sie im einzelnen zu begründen und auszuführen. Daß das selbstverständnis der republik gleichsam der materialisierte begriff des »politischen« sei, das müßte eine *bedingungsanalyse* erweisen bzw. widerlegen. Unter »bedingungsanalyse« verstehe ich eine analyse der faktoren, die den begriff von z. b. »politik« in seiner historisch bedingten ausprägung bestimmt haben und bestimmen. Die bedingungsanalyse wäre also eine rekonstruktion derartiger begriffe, die einen bestimmten ausschnitt aus der gesellschaftlichen wirklichkeit festlegen (siehe dazu Kaiser/Menck 1971, 102 ff.). Herwig Blankertz hat mit recht auf die notwendigkeit von bedingungsanalysen im zusammenhang mit fachdidaktischen strukturansätzen verwiesen (Blankertz u. a. 1973, 18 f.). Nunmehr läßt sich auch ihr systematischer stellenwert benennen: *Die analyse der gesellschaftlichen bedingungen des unterrichts in bestimmten »fächern« hat die aufgabe, den für diesen unterricht relevanten ausschnitt gesellschaftlicher praxis in der totalität gesellschaftlicher praxis zu rekonstruieren.* (Welcher ausschnitt jeweils relevant ist – das wird im »lehrplan« festgelegt, und zwar durch die bestimmung von »fächern« und ihren inhalten.)

An den »fachdidaktischen strukturierungsversuchen« des Münsteraner Arbeitskreises Didaktik kann das problem einer bedingungsanalyse illustriert werden (Blankertz u. a. 1971; 1973). Für traditionelle unterrichtsfächer scheint man der mühe überhoben, da man die strukturierung aus einer auseinandersetzung mit traditionellen didaktiken entwickeln kann (Lenzen 1973a; Ewers 1973). In neuen unterrichtsfächern hingegen läßt sich die aufgabe nicht umgehen: Für die arbeitslehre macht Blankertz andeutungen (Blankertz 1970, s. 179 ff.). Kaiser/Menck nehmen das auf; die bedingungsanalyse bekommt bei ihnen für die strukturierung des schulischen pädagogikunterrichts die besagte, gegenstandskonstitutive funktion (Kaiser/Menck 1971, 102 ff.).

Nun ist die bestimmung des ausschnitts gesellschaftlicher praxis (sozusagen des unterrichtsgegenstandes) jenem gefüge kategorialer voraussetzungen (abbildung 5) noch äußerlich. Es müßte versucht werden, beides miteinander zu verknüpfen, so daß *ein* satz von strukturierungskriterien herauskommt. Mit Kaiser/Menck im beispiel des pädagogikunterrichts zu reden: Ein solcher kriteriensatz könnte ein vorgegebenes thema so strukturieren, »daß es sich als Gegenstand eines Pädagogikunterrichts konstituiert« (ebd., 103). Dieser versuch läßt sich an allen vorliegenden »strukturgittern« aufzeigen:

Thoma löst das problem so, daß er das »politische« in das gitter einträgt, das von jenen beiden dimensionen aufgespannt wird. Die gitterpunkte schlüsseln dann das »politische« nach den möglichkeitsbedingungen gesellschaftlicher praxis überhaupt auf. (Dabei kann hier außer betracht bleiben, daß Thoma noch weitere aufschlüsselungen vornimmt, Thoma 1971.) An die so entstehenden »kategorien« können dann themen gleichsam angelegt und politisch strukturiert werden; Thoma wählt das beispiel »geschlechterbeziehungen«. – Es ist aber auch denkbar, daß Thoma für den politischen unterricht die gesellschaftliche praxis überhaupt als gegenstandsfeld reklamiert und daß es für ihn deswegen keine weitere notwendigkeit einer abgrenzung des politischen handelns gibt. Ich hielte das allerdings für einen unausgewiesenen wechsel der argumentationsebene: Die kategorialen voraussetzungen gesellschaftlicher praxis würden dann undiskutiert ineins gesetzt mit den strukturen eines historisch konkreten begriffs von »politik«.

Jedenfalls ist – so Lenzen – »die ungebrochene Übernahme der Kategorien Arbeit, Sprache und Herrschaft für die Strukturierung« von »sprache« unzulässig (Lenzen 1973a, 134). Er nimmt deswegen »die gattungsgeschichtlich pointierten Medien ›Arbeit‹ und ›Herrschaft‹ als ›Kognition‹ und ›Kommunikation‹ für den deutschen Sprachunterricht« auf (ebd., 135). Auch die zweite dimension, in der die kategorialen voraussetzungen der erkenntnis benannt werden, wird transponiert; diesmal unter bezugnahme auf sein modell einer strukturalen didaktik (siehe oben s. 61): »Die Elemente der Tiefenstruktur heißen *gattungsgeschichtlich*: technisches..., praktisches..., emanzipatorisches *Erkenntnisinteresse. Individualgeschichtlich* entsprechen ihnen... die Elemente: operative..., moralische..., kommunikative *Kompetenz*«. (Lenzen 1973a, 153) Das ergibt dann das in abbildung 6 wiedergegebene gitter.

*abbildung 6:* strukturgitter für den sprachunterricht (nach Lenzen 1973b)

| kognition | | kompetenz | |
|---|---|---|---|
| handeln | operative | moralische | kommunikative |
| operation | | | |
| sprache | | | |
| kommunikation | | | |

Da LENZEN sein strukturgitter ausdrücklich aus dem von THOMA vorgelegten heraus entwickelt, wird er zu dieser übersetzung genötigt. Er leistet sie unter zuhilfenahme von theoremen des »genetischen strukturalismus« (zur ableitung der »kompetenzen«) und der sprachphilosophie (zur erläuterung des kategoriengefüges: operation, sprache, kommunikation).

Ähnlich wie hier lassen sich begründungszusammenhang und ausführung des »Didaktischen Strukturgitters der Biologie« von Michael EWERS zur erläuterung herbeiziehen: Den »erkenntnisleitenden interessen« entsprechen »stufen der naturherrschaft«; anstelle der »medien der vergesellschaftung« erscheinen »biologische sphären« (EWERS 1973, 170 ff.). – Schließlich kann man von diesen grundbegrifflichen klärungen her auch die »didaktische matrix« von Adolf KELL stringent interpretieren (und gegebenenfalls modifizieren): Den organisations*bereichen* (gesellschaftlicher praxis) werden organisations*kriterien* gegenübergestellt (KELL 1971).

Was sich in diesen beispielen andeutet, müßte systematisch gelöst werden: Bei der entwicklung von fachspezifischen »strukturgittern« müßte ein begriff des jeweils thematisierten ausschnitts von realität in die begriffe eingehen, mit denen ihre voraussetzungen in gesellschaftlicher praxis und deren erkenntnis formuliert werden. Bislang kann diese aufgabe nur bezeichnet werden, nicht aber schon als generell gelöst gelten. – Immerhin ist mit diesen überlegungen zur konstitution des unterrichtlichen themas die didaktik »auf das Reflexionsniveau einer *Wissenschaftstheorie* verpflichtet« (DERBOLAV 1960, 23). Inwiefern wird aber der *pädagogische gesichtspunkt* ausgelegt, an dem festzuhalten ist, solange es sich um eine *didaktische* strukturierung handelt?

### *5.1.3 die vermittlung der pädagogischen intentionalität und das »didaktische« strukturgitter*

Auf dem wege über »sachen« treffen gesellschaftliche ansprüche auf den unterricht. »Richtlinien« legen die behandlung bestimmter themen fest; sie geben zudem auch mehr oder weniger deutlich die richtung an, in der diese themen zu strukturieren sind. Die vorigen überlegungen ermöglichen bereits eine kritische prüfung solcher ansprüche, eine *prüfung im interesse* dessen, an den sich die ansprüche richten, also im interesse *des schülers*: Es ist nämlich möglich, die strukturierung der »sache«, die »richtlinien« (natürlich auch unterrichtliche lehrbücher usw.) vornehmen, mit der strukturierung zu vergleichen, die sich über eine rekonstruktion der »sache« nach den dimensionen »gesellschaftliche praxis« und »erkenntnisleitende interessen« ergibt. Welche aspekte der »sache« fehlen dort, welche werden beiläufig berücksichtigt, welche besonders akzentuiert? Jede auswahl oder akzentuierung muß sich die vermutung gefallen lassen, ihr lägen *bestimmte* interessen zugrunde. Es mag sein, daß ein aspekt zurücktritt, weil er an anderer stelle eines lehrgangs besonders hervorgehoben worden ist; man braucht dann nur daran zu erinnern. Es ist aber auch denkbar, daß gewisse aspekte deswegen unterschlagen werden, weil ihre erwähnung gesellschaftlichen partialinteressen widerspricht:

Zum beispiel findet sich in den richtlinien zum pädagogikunterricht in NRW die methodische maxime, der unterricht solle zwar bei den erfahrungen der schüler anknüpfen, nicht aber ihre eigene situation thematisieren. Man kann diese maxime als ausdruck des interesses von lehrern lesen, unbequeme konflikte mit kollegen oder eltern ihrer schüler zu vermeiden.

Diese kritische funktion des »strukturgitters« beschreibt Dieter LENZEN so:

»Somit stellt ein didaktisches Strukturgitter eine systematische Aufbereitung des jeweils fachwissenschaftlich thematisierten Systems... dar, die es erlaubt, die inhaltlichen Anforderungen der divergenten Gruppierungen zu lokalisieren, als interessengeleitet auszuweisen und zu relativieren durch die Berücksichtigung der emanzipatorischen Dimension. Faktisch geschieht das, indem angewiesene Inhalte... mit dem Strukturgitter als Referenzen konfrontiert werden.« (LENZEN 1973a, 28)

Damit legt sich die pädagogische intentionalität um in das *allgemeine kriterium:* Eine verkürzte (im sinne der strukturierungskriterien) repräsentanz der sache im unterricht ist ein indiz für die ungebrochene durchsetzung bestimmter und zu bestimmender gesellschaftlicher (partial-)interessen.

Nun ist die pädagogische intentionalität jedoch auch inhaltlich auszulegen und ausgelegt. Seit dem neuhumanismus sind solche auslegungen unter dem begriff der »bildung« gefaßt worden. Gemäß unserem paradigma didaktischer konstruktion sind entscheidungen auch auf dieser ebene, weil historisch bedingt, nicht einfach dogmatisch zu formulieren. Vielmehr ist neben der ermittlung der sachstruktur (5.1.2) eine historische rekonstruktion des bildungsbegriffs erforderlich, genauer: eine rekonstruktion der auslegungen pädagogischer intentionalität, die den titel »bildung« für sich in anspruch nahmen. Ihre kritik sodann *ist* die jeweils konkrete inhaltliche bestimmung der pädagogischen intentionalität. Wieweit hat das seinen niederschlag in den vorliegenden »strukturgittern« gefunden?

Gösta THOMA übernimmt tatsächlich nicht nur die formalen gliederungsgesichtspunkte von Jürgen HABERMAS, er beansprucht vielmehr zugleich auch dessen begründungszusammenhang:

»Demokratische Verfassung postuliert über das aufklärerische Prinzip der Mündigkeit des Staatsbürgers die Beteiligung von jedem an der gesellschaftlichen Bestimmung seiner Existenz. Desgleichen vermag Pädagogik, sofern sie sich auf Ideologiekritik einläßt, im Bildungsbegriff ihr Interesse als Anwalt des Eigenrechts der zu Erziehenden geltend zu machen.... ›Kritische Theorie‹ hat diesen Zusammenhang als ›Dialektik der Aufklärung‹ reflektiert.... Die Tradition, in die sie sich stellt und aus der sie die Kraft der Kritik zieht, ist identisch mit derjenigen, auf die Demokratie und pädagogische

Theorie sich in ihren Versprechungen programmatisch beziehen. Die Anleitung zur Entwicklung eines Kriteriums pädagogischer Verantwortung für eine wissenschaftliche Curriculum-Entwicklung des Unterrichts in politischer Bildung ... zieht daraus ihren Grund.« (THOMA 1971, 78; siehe dazu auch KAISER/MENCK 1971, 103 ff.)

Das heißt, daß *die kritische und* damit zugleich auch *politische dimension des bildungsbegriffs* über die rekonstruktion seiner genese als *pädagogisches kriterium* in anspruch genommen wird (siehe oben s. 49). Ihren niederschlag findet sie in der strukturierung über interessen: Diese stehen nämlich nicht beziehungslos nebeneinander, sie sind vielmehr dialektisch verschränkt, so daß sich eine bewegung ergibt, eine bewegung, die auf emanzipatorische praxis zielt:

Am beispiel der psychoanalyse versucht HABERMAS zu zeigen, »daß in der methodisch ermöglichten und provozierten Selbstreflexion am Ende Einsicht und Emanzipation von undurchschauten Abhängigkeiten, d. h. Erkenntnis und die Erfüllung des Interesses an einer Befreiung durch Erkenntnis zusammenfallen. Daher ist das Verhältnis von Theorie und Therapie für die FREUDsche Theorie ebenso konstitutiv wie das Verhältnis von Theorie und Praxis für die MARXsche Theorie.« (HABERMAS 1971a, 17)

Damit wird das motiv aufgenommen, das DERBOLAV mit seinem reflexionsstufenmodell zum ausdruck gebracht hatte, nämlich der *vorgriff auf praxis.* Allerdings mit dem wichtigen unterschied, daß wissenschaftlich-technische rationalität nicht mehr ausschließlich als vermittlung des vorgegebenen normativen bezugsrahmens interpretiert wird: Technisch-wissenschaftlicher fortschritt ermöglicht die befreiung des menschen von natur- und sozialen zwängen und die steigerung sozialer komplexität. Er ist insofern kritisch im bezug auf überlieferte ordnungsvorstellungen. Andererseits bedarf die ihm inhärente manipulative tendenz der kritik durch den im begriff der »bildung« festgehaltenen pädagogisch-demokratischen anspruch:

»Unter Rekurs auf den in solcher Tradition festgehaltenen Anspruch kann aber auch die humane Indienstnahme des Fortschritts gefordert und Kritik an manipulativen Tendenzen geübt werden; dann verbindet sich dieser Traditionsbezug mit den durch technisch-wissenschaftlichen Fortschritt verwirklichbaren besseren Möglichkeiten.« (THOMA 1971, 168)

Diese formulierungen sind zwar noch so allgemein, daß sie für unterricht in der schule insgesamt gelten. Immerhin läßt sich ihnen schon zweierlei entnehmen: Erstens differenziert sich der pädagogische gesichtspunkt zugleich mit dem politischen gedankengang näher aus; dies wegen der in anspruch genommenen substantiellen identität von pädagogischer und politischer tradition. Zweitens findet sich *implizit eine art artikulationsschema,* das die möglichkeit gibt, den unterricht als lernprozeß zu strukturieren: Unterricht als prozeß geistiger aneignung (BLANKERTZ 1970, 104) hat dem dialektischen zusammenhang der erkenntnisleitenden interessen zu folgen und in den dem emanzipatorischen interesse zugeordneten kriterien sein (lern-)ziel. – Diese artikulation ist übrigens so neu nicht:

Man kann auf gängige artikulationsschemata hinweisen, wie sie sich in präambeln von richtlinien finden. Ich beziehe mich beispielsweise auf einen richtlinienentwurf für das fach erziehungswissenschaft am gymnasium in NRW (1970), da ich auf dieses fach an anderer stelle noch eingehen werde (siehe unten s. 108 ff.):

»Es geht darum, aufzuweisen, was das Phänomen Erziehung ausmacht, Begriffe zu vermitteln, mit denen es beschrieben werden kann, und Einsichten in die Strukturen pädagogischer Bezüge zu ermöglichen. Durch Besinnung auf Voraussetzungen, Methoden und Zielsetzungen pädagogischen Handelns wird... Verständnis für die Phänomene... gefördert, es werden... grundlegende und übergreifende Erkenntnisse anthropologischer, psychologischer und soziologischer Art gewonnen. Durch solche Einsichten gewinnt der Schüler Kriterien und Impulse für sein eigenes Verhalten. Es wird ihm der Blick geöffnet für mitmenschliche Verantwortung.« Das ergibt ein schema der art: phänomenaufweis – begriffe – struktureinsichten – besinnung – verständnis – verhalten – verantwortung.

Ich denke, man könnte hierin unschwer eine zentrale tendenz der didaktischen tradition aufgehoben finden. Das will ich nicht nachprüfen. Vielmehr möchte ich auf eine neuere fachdidaktik, die »Didaktik der politischen Bildung« von Hermann GIESECKE hinweisen. Hier wird das problem der artikulation in einer aufschlußreichen weise gelöst:

GIESECKE unterscheidet in seiner »Didaktik der politischen Bildung vier Ebenen der Lerninhalte«: die des bildungswissens, des orientierungswissens, der politischen verhaltensweisen und des aktionswissens (GIESECKE 1965, 77). Formuliert man sie um in so etwas wie didaktische grundintentionen, so lassen sie sich unschwer in einen zusammenhang mit den erkenntnisleitenden interessen bringen. Beim aktions-»wissen« sagt GIESECKE schon selbst, es handle sich nicht so sehr um – gegenüber den anderen ebenen – neue inhalte, vielmehr um den aspekt »der Anwendung des Gewußten auf politische Streitfragen« (ebd., 99).

Natürlich genügen derartige *eher intuitiv* zu nennende lösungen nicht. Man wird wohl auch sagen dürfen, daß bislang alle versuche gescheitert sind, »einen individuellen Lernprozeß als Wiederholung des gattungsgeschichtlichen Erkenntnisprozesses« zu begreifen (LENZEN 1973a, 134) – gescheitert daran, daß sich die hypothese bislang allen beweis- oder widerlegungsversuchen beharrlich hat entziehen können. Aber auf der ebene empirischer falsifikationen wird auch gar nicht argumentiert. Vielmehr geht es darum, jenes kriterium, das die gesellschaftliche wirklichkeit konstituiert (das »strukturgitter«), zu übersetzen in eines, das gleichsam die repräsentationen von wirklichkeit im unterricht konstituiert (ein »*didaktisches* strukturgitter«), also die zum zwecke der ermöglichung von lernprozessen organisierte wirklichkeit.

Zwei wege sind denkbar, wie man die kategorialen voraussetzungen dieser erscheinungsform von wirklichkeit benennen könnte:

Erstens könnte man von empirisch vorfindlichen, charakteristischen unterrichtlichen strategien ausgehen und auf die bedingungen ihrer möglichkeit zurückschließen. Diese könnte man als »didaktische grundintentionen« oder »unterrichtsleitende interessen« bezeichnen. Zu denken wäre etwa an

- vermittlung technisch verwertbaren wissens;
- einübung in einen praktischen kommunikations- und traditionszusammenhang;
- anleitung zur kritisch-produktiven auseinandersetzung mit der wirklichkeit; usw.

Ich vermute, daß man derartige strategien nicht allein durch die didaktische erfahrung zu belegen brauchte, daß sich vielmehr in fachdidaktiken bzw. fachmethodiken reichlich belege finden lassen.

Zweitens könnte man *an den grundbegrifflichen rahmen anschließen,* den ich im vorigen abschnitt entwickelt habe (siehe oben s. 85f.; so auch THOMA 1972b). Ich ziehe diesen weg vor:

Die »erkenntnisleitenden interessen« – so war gesagt worden – legen als gesichtspunkte, »unter denen wir die Wirklichkeit transzendental notwendig auffassen, drei Kategorien möglichen Wissens fest«: nämlich informationen, interpretationen und analysen (HABERMAS 1969, 162). Das »mögliche wissen« *ist* aber die wirklichkeit, die zum gegenstand unterrichtlicher lernprozesse gemacht wird (das »thema«). – Aus den »Kategorien möglichen Wissens« ergeben sich sodann die »*Funktionen eines Ich,* das sich in *Lernprozessen* an seine externen Lebensbedingungen anpaßt; das sich durch *Bildungsprozesse* in den Kommunikationszusammenhang einer sozialen Lebenswelt einübt; und das im Konflikt zwischen Triebansprüchen und gesellschaftlichen Zwängen eine *Identität aufbaut.* Diese Leistungen gehen wiederum ein in die *produktiven Kräfte,* die eine Gesellschaft akkumuliert; in die *kulturelle Überlieferung,* aus der sich eine Gesellschaft interpretiert; und in die *Legitimationen,* die eine Gesellschaft annimmt oder kritisiert«. (HABERMAS 1969, 162f.; hervorhebungen von mir, P. M.) Die begriffe »lernen« und »bildung« sind – entgegen der didaktischen tradition – hier in spezifischer bedeutung gebraucht, wie aus den erläuternden hinweisen hervorgeht.

HABERMAS schließt also aus den typen »möglichen Wissens« zurück auf die leistungen des subjekts, das sich dieses wissen aneignet. Mit dem *»ich«, das sich die leistungen der menschengattung* (»erkenntnis« im weitesten sinne des wortes) in unterrichtlichen prozessen *zu eigen macht,* so scheint mir, haben wir eine kategorie, die es erlaubt, die »pädagogische intentionalität« für die didaktische strukturierung umzuformulieren. Aus diesen überlegungen ergibt sich ein kategorialer rahmen für die konstitution von »wirklichkeit« im unterricht. Er kann durch die zwei dimensionen »gesellschaftliche praxis« (bzw. bestimmte ausschnitte der totalität gesellschaftlicher praxis) und »leistungen des ich« eines »didaktischen strukturgitters« charakterisiert werden, wie das aus abbildung 7 hervorgeht.

*abbildung 7:* das didaktische strukturgitter

| leistungen des ich / gesellschaftliche praxis | anpassung (in »lernprozessen«) | einübung (in »bildungsprozessen«) | ich-aufbau (in konflikten) |
|---|---|---|---|
| »arbeit« | gesellschaftliche praxis als medium unterrichtlicher lernprozesse | | |
| »sprache« | | | |
| »herrschaft« | | | |

Vergleicht man die abbildung 7 mit der abbildung 5, dann wird noch einmal augenfällig, daß von *unterricht* die rede ist: Hier werden die »leistungen des ich« auf gesellschaftliche praxis bezogen, dort die leistungen der menschlichen gattung als »erkenntnis«. Diese bestimmungen sind nicht ganz unproblematisch: Bei der entwicklung eines begriffs von unterricht setze ich voraus, daß »wirklichkeit« hier in spezifischer absicht und damit in spezifischer modalität erscheint, als medium für prozesse, die durch die begriffe »lernen«, »bildung« und »aufbau von ich-identität« kategorial bestimmt werden. Trennt man damit nicht künstlich unterricht vom »leben«?

Dies problem durchzieht vor allem die didaktik des politischen unterrichts unter der fragestellung: Gehören politische aktionen in den unterricht oder hört dieser an der schwelle zu politischer aktion auf, unterricht zu sein? (GIESECKE 1965; GIESECKE u. a. 1970)

Nun ist unterricht eine form der organisation von erfahrungen, wissenschaft ist eine andere, die alltägliche praxis, die produktion sind weitere. Das heißt, daß die institution »unterricht« in der tat eine bestimmte modalität von »wirklichkeit« konstituiert. Es ist sicher, daß lernprozesse auch in einem anderen institutionellen rahmen stattfinden können. Es ist ebenso sicher, daß sich lernprozesse vom »leben« soweit entfernen können, wie das der unterricht zuweilen tut – *sofern* nämlich die »gesellschaftliche praxis« *verkürzt* wird; nicht aber, *weil* sie *im »unterricht«* erfahrbar gemacht wird.

Es bleibt die aufgabe, die funktion von unterricht (in der schule) im gesamt der gesellschaftlichen praxis zu bestimmen. In der terminologie des 7. kapitels käme es darauf an, den zusammenhang der »gesellschaftlichen bedingungen« mit der struktur des »didaktischen gesamtsystems« zu beschreiben (siehe unten s. 137, insbesondere abbildung 8). Auch hierfür taugt der von mir in anspruch genommene grundbegriffliche rahmen: Die »leistungen des ich« gehen ein »in die produktiven Kräfte, die eine Gesellschaft akkumuliert; in die kulturelle Überlieferung, aus der sich eine Gesellschaft interpretiert; und in die Legitimationen, die eine Gesellschaft annimmt oder kritisiert« (HABERMAS 1969, 163). Das hat THOMA (Kollegstufe NW 1972, 158 ff.: »Zur Strukturierung der ›politischen Dimension‹ des Unterrichts im Teilbereich der allgemeinen Gesellschaftslehre an der Kollegstufe«) bereits andeutungsweise aufgenommen; für die bildungsökonomische diskussion ist der ansatz noch nicht fruchtbar gemacht worden (siehe dazu unten s. 133 ff.).

Die überlegungen zum »didaktischen strukturgitter« waren von der strukturierung der sache ausgegangen. Dabei sind als absicht ihrer unterrichtlichen repräsentanz gesellschaftliche ansprüche an unterricht auszumachen (so schon Erich WENIGER, 1952), die zugleich eine bestimmte intentionale strukturierung implizieren. Als sinn der rede vom »pädagogischen gesichtspunkt«, der zu berücksichtigen sei, ließen sich dann die individuellen ansprüche an unterricht identifizieren. Die didaktische strukturierung besteht demnach in der Vermittlung beider aspekte, nicht aber etwa darin, daß die individuellen ansprüche gegen die gesellschaftlichen ausgespielt würden.

Wie eine solche vermittlung weiterhin ausgeführt werden könnte, das sollten die einleitenden erinnerungen an Josef DERBOLAV zeigen:

Unter ausdrücklichem bezug auf die – unvollendet gebliebenen – arbeiten von Franz FISCHER spricht DERBOLAV von »potentiellen Selbstverhältnissen« (DERBOLAV 1960, 64). Das bedeutet, daß er die im falle der erziehung selbstverständliche reflexivität der sache offenbar für alle gegenstandsbereiche in anspruch nehmen will. Obwohl Herwig BLANKERTZ damit nicht viel anfangen kann (BLANKERTZ 1970, 48), legt er in anderem zusammenhang ein beispiel didaktischer strukturierung auf ebendieselbe weise aus: »Keine hygienische Maßnahme ist gegenständlich bestimmbar, wenn nicht als Differenzierung der unter der vorausgesetzten *subjektiven Bindung* an die Gesundheit gestellten Frage: Wie schütze ich mich vor Infektionen?« (ebd., 100; hervorhebung von mir, P. M.). Die reflexivität der sache bringt »überhaupt erst das intendierte Thema hervor« (ebd.), über ihre jeweilige auslegung könnte die didaktische strukturierung begrifflich faßbar werden.

Damit kann nunmehr definiert werden:

> Ein *»didaktisches strukturgitter«* ist ein gefüge von begriffen, ein gedankengang, in dem einerseits die möglichkeiten der interpretation und beherrschung von wirklichkeit aufgehoben sind. Zum anderen enthalten sie den – methodischen – gesichtspunkt, daß diese möglichkeiten dem individuum nicht um ihrer selbst oder heteronomer zwecke willen, sondern als möglichkeit der erweiterung seiner selbstbestimmung (»pädagogische intentionalität«) zu vermitteln sind. Ein didaktisches strukturgitter ist also ein satz von kriterien zur didak-

tischen strukturierung von themenkreisen. Bestimmte inhalte und lernziele sind ihm nicht zu entnehmen. Sie ergeben sich vielmehr, wenn es an ein bestimmtes, vorgegebenes thema gleichsam angelegt wird. Das thema qualifiziert sich als unterrichtsgegenstand erst, wenn es nach allen momenten aufgeschlüsselt wird, die durch die begriffe des strukturgitters bezeichnet sind.

## 5.2 die lehrmethoden

Den themenkreisen entsprechen dem grade der abstraktheit nach die »methoden« (methodenlehren, methodenkonzepte) des herkömmlichen didaktischen sprachgebrauchs:

»*Formen und Verfahrensweisen* ..., mit denen Menschen unter pädagogischen Zielvorstellungen das Lernen anderer Menschen bewußt und planmäßig zu beeinflussen versuchen« (Klafki u. a. 1970, 129); »Verfahrensmöglichkeiten des Unterrichtenden« (Schulz 1970, 418); »Muster des Lehrerverhaltens«, wobei das verhalten innerhalb verschiedener aktivitätsbereiche eine gewisse integration aufzuweisen und damit »die Grundlage für eine gewisse Art von Übereinstimmung« abzugeben hat (Handbuch der Unterrichtsforschung I, 1226); »die formale Struktur der Handlungsabläufe, die man gewöhnlich als Unterricht bezeichnet« (ebd., 10).

Wir sprechen von *»lehrmethoden«* und bezeichnen damit ein ensemble von unterrichtsmethodischen techniken, das charakterisiert ist durch:

- eine gewisse stabilität,
- eine gewisse integration,
- einen inhaltlich intentionalen bezug.

Dabei ist z. b. zu denken an: gruppenunterricht, gesamtunterricht, arbeitsschulmethode, programmierter unterricht usw. Karl Odenbachs »Studien der Gegenwart« (1961) geben eine zusammenstellung zum gebrauch des lehrers; Georg Geissler (1952) hat zeugnisse zu ihrem selbstverständnis, Theo Dietrich »Unterrichtsbeispiele« (Dietrich 1969) zusammengestellt. – Gedacht ist hier also an »lehrmethoden« des lehrers: Es ist nämlich leider nichts darüber bekannt, ob und wenn, welche methoden schüler im unterricht anwenden, nicht einmal, ob es so etwas wie »störstrategien« gibt. Ausgeschlossen ist das nicht. – Hier sollen lehrmethoden unter dem gesichtspunkt ihrer effektivität, im hinblick auf den grad ihrer erforschung in der praxis und in kritischer absicht diskutiert werden.

### 5.2.1. die effektivität von lehrmethoden

»Lehrmethodenforschung beschäftigt sich mit den Invarianten im Verhalten der Lehrer und deren Wirkung auf den Lernprozeß.« (Handbuch der Unterrichtsforschung I, 1221) Leider stehen ihre ergebnisse in keinem vernünftigen verhältnis zum aufwand:

Bei einer sekundäranalyse von 91 amerikanischen untersuchungen, in denen jeweils zwei lehrmethoden im hinblick auf ihre wirkungen verglichen worden waren, kamen Robert Dubin und Thomas C. Taveggia zu dem ergebnis: »Das Datenmaterial beweist klar und unmißverständlich, daß es keine meßbaren Unterschiede zwischen wirklich unterschiedlichen Methoden des Collegeunterrichts gibt, sofern als Kriterium die Leistung der Studenten bei Abschlußprüfungen zugrunde gelegt wird.« (Dubin/Taveggia 1972, 35). – Leo Roth sichtet »empirische Arbeiten zur Effektivität von Unterrichtsmethoden« (Roth 1971, 20), darunter auch die einschlägigen deutschen untersuchungen, und faßt das ergebnis so zusammen: »Die vorliegenden Untersuchungen zur Effektivität von Unterricht vermitteln den Eindruck, sehr punktuell, relativ zufällig, relativ unsystematisch angelegt worden zu sein und wenig sichtbare schulpolitische bzw. schul- und unterrichtsorganisatorische Konsequenzen nach sich gezogen zu haben« (ebd., 22). Er schreibt das der komplexität des untersuchungsgegenstandes »unterrichtsmethode« zu (ebd.; siehe auch die ausführliche zusammenstellung der arbeiten, ebd., s. 308ff.).

Trotz dieses ernüchternden ergebnisses jahrzehntelanger zum teil aufwendiger unterrichtsforschung, hat Roth selber eigene effektivitätsuntersuchungen durchgeführt.

Solche untersuchungen seien nicht müßig, da sie unter anderem

- vorurteile (Roth spricht von »theoremen«) über bestimmte effekte bei besonderen unterrichtsmethoden modifizieren und
- »zur Analyse des komplexen Bedingungszusammenhanges« beitragen könnten, indem relevante variablen identifiziert werden.

Allerdings müsse dazu der blick mehr auf die mikrostruktur von unterricht gerichtet werden. (ebd., 24) – Aus *methodologischen gründen* wollen wir uns die untersuchung ein wenig näher ansehen:

In 16 volksschulklassen des 8. schuljahres in Lüneburg und umgebung wurde das thema »kompressorkühlschrank« unter jeweils verschiedenen *organisationsformen von lernbedingungen* – diese formulierung zieht Roth vor – unterrichtet. Es handelt sich dabei um frontalunterricht, gruppenunterricht, programmierten unterricht – jeweils von lehrerstudenten durchgeführt; die kontrollklassen wurden vom fachlehrer unterrichtet. Die organisationsformen wurden aufgrund einer beurteilung der stundenentwürfe durch unabhängige experten (lehrer und lehrerstudenten) identifiziert. Interessant ist noch die kontrolle der variablen »lernziele«: Da man beim programmierten unterricht auf ein vorliegendes programm zurückgriff, mußten dessen lernziele »auch für den von uns geplanten Unterricht übernommen werden« (ebd., 28). »Geplant wurde der Unterricht bis in die ›Feinziele‹, bis auf das zu erwartende Verhalten des Schülers hin. Somit war der Unterrichtsverlauf weitgehend festgelegt.« (ebd., 30) Die daten von 12 nach *intelligenzniveau* ausgewählten schülern jeder klasse wurden verrechnet. – Als abhängige variablen untersuchte ROTH:

- den *lernzuwachs* (differenziert nach bereichen »wissen« und »verstehen«; gemessen mit einem selbstentworfenen schriftlichen test);
- das *behalten* (ebenfalls differenziert);
- das *schülerverhalten* im unterricht (aufgenommen mittels eines selbstentworfenen beobachtungsinstruments):
  1. unterrichtstätigkeiten der schulklasse (lesen, schreiben/zeichnen, zusehen/zuhören etc.);
  2. individuelles schülerverhalten (unterteilt nach: störendes verhalten – schwatzen, stören ohne direkten nachbarkontakt usw. – und den unterricht förderndes verhalten – hilfeleisten/-fordern, sachbezogene schüleräußerungen usw.);
  3. angesprochenwerden auf undiszipliniertes verhalten (also eigentlich ein lehrerverhalten);
- die *zufriedenheit* des schülers mit dem unterricht (inhalt, organisationsform, lehrer, eigene leistungen; direkt erfragt);
- die *selbsteinschätzung* der schülerleistung (direkt erfragt).

Das ergebnis im hinblick auf die unabhängige variable organisationsform des lernens – und nur diese interessiert hier – ist sehr aufschlußreich:

Bei kleinen abweichungen im detail ergibt sich, daß der lernzuwachs bei frontalunterricht signifikant höher ist, als bei den beiden anderen methoden und den kontrollklassen, diese jedoch keine signifikanten unterschiede untereinander aufweisen. Die allgemeine behaltensleistung zeigt keine signifikanten unterschiede. – Die kontrollklassen waren signifikant zufriedener mit dem unterricht als die experimentalklassen; unter diesen waren die gruppenunterricht-klassen wiederum signifikant zufriedener als die beiden anderen, die sich nicht signifikant unterschieden. Die frontal unterrichteten schüler waren bei relativ höherem leistungsbefund signifikant eher geneigt, »geringe Zufriedenheit mit ihren Leistungen zu äußern« (ebd., 200).

Im hinblick auf das schülerverhalten gab es naturgemäß eine reihe von signifikanten unterschieden. Diese sind vermutlich jedoch weniger als »methodenspezifische Effekte« (ebd., 25) zu interpretieren vielmehr als explizite beschreibungen der »organisationsformen von lernbedingungen«. Ich werde im anhang dieser arbeit darauf noch ausführlicher eingehen (siehe unten s. 156ff.). Hier zunächst nur eine nachdrückliche warnung zur wahl der statistischen verfahren bei ROTH: Mit dem hinweis auf entsprechende US-amerikanische untersuchungen, die ebenso vorgehen, führt er varianzanalysen durch und berechnet er produkt-moment-korrelationskoeffizienten (ROTH 1971, 54f., 249) – obwohl »bei Häufigkeiten von Lehrer- und Schülerverhaltensweisen ... kaum die Voraussetzungen« dafür gegeben sind (ebd., 54f.). Was nun – sind sie es oder nicht? Natürlich nicht. Und dementsprechend skeptisch muß man die ergebnisse in sachen »schülerverhalten« beurteilen.

Wie sind diese ergebnisse zu beurteilen? ROTH verwendet statt der einzigen kriteriumsvariablen »note im examen« etwas differenziertere: lernzuwachs, behalten, zufriedenheit. Weiter macht er den anfang einer operationalen definition von lehrmethoden, indem er techniken beschreibt, die sie konstituieren, allerdings nur solche des schülers. Schließlich erhofft er sich von seiner untersuchung wohl zu recht eine sensibilisierung angehender lehrer für den wirkungszusammenhang »unterricht«, da er sie im rahmen der lehrerausbildung durchgeführt hat (ebd., 12). – Die *zweifel am nutzen von effektivitätsuntersuchungen* bleiben:

»Die Unterrichtsmethoden sind in der Regel in ihrem ursprünglichen Kontext unauswechselbar«, sagt ROTH (ebd., 13). Er verkürzt den kontext dann selber aber auf den unterrichtsprozeß. Zu fragen wäre jedoch auch nach
- den äußeren bedingungen wie klassenstärke, ausstattung mit hilfsmitteln, ausbildung und belastung des lehrpersonals;
- gesellschaftliche wertschätzungen bestimmter organisationsformen von lernbedingungen;
- dem zugrundeliegenden lernmodell (altersbedingtheit, soziales lernen, größe der lerngruppe usw.);
- den gemeinsam oder nicht benutzten medien (lehrbuch);
- der strukturierung der thematik.

Um nur dies aufzugreifen: Bei der analyse der feinstruktur einer ähnlichen vergleichsuntersuchung zeigt Johannes FLÜGGE: Um programmierten unterricht mit herkömmlichem lehrerunterricht vergleichbar zu machen, muß mit anderen bedingungen auch die konzeption »vom Sinn des Lernens« gleichgesetzt werden, d. h. es wird der lehrerunterricht auf die intentionen des programms (erweiterung eines wissensbestandes) normiert. (FLÜGGE 1971, 225) Die frage ist: Führt die kontrolle – d. h. hier konstanthaltung – der lernziele nicht zu einer nivellierung der spezifischen intentionalität von lehrmethoden? Wird, um ein grobes beispiel zu geben, durch die feinzielplanung der gruppenunterricht nicht gerade zu der karikatur des frontalunterrichts pervertiert, als die er sich offensichtlich den beobachtern bei ROTH darstellt?

So wenig die untersuchung von ROTH unmittelbar zum thema »effektivität von unterrichtsmethoden« beiträgt: Sie läßt den weg zukünftiger lehrmethoden-forschung erkennen. Es wird darauf ankommen, weitere variablen zu identifizieren; effektivität ist nur eine klasse derselben, inhalt, lernziele, äußere unterrichtsbedingungen müßten berücksichtigt werden. Entsprechende untersuchungen wären in explorativer absicht »faktorenanalytisch« auszuwerten. Die zu erwartenden »faktoren« sind dann als unterrichtliche strategien mittlerer reichweite – eben als »lehrmethoden« zu interpretieren. Natürlich wären das keine effektivitätsuntersuchungen im herkömmlichen sinne mehr. Ich meine, daß nicht zuletzt auch ROTHS arbeit gezeigt hat, daß sie müßig sind. Die studie von DUBIN/TAVEGGIA zeigt im übrigen mit ernüchternder deutlichkeit, daß die effektivitätsuntersuchungen ein gesellschaftliches interesse an der lösung von kapazitätsproblemen des bildungswesens widerspiegeln: Effektivität der gesellschaftlichen reproduktion ist das interesse, dem sie ihre förderung verdanken. Zu unrecht, wie die ergebnisse zeigen. Im interesse einer konstruktion von unterricht, der die möglichkeit der selbstbestimmung von schülern erweitern will, wäre es viel wichtiger zu wissen, in welchen techniken (mittelfristigen strategien) sich die pädagogische intentionalität auslegen läßt, die bei der wahl bestimmter lehrmethoden maßgeblich ist.

### *5.2.2 die erforschung von lehrmethoden in der unterrichtspraxis*

Betrachtet man die vielfalt von unterrichtlichen verfahrensweisen, die auf der abstraktionsstufe von »lehrmethoden« vorgeschlagen und in modellen praktiziert werden (siehe GEISSLER 1952; DIETRICH 1969), so wäre nun zu fragen, wie es in der unterrichtspraxis damit aussieht: In welchem verhältnis steht der frontalunterricht, in dozierender oder fragend-entwickelnder variante, zum gruppenunterricht; wieweit sind arbeitsunterrichtliche verfahren eingeführt; wie häufig werden unterrichtsprogramme eingebaut – und das jeweils für bestimmte fächer, altersstufen, schularten usw.? Zwar gibt es relativ viele untersuchungen über einzelne unterrichtstechniken, für lehrmethoden fehlen sie. Das ist zwar verständlich angesichts der oben registrierten komplexität des untersuchungsgegenstandes, nichtsdestoweniger erstaunlich bei der fülle der einschlägigen programmatischen literatur und der intensität der diesbezüglichen ausbildungsbemühungen zumindest im bereich der grund- und hauptschullehrer. – Ich muß mich deswegen auf das referat eines beispiels beschränken.

Für den schulischen pädagogikunterricht an der gymnasialen oberstufe (sekundarstufe II) liegen aus einer richtlinienbegleituntersuchung einige daten vor (Bericht 1972; SCHLATE 1972). Sämtliche im 1. schulhalbjahr 1970/71 in NRW unterrichtenden pädagogiklehrer (N = 226) wurden schriftlich über inhalte, methoden, intentionen ihres pädagogikunterrichts sowie einige sozialdaten befragt (rücklauf: N = 205; ≙ 91 %). Die antwortkategorien, soweit vorgegeben, wurden aus der analyse der infragestehenden, 1970 vorläufig veröffentlichten richtlinien gewonnen. Auf die frage: »Wie haben Sie Ihren Unterricht methodisch gestaltet?«, antworten bei vorgegebenen kategorien:

*tabelle 1:* methodische gestaltung des pädagogikunterrichts in NRW (auszug; SCHLATE 1972, 39)

| kategorien | häufig | gelegentlich |
|---|---|---|
| vom lehrer gesteuertes gespräch | 76 % | 20 % |
| freies gespräch | 43 % | 50% |
| lehrervortrag | 18 % | 72 % |
| schülervortrag bzw. -referat | 17 % | 77 % |
| schülerarbeitsgruppen | 5 % | 38 % |

Augenfällig ist die absolute dominanz des »vom lehrer gesteuerten gesprächs«, die durch zahlen zum »freien gespräch« unterstrichen wird. Korrespondierende formen sind schüler- und lehrervortrag.

Die verrechnung mit anderen daten des fragebogens ($\chi^2$-test) ergab, daß kein signifikanter zusammenhang zwischen methodischer gestaltung und alter, geschlecht und ausbildungsstand der lehrer nachweisbar ist. Hingegen ließ sich ein zusammenhang mit der art der »überprüfung der unterrichtsleistungen« sichern: »Die Art der Schüleraktivität, die durch die Methodenwahl gefördert wird – selbständige verbale Darstellung und Kooperation bei der Erarbeitung – wird bei der Überprüfung der Unterrichtsleistungen auch vorwiegend wieder zugrundegelegt.« (SCHLATE 1972, 43)

Natürlich ist es unzulässig, diese ergebnisse über den unterricht an der sekundarstufe II, ja über den pädagogikunterricht hinaus zu verallgemeinern. So ist zu vermuten, daß lehrer im rahmen eines anderen ausbildungsganges (Pädagogische Hochschule) für eine größere variationsbreite der lehrmethoden qualifiziert werden und sich ihre unterrichtspraxis demgemäß von dem hier gezeichneten bild unterscheidet. Denn ein zusammenhang mit der konzeption der lehrerausbildung darf vermutet werden. Auch hierzu einige anhaltspunkte:

Von denen, die auf die frage antworten, wann sie ihr pädagogikstudium (einschließlich »pädagogikum«) abgeschlossen hätten (ca. 3/4, die anderen haben kein derartiges examen abgelegt), gaben nur knapp 1/5 an, sie hätten es nach 1965 abgeschlossen. – Über die damals an den universitäten in NRW maßgebliche konzeption der pädagogischen ausbildung der gymnasiallehrer gibt Josef DERBOLAV auskunft: Ziel der einführung in die pädagogik ist das system, die »aus Prinzipien und von der Praxis her zu entwikkelnde pädagogische Theorie«, »die theoretische Auslegung der pädagogischen Praxis« (DERBOLAV 1966, 39). Diese theorie ist der denktradition verpflichtet (ebd., 40). »Maßstab der Objektivität pädagogischer Erkenntnis und systematischer Theoriebildung« ist der pädagogische problemstand, wie er in der geschichte des pädagogischen denkens erworben wurde (ebd., 39 ff.). »Historisch-systematisch« nannte man dies studium der pädagogik. Welche ausbildungs- und prüfungspraxis dem entsprochen hat, ist kaum noch zu ermitteln. Es gibt aber einige indizien.

Im zusammenhang einer auswertung der prüfungsakten von 94 lehramtsanwärtern, die sich im wintersemester 1968/69 in Bonn der »allgemeinen Prüfung« im fach »pädagogik« unterzogen haben, wurden die lehrveranstaltungen klassifiziert, die den kandidaten im laufe ihres studiums angeboten worden waren. Das ergebnis kann man der tabelle 2 entnehmen. Interessant ist nun, daß eine klassifikation der prüfungsthemen ein pünktliches abbild ergab, wie aus tabelle 3 ersichtlich ist. Insgesamt zeichnete sich ein durchgehend einheitliches bild eines historisch-systematischen studiums der pädagogik ab.

Es spricht wohl mehr dafür, daß sich das der später befragten pädagogiklehrer nicht wesentlich von diesem bild unterschieden hat, als für das gegenteil dieser vermutung.

Diese beobachtungen und überlegungen führen auf die intentionalen voraussetzungen von lehrmethoden und stellen damit die verbindung zum ersten teil dieses kapitels her. Zwar reichen die referierten indizien bei weitem nicht für eine empirische beweiskette. Sie sind jedoch eine starke stütze für den ermittelten begrifflichen, intentionalen zusammenhang von der ausbildungskonzeption hin bis zur durchschnittlich im unterricht verwandten lehrmethode: *Einer pädagogik der »aneignung und begegnung«* (siehe oben s. 84) *entspricht als lehrmethode das »sokratische gespräch«* (KAISER 1972, 133 f.).

*tabelle 2:* anzahl der lehrveranstaltungen, die vom SS 1965 bis zum WS 1968 vom Institut für Erziehungswissenschaft der Universität Bonn angekündigt wurden.

| themenbereich | anzahl: in % (N = 81) | |
|---|---|---|
| einführung bzw. allgemeine pädagogik | 12 | } 64 |
| historisch-systematische themen | 40 | |
| theorie der erziehungswissenschaft | 12 | |
| theorie der erziehung | 4 | |
| didaktik und methodik | 14 | |
| pädagogische psychologie, soziologie, jugendkunde | 9 | |
| theorie des bildungswesens | 6 | |
| sonst | 4 | |

*tabelle 3:* verteilung der prüfungsthemen im fach pädagogik in der »allgemeinen prüfung«, Bonn WS 1968/69

| themenbereich | anzahl in % |
|---|---|
| historisch-systematische themen | 64 |
| didaktik | 20 |
| pädagogische psychologie, soziologie, jugendkunde | 8 |
| sonst | 8 |

### *5.2.3 die kritik von lehrmethoden*

Auf der ebene der »didaktischen analyse« werden die sächlichen einheiten von unterricht behandelt, also »unterrichtsreihen« oder ähnliches. Deswegen ist zu vermuten, daß erst hier der geforderte zusammenhang von inhaltlichen und technischen entscheidungen im unterrichtsprozeß bestimmter beschrieben werden kann (siehe oben s. 48 f.). Leider fehlt es an diesbezüglichen untersuchungen und instrumenten. Am ehesten ist zu vermuten, daß der ansatz von Bellack u. a. (1966; siehe oben s. 63) weiterführen könnte. – Desgleichen sind kohärente und relativ stabile »ergebnisse« von unterricht erst hier zu erwarten. Wir haben gesehen, daß »ergebnisse« in der regel auf »effektivität« reduziert wird und bei deren operationalisierung wenig phantasie waltet. Insbesondere bleibt gänzlich offen, wie die inhaltlichkeit des inhalts in bezug zum schülerverhalten zu bringen ist.[4] Wenn etwas am inhalt interessiert, so sind es allenfalls bestimmte formale strukturen. So sind sie beispielsweise der nährboden für einen leistungsmotivierenden »begrifflichen Konflikt« (Fend 1971, 195). Die *konkrete* inhaltlichkeit bleibt jedoch beliebig. Man könnte das problem mit Oskar Negt so formulieren:

»Erziehungsziele..., didaktische Methoden... und gruppendynamische Regeln... werden in jeweils isolierten Abhandlungen erörtert und als formale Programmpunkte formuliert. Eine inhaltliche Vermittlung mit den spezifischen Voraussetzungen der Adressaten der Bildungsarbeit und den Erziehungszielen ist dabei ausgeschlossen.« (Negt 1970, 6)

Die beziehung auf die situation des lernenden ist also nicht eine frage des richtigen einstiegs, wie das die didaktik in der regel verharmlost und dann unter dem titel der »motivation« abhandelt. Vielmehr ist die veränderung der situation, also die praxis des lernenden, die probe auf die angemessenheit von unterrichts- und lehrmethode. Auch wenn die inhalte und ein generalisierter situationsbezug vorweg im lehrplan festgelegt sind, so bleiben doch im rahmen von unterrichtsreihen noch möglichkeiten, auf dem wege über die akzentuierung von inhalten den bezug auf die konkrete situation und die objektiven interessen des lernenden herzustellen:

Am brisantesten ist dieses problem heute vermutlich im bereich des politischen unterrichts. Hermann Giesecke hat es ins bewußtsein gerückt, indem er u. a. die kategorien »interesse« und »mitbestimmung« zur strukturierung eines gesellschaftlichen konflikts für den politischen unterricht einbrachte (Giesecke 1965; siehe auch Thoma 1972). Er sah auch bereits, daß sein konzept konsequenzen für die »methodik des politischen unterrichts« hat (Giesecke 1965, 129ff.). Das hat er inzwischen näher ausgeführt in seiner arbeit eben dieses titels (Giesecke 1973). – An anderer stelle faßt er zusammen: »Pädagogik (insbesondere politische Pädagogik) wird dann zu einer Form kritischer politischer Aktion, wenn sie die zu einem gegebenen Zeitpunkt einer Lebensgeschichte durch Lernen ermöglichte Emanzipation tatsächlich realisiert.« (Giesecke u. a., 1970, 40; im original hervorgehoben, P. M.)

Natürlich stellt sich damit die frage, ob und wie unterricht die situation der lernenden tatsächlich verändert. Annegret Harnischfeger hat eine arbeit über »Die Veränderung politischer Einstellungen durch Unterricht« vorgelegt, der man zunächst einmal entnehmen kann, »welche Schwierigkeiten bei schulnahen empirischen Arbeiten zu überwinden sind« (Harnischfeger 1972, 123). Die untersuchung ist überaus lehrreich. Die methodischen probleme werden sehr differenziert erörtert, die vorweg gelöst werden müssen, will man »objektive Aussagen über Einstellungen und deren Veränderungen... ermöglichen« (ebd.). Darüber hinaus wird die untersuchung ausdrücklich in den kontext von curriculumentwicklung gestellt:

Ein team von experten entwickelte für 12. klassen der Berliner gymnasien eine unterrichtsreihe zum thema »nationalismus« (ebd., 63). Dabei mußte man von gewissen annahmen bezüglich der ausgangssituation der schüler ausgehen. Insbesondere setzte man »vier Ausprägungsformen der Nationbezogenheit (voraus), die didaktisch für relevant gehalten wurden.... Diese Ausprägungsformen sollen entsprechend den Lernzielen beeinflußt werden, die sich aus dem Berliner Lehrplan für Gemeinschaftskunde konkretisieren lassen« (ebd., 29). Die ausgangssituation »und die Wirkungen des Unterrichts sollen empirisch überprüft werden« (ebd., 23). – Das ergebnis: Was die ausgangssituation angeht, so »haben sich die Vermutungen der Programm-Konstrukteure, die selbst mit einer Ausnahme alle Lehrer waren, nur zum Teil bestätigt« (ebd., 123). Im übrigen hat das experiment ergeben, »daß es möglich ist, auch noch bei Primanern durch Unterricht in relativ kurzer Zeit Einstellungen in voraussagbarer Weise zu beeinflussen und daß die so erzeugten Einstellungen stabil sein können« (ebd.).

Es ist außerordentlich bedauerlich, daß die erforschung der »ergebnisse« von unterrichtsreihen, abgesehen von den besagten vergleichsuntersuchungen, so selten in angriff genommen wird. Dies um so mehr, da doch ihre planung, durchführung und kontrolle ganz wesentliche bereiche der berufspraxis des lehrers ausmachen. Unausgesprochen scheint die meinung zu sein: Wenn der verlauf von unterricht nur »richtig« geplant ist, so werden sich die erwarteten ergebnisse schon einstellen. Die effektivitätsprüfung braucht dann nicht mehr auf den unterricht und seinen verlauf bezogen zu werden; sie orientiert sich – wie dargelegt – an äußeren anforderungen (siehe oben s. 100). So kann eine erfahrungswissenschaftlich vermittelte kritik von lehrmethoden nicht zustandekommen. – Wiederum ist zu bemerken, daß eine über praktische erfahrung vermittelte kritik von lehrmethoden ihr überlegen ist (siehe oben s. 72). Dies nicht nur wegen des mangels an empirischen untersuchungen, sondern auch prinzipiell. Ganz ähnlich, wie ich eingangs die leistungen empirischer forschung in der erziehungswissenschaft im blick auf die hermeneutischen verfahren benennen und begrenzen konnte (siehe oben s. 15), so will ich jetzt den prinzipiellen überschuß einer über praktische erfahrung vermittelten unterrichtskritik mit hilfe der geisteswissenschaftlichen methodenkritik begrifflich zu fassen versuchen.

Lehrmethoden orientieren sich, wie Paul HEIMANN sagte, an einem »Prinzipien-Kanon (Anschaulichkeit, Selbsttätigkeit)« (HEIMANN 1962, 132). Umgekehrt legen sich diese prinzipien jeweils in lehrmethoden aus: Die GEISSLERsche dokumentation zeigt zum beispiel, daß die arbeitsschulmethode als einlösung des prinzips der selbsttätigkeit verstanden wurde (GEISSLER 1952, 43ff.; 51). Aber auch die kritik an Hugo GAUDIGS methode geht von demselben prinzip aus (ebd., 47f.). Wir können das aufnehmen und in unserer terminologie weiterführen: Lehrmethoden waren als ein ensemble von unterrichtlichen techniken definiert worden. Was eine lehrmethode ist, läßt sich präzise nur angeben, indem man die techniken benennt, die sie integrieren, zum beispiel also die verhaltensmuster des lehrers. Geleistet wird die integration unter inanspruchnahme jener allgemeinen methodischen prinzipien. Eine rekonstruktion der auslegung dieser prinzipien in der geschichte methodischer reflexion und unterrichtlicher praxis ermöglichte die konkrete beschreibung und damit auch die kritik von lehrmethoden. Sie erwiese zugleich die geschichtliche und unterrichtstechnologische bedingtheit der jeweiligen auslegungen von »selbsttätigkeit« und ähnlichen postulaten. Die entwicklung neuer (unterrichts-)techniken und dementsprechend die revision von lehrmethoden erfolgt, um prinzipien einzulösen, von denen man erkennt, daß sie nicht voll realisiert werden (ebd.). Umgekehrt läßt sich nur vom jeweiligen stand der unterrichtstechnologie her bestimmt aussagen, ob lehrmethoden faktische oder prinzipielle nichteinlösbarkeit der vorausgesetzten prinzipien verschleiern. Damit ergibt sich als *kriterium der kritik von lehrmethode ein historisch und gesellschaftskritisch vermittelter maßstab methodischer vernünftigkeit.*

Für eine solche methodenkritik fehlt es allerdings an entscheidenden voraussetzungen. An historisch-systematischen untersuchungen ist zwar kein mangel. Jedoch beschäftigen sie sich vornehmlich mit einzelnen oder mehreren »klassischen« pädagogen und sind interessiert daran, einen inneren zusammenhang von deren gedanken nachzuzeichnen. Seltener findet man den versuch, solche gedanken bis an den ort zu verfolgen, da sie sich in praxis, in bestimmten veranstaltungen und institutionen auslegen. Immerhin dürfte sich hier ein vielfältiges material für eine historisch vermittelte methodenkritik finden (so z.b. bei MENCK 1969). Bernhard SCHWENKS »Studien zum Begriff der Didaktik« (SCHWENK 1974) gehen einen schritt weiter:

Ihre spannung gewinnen die »Studien« aus dem widerspruch zwischen dem aufklärungspostulat einerseits und dem faktum andererseits, daß unterricht immer wieder in indoktrination zurückfällt: »Rationale Aufklärung bleibt gegenüber den Indoktrination fordernden gesellschaftlichen Widerständen prinzipiell unerfülltes Postulat.« (ebd., 20) Nachgezeichnet wird das an den unterrichtstheorien von Tuiskon ZILLER, Otto WILLMANN und Erich WENIGER. Den hintergrund stellen die jeweiligen bildungspolitischen voraussetzungen dar; die frage nach dem unterrichtsgegenstand impliziert eine lehrplantheorie, die durch das jeweils verschieden bestimmte methodische prinzip der »konzentration« charakterisiert werden kann; dies prinzip legt sich aus auf inhalte und lehrmethoden in ihrem wechselseitigen zusammenhang. »Für Inhalte, deren gesicherte Tradierung gefordert und deren Infragestellung ausgeschlossen ist, kommen … nur solche Formen unterrichtlicher Vermittlung in Betracht, die das Infragestellen ausschließen und die damit diesen Inhalten ihre Unverbrüchlichkeit auch innerhalb der Unterrichtssituation garantieren. … Ganz anders sieht es aus, wenn ›Selbstdenken‹ zum Unterrichtsziel erhoben wird mit der Absicht der Realisierung im Unterricht selbst und durch den Unterricht.« (ebd., 19)

Eine historische rekonstruktion von lehrmethode und unterrichtstheorie insgesamt darf jedoch nicht den eingangs im anschluß an Theodor W. ADORNO formulierten materialistischen gesichtspunkt aufgeben (siehe oben s. 20). Sonst ließe sich nur die gedankliche auslegung methodischer prinzipien rekonstruieren, ihre – im weitesten sinne – technologische bedingtheit würde nicht ersichtlich; sie verarmte zu einer ideen- oder problemgeschichte oder zur »historischen pädagogik«:

Den begriff derselben hat Wolfgang RITZEL formuliert: Historische pädagogik tritt »an die Stelle, die frei bleibt, solange es das pädagogische System nicht gibt – als Statthalterin desselben« (RITZEL 1968, 190). Die in der geschichte erscheinenden pädagogischen bzw. didaktischen entwürfe werden als momente des inbegriffs von pädagogik verstanden.

SCHWENK sieht dieses problem einer entmaterialisierten historie sehr wohl. Allerdings: »Die historische Realität des Schulunterrichts im Kampf zwischen Tradition und Aufklärung entzieht sich dem direkten methodischen Zugriff.« (SCHWENK 1974, 21) Insofern unterstreicht seine arbeit zugleich das erfordernis einer tragfähigen methodologie für historische rekonstruktionen von unterricht, zugleich bezeichnet sie den ersten schritt zu einer solchen.

# 6. die fachdidaktik

## 6.0 »pädagogik« im kanon der gymnasialen oberstufe. ein beispiel

An vielen stellen der arbeit wurde auf den schulischen pädagogikunterricht bezug genommen, an dem »ich meine didaktik gelernt habe«. Deswegen soll dieses fach jetzt zur illustration dessen dienen, woran zu denken ist, wenn von »fächern« die rede ist.

Unterricht in »pädagogik« gab es seit den fünfziger jahren in der BRD an den damals sogenannten »Frauenoberschulen«. Vermutlich ist er aus der vorbereitung des in der stundentafel verankerten kindergartenpraktikums erwachsen. Als zu beginn der sechziger jahre der mangel an volksschullehrern bedenkliche formen annahm, wurde in Nordrhein-Westfalen die einrichtung von weiteren schulzweigen mit »pädagogik« als schwerpunktfach betrieben (Pädagogik in der Höheren Schule 1964). In den »Aufbaugymnasien für Realschulabsolventen pädagogisch-musischen Typs« sorgte überdies die verleihung einer nur eingeschränkten hochschulreife für die erwünschte kanalisierung in richtung auf die Pädagogischen Hochschulen. Zugleich wurden als schulversuch »Erziehungswissenschaftliche Gymnasien« mit »erziehungswissenschaft« als sechsstündigem leistungsfach und voller hochschulreife geschaffen. Im zuge der enttypisierung der sekundarstufe II kann in kürze an allen gymnasien des landes »erziehungswissenschaft« als leistungsfach gewählt werden. – In anderen ländern der BRD sind die »Frauenoberschulen« mit »pädagogik« als einem charakteristischen unterrichtsfach ausgestorben; zuletzt in Rheinland-Pfalz und im Saarland. Eine sonderstellung nimmt das land Bayern ein. Dort verpflichtet der artikel 131 der verfassung das schulwesen auf die unterweisung der mädchen in »säuglingspflege«, »kindererziehung« und »haushaltslehre«. Seit 1965 gibt es dort »Sozialwissenschaftliche (Mädchen-)Gymnasien« mit unterricht in »erziehungslehre«. – Die empfehlung der Kultusminister-Konferenz von 1972 (siehe unten s. 136) ermöglicht es neuerdings, »besonders im Wahlbereich« neben anderen neuen Fächern »pädagogik« aufzunehmen (art. 6.2). Obwohl noch keine statistischen angaben über den umfang eines solchen angebots vorliegen, sprechen beobachtungen (z.b. in Niedersachsen) dafür, daß von dieser möglichkeit zunehmend gebrauch gemacht wird.

Ungeachtet der ursprünglichen argumentation, jedenfalls in Nordrhein-Westfalen, wurde in der bildungspolitischen diskussion wie auch in den wenigen äußerungen von erziehungswissenschaftlern zum pädagogikunterricht sehr bald jeder bezug auf pädagogische berufe getilgt (siehe dazu KAISER/MENCK 1971). Das hatte wiederum bildungspolitische gründe: Nur so ließ sich nachweisen, daß es sich um ein »wissenschaftliches« Fach handele (siehe hierzu unten s. 136), indem nämlich der zusammenhang mit der bildungsidee des gymnasiums betont wurde. Richtlinien und ein in enger anlehnung daran konzipiertes »Pädagogisches Lesebuch« (1968) spiegeln diesen zusammenhang, der seinen begriff in der »geisteswissenschaftlichen pädagogik« hat. Unsere befragungen der lehrer sowie zahlreiche diskussionen anläßlich von fortbildungsveranstaltungen legten die vermutung nahe, daß das aufs ganze gesehen wohl ein adäquater ausdruck der unterrichtspraxis ist: Der angelpunkt der in der unterrichtspraxis aufgehobenen theorie ist der »pädagogische bezug« und das sich in ihm ausdrückende »wesen des erzieherischen«. Formuliert wird das unter dem ziemlich diffusen titel »pädagogische anthropologie«. Sofern diese erfahrungswissenschaftlich vermittelt ist, dann allenfalls über die entwicklungspsychologie. Diese verdankt ihre schlüsselstellung zwar ursprünglich dem kindergartenpraktikum und seiner vorbereitung. Sie erhält jedoch nunmehr eine ideologische funktion, indem sie den »pädagogischen bezug« gleichsam wissenschaftlich sichern soll. Ganz ähnlich verhält es sich mit dem problemfeld »erziehung und gesellschaft«: Erziehung wird verstanden als die instanz, von der aus gesellschaftliche phänomene beurteilt und kritisiert werden können; nicht aber wird zugleich die gesellschaftliche vermittlung von erziehung und reflexion auf erziehung erkannt. Versuche, diese unter zuhilfenahme soziologischer theoriebildung aufzuweisen, werden dann gerne als »sozialistische« ideologie indiziert.

Da das fach »pädagogik« bzw. »erziehungswissenschaft« gegenüber den stundentafeln an den »frauenoberschulen« erheblich an umfang und gewicht zugenommen hatte, da auch die leitenden intentionen andere waren als dort, bedurfte es neuer »richtlinien« für den unterricht. Eine »richtlinienkommission« wurde vom Kultusminister eingesetzt. Deren mitglieder waren pädagogiklehrer und schulverwaltungsbeamte. Interviews ergaben, daß sie fast ausschließlich »von der philosophie« herkamen, zum teil auch mitglieder einer entsprechenden kommission für den philosophieunterricht waren. 1970 wurden die erarbeiteten richtlinien vom Kultusminister zur erprobung erlassen. Gleichzeitig wurde eine arbeitsgruppe am Institut für Erziehungswissenschaft der Universität Münster mit der wissenschaftlichen begleitung der erprobung beauftragt (siehe dazu s. 116f.). Mit der einführung des schulversuchs »Enttypisierte Oberstufe« war eine neue situation gegeben. Wiederum wurde eine kommission eingesetzt, sechs »fachkompetente und in der Mehrzahl auch versuchserfahrene Lehrer« (rderl. des KM vom 19.4.1972), die für den unterricht im rahmen des kurssystems »empfehlungen« zu entwickeln hatten. Zwar heißt es in dem genannten erlaß weiter, daß »außer der schulpraktischen Lehrplanentwicklung ... eine langfristige wissenschaftliche Curriculumentwicklung eingeleitet worden« sei; dabei wird ausdrücklich das fach »erziehungswissenschaft« genannt. Dem war jedoch und ist nicht so. Ja, zwischen der genannten arbeitsgruppe und der kommission fand erst nach der erarbeitung der »empfehlungen« eine kommunikation statt – informell aufgrund persönlicher beziehungen. Die kenntnisse über den unterricht, den es zu verbessern und zu steuern galt, entstammten ausschließlich der individuellen unterrichtserfahrung der beteiligten lehrer.

Was lehrt das beispiel? Ein »fach« erscheint im rahmen von anderen fächern, die insgesamt ein schulsystem charakterisieren (siehe unten s. 137). Das erscheinen ist auf bildungspolitische interessen, auseinandersetzungen und entscheidungen zurückzuführen. Die interessen schlagen sich in der inhaltlichen und intentionalen strukturierung nieder. Nicht ist also die zuständige fachwissenschaft die alleinige instanz, die eine solche strukturierung zu leisten hat. Dem beispiel kann weiter entnommen werden, daß die pädagogische umgangserfahrung den rahmen ausfüllt (»richtlinien«), den die bildungspolitischen entscheidungen abstecken. Jedenfalls dann, wenn die zuständige fachwissenschaft, hier die erziehungswissenschaft, nicht als kritisches korrektiv einbezogen wird – sei es, daß sie die funktion nicht wahrnimmt und entscheidungen nur nachträglich rechtfertigt, sei es, daß sie nicht beteiligt wird. Das wirft schließlich die frage auf, welche instanzen mit welchen kompetenzen denn an der entwicklung von »richtlinien« beteiligt sind und zu beteiligen seien.

## 6.1 vorbemerkungen über die »fächer«

Seit Saul B. Robinsohn der bildungsreform die gesamtrevision des curriculum zu ihrer ersten und vordringlichen aufgabe gemacht hat, muß jeder ansatz bei »fächern« ausdrücklich gerechtfertigt werden:

Es gehe, so schrieb er – und das ist noch nicht überholt – »keineswegs um eine bloße ›Verjüngungskur‹ für die Lehrpläne im Lichte fachwissenschaftlicher Entwicklungen…, sondern um die Überprüfung der pädagogischen Relevanz des gesamten Gefüges in einem Prozeß, in dem gesellschaftliche Kräfte mittelbar und unmittelbar bestimmt werden können« (Robinsohn 1967, 10).

Diese forderung blieb unbestritten, wenn auch in seinem gefolge allenthalben fachbezogene Reformstrategien entwickelt wurden. Das programm einer *gesamtrevision* bekam allerdings die funktion einer generalklausel (so z. b. bei Achtenhagen/Menck 1971, 213). Nur in einem falle wurde der versuch unternommen, das Robinsohnsche konzept in dieser hinsicht ohne abstriche durchzuführen, im falle der »Lehrplanrevision in Hessen«:

Die politische option für die integrierte gesamtschule führte zur reflexion der curricularen konsequenzen: »Es soll ein einheitlicher Lehrplan für die Sekundarstufe I entstehen, gedacht für die neue Integrierte Gesamtschule, aber auch verwendbar in den traditionellen Schulformen.... Der Plan soll nach Lernzielen strukturiert sein und in einem Prozeß entstehen, der ein Höchstmaß an Rationalität und intersubjektiver Überprüfbarkeit besitzt« (Probleme 1972, 5) – »In diesem Versuch sollte es dem Anspruch nach zum erstenmal darum gehen, ein vorläufiges Gesamtcurriculum für die Sekundarstufe I eines Bundeslandes unter Berücksichtigung des Standes der internationalen Curriculumforschung zu entwickeln, um damit die Verbindung zwischen ›äußerer Schulreform‹ (Gesamtschule) und ›innerer Schulreform‹ (Revision der Ziele und Inhalte) herzustellen.« (BECKER u.a. 1972, 19)

Das projekt ist gescheitert, allerdings nicht völlig: Es entstanden eine reihe von unterrichtsmodellen, »projekte« genannt, aus deren thematik bereits zu entnehmen ist, daß es sich ausdrücklich um fächerübergreifende einheiten handelt:

Urlaub, wohnen, informationslehre, informationsübertragung durch zeichen, mathematisierung von abstimmungsprozessen, sprache und konflikt, bau und funktion des menschlichen bewegungsapparates (ebd., 24).

Dieses beispiel macht die stoßrichtung der ROBINSOHNschen argumentation deutlich: Abzulehnen ist die legitimation inhaltlicher anforderungen an den unterricht durch berufung auf tradition, insbesondere die des fachunterrichts; desgleichen ihre einlinige auslegung über inhalte von fachwissenschaften. Hierzu wurden, wie bereits bemerkt (siehe oben s. 81), schon im rahmen der geisteswissenschaftlichen didaktik die argumente formuliert (siehe auch KRAMP 1963; BLANKERTZ 1970). Ein musterbeispiel für die legitimation durch praxis des fachunterrichts stellt die »Didaktik der deutschen Sprache« von Hermann HELMERS dar.

Dabei ist nicht die tatsache zu monieren, daß HELMERS an die praxis von deutschunterricht anknüpft. Wohl aber, daß ihm die durchschnittliche gestalt von deutschunterricht zur norm für dessen praxis wird. »Didaktische Begriffe sind aus der Realität des Deutschunterrichts zu entwickeln... die systematische Ordnung des didaktischen Gefüges geht zurück auf gedankliche Schemata, wie sie sich im Bereich des Unterrichts im Laufe von Jahrhunderten entwickelt haben« – heißt es im vorwort zur ersten auflage (HELMERS 1969, 14; siehe dazu auch ACHTENHAGEN 1969, 19ff.).

Gleichwohl kann nicht geleugnet werden, daß schulischer unterricht nach *lernbereichen unterschiedlicher sachstruktur* zu organisieren ist. Generalisierte ansprüche determinieren lernbereiche; fachwissenschaften beobachten und interpretieren die welt systematisch (ROBINSOHN 1967, 46), d.h. sie strukturieren die welt gemäß ihrer spezifischen »methode«. Ein beispiel wird aus dem mitarbeiterkreis von ROBINSOHN selbst vorgelegt:

Doris KNAB berichtet zunächst einmal: »Ein Versuch, zu einer Systematik, einer Art Klassifikation von Situationen zu gelangen, ... ist gescheitert. Es zeigt sich bei diesen Arbeiten immer deutlicher, daß die auf das Curriculum zielende Fragerichtung schon bei der Abgrenzung von Situationen berücksichtigt werden muß.« (KNAB 1971b, 24) Ich verstehe das so, daß die pädagogische intentionalität in die abgrenzung von situationen eingeht, denn KNAB fragt weiter: »Wie läßt sich in einem für das Curriculum relevanten Bereich der Gesellschaft ein Untersuchungsfeld konstituieren, das die gesellschaftliche Funktion von Mathematik zu analysieren erlaubt, und zwar im Hinblick auf die Bestimmung von Qualifikationen, die sich auf diese Funktion der Mathematik beziehen?« (ebd.) Man wählt die wirtschaft, speziell die kalkulation im produktionsbetrieb. Die ausgangsfrage ist nunmehr, »wie qualifiziert man sein muß angesichts der Verschränkung sozialer, ökonomischer und technologischer Faktoren in einer solchen ›mathematikhaltigen‹ Situation« (ebd.). Aufschließende funktion für die beantwortung der frage nach der funktion von mathematik in der produktion gewinnt dann der begriff des modells, in dem die mathematisierung von wirklichkeit begrifflich gefaßt werden kann, in KNABS worten, das »eine Situationsanalyse strukturieren kann« (ebd., 25). Genauer werden dabei die »mathematischen und mathematikbezogenen Tätigkeiten« analysiert, die das modell der kalkulation erfordert, d. h. es kommt nicht auf die mathematik oder das mathematische modell an, sondern auf einen bereich von verhaltensmöglichkeiten, von potentiellen handlungsmöglichkeiten, so würde ich es formulieren. Daran hat sich dann die bestimmung von qualifikation anzuschließen. – Die von KNAB mitherausgegebene »Analyse der Mathematikdidaktik in Deutschland« von Helge LENNÉ (1969) ermöglicht zu überprüfen, wie weit fachdidaktische reflexion den zusammenhang mit qualifikationsmöglichkeiten von mathematik reflektiert; schlicht, wie weit man sich bei der umsetzung der situationsanalytischen überlegungen in qualifikationen auf die herkömmlichen fachdidaktiken stützen könne. Weit ist es damit nach KNABS einschätzungen nicht her (KNAB 1971b, 26).

Es ist ganz offensichtlich, daß KNAB mit einem solchen ansatz eine gesellschaftskritisch vermittelte fachdidaktik postuliert. Wenn sie auch versucht, ihr konzept von dem des »didaktischen strukturgitters« abzusetzen, also einem fachdidaktisch akzentuierten strukturierungskriterium (siehe oben s. 84 ff.), es gelingt ihr nicht. Mit anderen begriffen wird genau dasselbe intendiert. Vor allem führt die uneingestandene verabschiedung der ROBINSOHNschen kriterienkette – diese wird durch bedingungsanalysen ersetzt – zu einer reduktion des eigenen anspruchs: Der ansatz gehört nunmehr in den zusammenhang der »didaktischen analyse«. Denn die frage, warum »produktionsbetrieb« und »kalkulation« ausgewählt werden, wird weder gestellt noch beantwortet. – Eine ähnliche reduktion läßt sich feststellen, wenn man sieht, daß im konzept von ACHTENHAGEN und MENCK (1971) noch vom lehrplan und dem curriculum die rede ist, daß die bemühungen sich inzwischen jedoch – zumindest was den pädagogikunterricht angeht – auf die didaktische strukturierung von themenkreisen konzentrieren:

»Das Interesse am Teilprojekt ›Pädagogikunterricht‹ zielt auf einen Beitrag zur Entwicklung von Didaktik und Lehrplan des schulischen Unterrichtsfaches ›Pädagogik‹.« (ACHTENHAGEN/MENCK 1971, 208). –

»Die Hoffnung, einen *Kanon* im präzisen Sinne dieses Wortes festlegen zu können, wird man verabschieden müssen. ... der Forderung danach liegt nämlich die Vorstellung zugrunde, daß der *Kreis der Themen* insgesamt die Totalität des Erzieherischen ausmache, aus dem, ohne dem Ganzen Schaden zu tun, kein Teil herausgebrochen werden dürfe. Demgegenüber liegt die Totalität... nach unseren Ausführungen in der *Fragestellung* der den Gegenstand als Ganzen konstituierenden Methode.« (KAISER/MENCK 1971, 116f.)

Ich interpretiere diese akzentverschiebung als ausdruck der Einsicht, daß die erziehungswissenschaft didaktische entscheidungen auf der ebene der lehrpläne, des »curriculum« nicht aus eigener machtvollkommenheit treffen, daß sie einen kommunikationszusammenhang aller beteiligten gruppen (BECKER u.a. 1972, 19) nicht stiften kann. Sie kann die faktisch ablaufenden entscheidungs- und kommunikationsprozesse beschreiben, insbesondere auch die eigene rolle darin analysieren und konstruktiv kritisieren: Am ende eines prozesses »fortlaufender Rationalisierung und optimaler Objektivierung... steht in jedem Fall die *bildungspolitische* Entscheidung, die durch Curriculumforschung nicht ersetzt, wohl aber weitgehend vorbereitet wird« (ROBINSOHN 1967, 54). Diese einsicht in die grenzen unmittelbar politischer wirksamkeit hat dann zur rückbesinnung auf andere aufgabenfelder geführt, z.b. den bereich der hier sogenannten »didaktischen analyse« als dem feld einer konstruktiven kooperation von erziehungswissenschaftlern und lehrern. Das heißt aber nicht, daß die didaktik von jenen fachdidaktischen aufgaben suspendiert wäre: In der praxis der lehrplanentwicklung stellt sich laufend die frage nach rationalen verfahren der strukturierung eines fachbereiches, nach der sachstruktur und den möglichkeiten ihrer vermittlung mit lernstrukturen, zum beispiel bei

- der revision von richtlinien bei veränderten äußeren lernbedingungen (einführung des kurssystems),
- der ausweitung des umfangs von fachbereichen (entwicklung von »schwerpunktprofilen«, den studiengängen in der »Kollegstufe NW«, 1972),
- der einführung neuer fachbereiche (arbeitslehre, sexualkunde, politik, pädagogik).

Die bemerkte grenze der tatsächlichen einflußmöglichkeit von erziehungswissenschaft ist der grund, weswegen in diesem kapitel scheinbar nicht von entscheidungskriterien die rede sein wird: Nach ausführungen zur empirie von fachunterricht (6.2) und zu fachspezifischen inhalten und arbeitsweisen (6.3) folgen zwei abschnitte zur lehrplanentwicklung. Das ist folgerichtig und vermessen zugleich: Folgerichtig, da lehrplanentwicklung ein politischer entscheidungsprozeß ist mit der charakteristischen erweiterung gegenüber den bisherigen ebenen, daß die entscheidungen nicht mehr gleichsam innerhalb der pädagogik getroffen werden, daß also die entscheidungskriterien nicht mehr ausschließlich als pädagogische postulate erscheinen können. Vielmehr sind sie in politischen postulaten bezüglich der verfahren von lehrplanentwicklung greifbar. Vermessen ist das unterfangen, da vorschläge zu verfahren der begründung und legitimation wie pilze aus dem boden westdeutscher erziehungswissenschaftlicher seminare sprießen. Da diese vorschläge allerdings relativ zur jeweiligen entwicklungspraxis sind, reduziert sich die zahl der zu berücksichtigenden konzepte schon deswegen, weil ihnen nicht in allen fällen eine entwicklungspraxis entspricht. Schließlich legt das leitende paradigma noch ein weiteres fest: Das augenmerk liegt auf durchschnittlicher praxis; abweichungen hiervon werden als konstruktive alternativen interpretiert. So folgen nun nach den beiden abschnitten, die vom fachunterricht handeln, zwei weitere, in denen ich auf die lehrplanentwicklung eingehe, und zwar ein abschnitt über deren empirie (6.4) und ein solcher über programme der lehrplanentwicklung (6.5). – Hier zeigt sich, um das ergebnis vorwegzunehmen, daß die erziehungswissenschaft noch ziemlich weit davon entfernt ist, einsichten der »curriculumforschung«, elemente der »Curriculummethodologie« (Meyer 1972) umlegen zu können in alternativen zur herkömmlichen lehrplangestaltung; jedenfalls in alternativen, die unter den bedingungen von lehrplanentwicklung in der BRD nicht nur denk-, sondern auch realisierbar sind.

## 6.2 die analyse von durchschnittlichem fachunterricht

Fragt man nach der gestalt durchschnittlichen fachunterrichts, so zeigt sich, was immer wieder berichtet werden mußte, daß nämlich nicht eben viel material vorliegt. Ich referiere zwei untersuchungen. Dabei ist noch nicht einmal sicher, ob durch sie die ganze breite möglicher fragestellungen und methodischer ansätze abgedeckt ist.

1. Eine forschungsgruppe am Berliner Max-Planck-Institut für Bildungsforschung hat eine erhebung über »Unterrichtsstoffe und ihre Verwendung in der 7. Klasse der Gymnasien in der BRD« durchgeführt. Die daten wurden nicht im interesse einer analyse von fachunterricht erhoben, sie sollten vielmehr die grundlage für die konstruktion von schulleistungstests legen (Edelstein u.a. 1968, 2).

Die fragestellung »verfolgte das Ziel, die tatsächlich behandelten Unterrichtsstoffe für das Schuljahr 1964/65 in den Fächern Deutsch, Englisch und Mathematik 7. Klassen (Quarta) an den Gymnasien mit Englisch als erster Fremdsprache zu erheben. Außerdem sollten einige für spätere Untersuchungen wichtige bildungsstatistische Informationen gesammelt werden, die in statistischen Veröffentlichungen nicht in der gewünschten Form vorliegen.« (ebd., 4) Befragt wurden die lehrer, »die gerade eine 7. Klasse in einem der drei Fächer unterrichtet haben« (ebd.). Den größten umfang nehmen in den berichten die tabellen ein, die über die strukturdaten der population und die stoffverteilung, insbesondere nach bundesländern aufgeschlüsselt, auskunft geben.

»Unter der Hypothese, daß es unter unseren, im Fragebogen aufgeführten Unterrichtsstoffvariablen bestimmte, typische Gruppierungen gäbe, die unterschiedliche Strategien des Mathematik-Unterrichts in 7. Klassen von Gymnasien reflektieren, haben wir mit unseren Daten eine Faktorenanalyse durchgeführt.« (ebd., 76) Für den deutschunterricht wurden darüber hinaus zwei faktoren 2. ordnung identifiziert und aus ihnen globale unterrichtsziele erschlossen. Die interpretation dieser faktoren ermöglicht aussagen darüber, »mittels welcher konkreten Syndrome der Stoffauswahl die Ziele im Unterricht verwirklicht werden, welches Gewicht bestimmte Konfigurationen von Unterrichtsstoffen bei der Realisierung dieser Ziele haben« (ZEIHER 1972, 169). Der autor dieses letzteren berichts, Hartmut J. ZEIHER, vermutet, daß derartige strategien »relativ resistent gegenüber äußeren Einflüssen« sein dürften (ebd., vorwort). Für unseren zusammenhang besonders interessant ist dabei die hoffnung, die er äußert: »Je mehr sich Lehrer und andere am Deutschunterricht und seiner Didaktik interessierte Personen durch diese Arbeit anregen lassen, über eine für die Zukunft wünschenswerte Gestalt des Deutschunterrichts nachzudenken, desto mehr hat sich die Herstellung dieses Berichtes gelohnt.« (ebd.)

Daß mit diesen darstellungen nur ein unbefriedigend schmaler sektor des unterrichts in den drei fächern erfaßt wird, schränkt den wert der untersuchung im hinblick auf die möglichkeiten der didaktischen konstruktion allerdings von vornherein stark ein. Zwar sind zwei wichtige steuerungsmittel für den unterricht bezeichnet worden – richtlinien und lehrbücher. Aber die beobachtete konvergenz der unterrichtlichen strategien unter verschiedenen richtlinien läßt vermuten, daß die variationen von richtlinien und lehrbüchern allein den unterricht insgesamt nicht nachhaltig verändern dürfte.

2. Breiter angelegt war eine schon 1961/62 vom Frankfurter Institut für Sozialforschung durchgeführte untersuchung »Zur Wirksamkeit politischer Bildung«, über die drei forschungsberichte vorliegen.

In einer umfangreichen erhebung wurden schüler einer stichprobe von abschlußklassen aller schularten befragt. »Einblick in die Unterrichtspraxis vermitteln Unterrichtsbesuche, Klassenbuchanalysen sowie ausführliche Gespräche mit den Lehrern der ausgewählten Klassen und mit den Schulleitern. Ergänzende Hinweise auf Schwierigkeiten bei der Umsetzung der Bildungs- und Stoffpläne in der Unterrichtspraxis konnten gewonnen werden durch Gespräche und Diskussionen mit Experten der politischen Bildung, tätig entweder in der Schulverwaltung, an Hochschulen oder in der unmittelbaren Lehrerausbildung.« (Zur Wirksamkeit 1966, 19f.) Die ergebnisse werden interpretiert vor dem hintergrund der didaktischen diskussion über die zielsetzungen der politischen bildung. Dazu kam eine analyse der wichtigsten bücher für die hand des schülers (NITZSCHKE 1966). – Die studien beschränkten sich »auf die schulinternen Bedingungen des Sozialkundeunterrichts« (Zur Wirksamkeit 1966, 142). Sie suchten die wirksamkeit der politischen bildung zu ermitteln, »soweit sie durch die gegenwärtigen Formen ihrer Institutionalisierung und das Bewußtsein von Lehrern und Schülern bestimmt ist. Leitfragen der empirischen Erhebungen und Maßstab für ihre Interpretation war die Intention der Bildungspläne: Die Erziehung zum mündigen Staatsbürger in einem demokratischen Gemeinwesen, der über Kenntnisse von politischen Zusammenhängen verfügt, politische Urteilsfähigkeit besitzt und zu politischer Beteiligung bereit ist. Die Analyse ließ keinen Zweifel daran, daß insgesamt gesehen der Ertrag der bisherigen Bemühungen gering war.« (ebd.) Allerdings wird mit nachdruck hervorgehoben, »daß schon unter den gegenwärtigen Bedingungen ein relativ guter Unterricht bessere Ergebnisse hat, als einer, der sich auf Formalien und unpolitische Gegenstände beschränkt; daß ein soziologisch orientierter Unterricht in einigen Primen nachhaltigere Erfolge hatte als die übliche Unterrichtspraxis« (ebd.). Wiederum erhoffen sich die autoren *verbesserungen,* »wenn die Lehrer sich seiner (d. h. des politischen unterrichts, P. M.) komplexen Problematik und ihrer eigenen politischen Rolle im Unterricht bewußt würden« (ebd.).

Bemerkenswert ist hier die breite der erfaßten faktoren und bedingungen: behandelte stoffe, diesmal von den schülern erfragt und dem klassenbuch entnommen, schülerreaktionen, intentionen und einstellungen der lehrer; es werden ursachen der befunde skizziert, »die in der Struktur unserer Gesellschaft zu suchen sind« (ebd., 142; ausgeführt dann von TESCHNER 1969, 137 ff.). Insbesondere wird das problem der lehrerausbildung angesprochen, und nicht nur das. Indem die intentionen der lehrpläne beim wort genommen und kritisch gegen die erfolglose und schlechte unterrichtspraxis gewendet werden, können konkrete ansatzpunkte für verbesserungen des lehrerstudiums der fachlehrer aufgewiesen werden.

Über eine dritte studie kann nicht berichtet werden, da sie nicht vollständig ausgewertet ist. Sie wird hier jedoch erwähnt, weil in ihr das konstruktive interesse bei der analyse leitend war. Ich meine eine wissenschaftliche begleitung zur erprobung vorläufiger richtlinien für das fach erziehungswissenschaft/pädagogik an gymnasien in NRW, die von 1971 bis 1973 am Institut für Erziehungswissenschaft der Universität Münster durchgeführt wurde (siehe dazu MENCK 1974b). Das programm sah ausdrücklich vor, daß kontrolle mit hilfe beim versuchsaufbau zu verbinden sei:

»Solche Begleitung kann nicht allein darin bestehen, daß Anfangs- und Endzustand aufgenommen und verglichen werden, daß man den Prozeß der Erprobung der Richtlinien also gleichsam naturwüchsig ablaufen läßt.... Vielmehr kommt es darauf an, gemeinsam mit den Beteiligten Elemente eines Curriculums zu entwickeln und sie dann unterrichtsmethodisch auszuprobieren« (MENCK 1970, 370).

In dieser aussage spiegelt sich eine bestimmte einschätzung der *funktion von richtlinien.* Eine reihe von indizien sprechen dafür, daß richtlinien nicht nur als instrument der steuerung von fachunterricht interpretiert werden sollten (wenn überhaupt), sondern vor allem auch als *ausdruck durchschnittlichen fachunterrichts.* Der steuerungsaspekt wurde dadurch aufgenommen und mit neuen akzenten versehen, daß die lehrerfortbildung ein integrierender bestandteil der wissenschaftlichen begleitung war. Eine andere funktion hatten die richtlinien bei der analyse des tatsächlich ablaufenden unterrichts. Zwar darf man – jedenfalls in einem fach, das sich noch generell im versuchsstadium befindet – keineswegs die analyse von fachunterricht durch die der richtlinien ersetzen. So hatte es Erich WENIGER im sinn, »der den Lehrplan als ›Kodifikation des Lehrgefüges‹ bezeichnet und meint, daß sich hier der Gegenstand der didaktischen Besinnung ›am bündigsten mit allen seinen Faktoren und Momenten der Betrachtung darbiete‹. Das heißt, daß für ihn Unterrichtspraxis im ›Lehrplan‹ aufgehoben ist und greifbar wird« (MENCK 1971, 366). Die lehrplananalyse erlaubt es jedoch, *ansatzpunkte für die entwicklung eines instrumentariums der unterrichtsanalyse* zu bestimmen: Die ersten befragungen wurden zunächst nach den entscheidungs- und bedingungsfeldern der unterrichtsanalyse von Paul HEIMANN und Wolfgang SCHULZ strukturiert, sodann nach kategorien verfeinert, die durch die richtlinien vorgegeben waren. – Die ergebnisse werden sich vermutlich unter folgenden gesichtspunkten ordnen lassen: Zunächst erweist sich der komplex »lehrerausbildung« als konstitutives moment der durchschnittlichen praxis von pädagogikunterricht, vielleicht auch als das entscheidende. Weiterhin zeigt sich, daß institutionelle vorgaben wichtige züge des unterrichts determinieren: die praktika, insbesondere das kindergartenpraktikum, die eingeschränkte hochschulreife, der fächerkanon insgesamt und die fehlende koedukation (»frauenbildung«).

Vielleicht könnte noch die eine oder andere ähnlich gelagerte untersuchung referiert werden. Am gesamtbild ändert das nichts. Das ist um so bedauerlicher, als derartige untersuchungen – wenn sie von einem konstruktiven interesse geleitet werden – ein wesentliches postulat des »basiskonzepts« (siehe unten s. 124) einlösen können. Die forderung nach einer beteiligung der betroffenen braucht nicht unvermitteltes postulat zu bleiben, sie ergibt sich als forschungsmethodologische konsequenz einer nicht auf »erfolg« des unterrichts bzw. die entwicklung von instrumenten der leistungsüberprüfung restringierten fragestellung. Die gefahr einer solchen konzeption, die sich auf die unterrichtspraxis einläßt, liegt auf der hand: Die erziehungswissenschaft könnte unversehens die restriktionen dieser praxis zur maxime ihrer möglichkeiten machen. Der vorzug ist jedoch, daß über die bloße forderung hinaus der rahmen einer möglichen kooperation in der praxis von curriculumentwicklung vermessen wird. Methodologisch gesprochen: Der entdeckungszusammenhang für einschlägige hypothesen wird kontrolliert *und* konstruktiv erweitert. – Die gegenteilige gefahr habe ich immer wieder aufgewiesen, ich habe auch keinen zweifel gelassen, daß ich sie in der derzeitigen wissenschaftspolitischen situation für gravierender halte: Die erziehungswissenschaft verliert vor lautstarker forderung nach »praxisbezug« die durchschnittliche praxis aus den augen, die sie ja verbessern will; einfach weil ihre vorstellungen von wünschenswerter zukünftiger praxis keinen ansatzpunkt in der derzeitigen praxis finden.

Wenn derart auf dem desiderat einer erforschung von durchschnittlichem fachunterricht insistiert wird, so muß diese forderung nun allerdings eine einschränkung erfahren; ich deutete sie bereits an: Pädagogik als schulisches unterrichtsfach hat keine nennenswerte unterrichtliche und didaktische tradition, ähnlich wie z. b. die arbeitslehre. Wie sieht es nun aber bei fächern aus, die diese voraussetzungen nicht teilen?

In einem genialen wurf – das ist angesichts der fülle des materials und der breite des gegenstandes nicht übertrieben – hat Helge LENNÉ die (gymnasiale) mathematikdidaktik in der BRD analysiert (LENNÉ 1969). Zunächst listete er »Bestand und Struktur der in der Mathematikdidaktik formulierten Ziele und Aufgaben des Mathematikunterrichts systematisch« auf. »Wenn der weiteren Forschung eindeutige Fragestellungen ermöglicht werden sollen, wenn empirische Methoden wie Befragungen auch eindeutige Antworten ergeben sollen, so erfordert dies Systematik und Eindeutigkeit bereits in der Erfassung der vorhandenen didaktischen Vorstellungen. Systematik und Eindeutigkeit kann nur in einem Bezugsrahmen analytischer Begriffe erreicht werden.« (ebd., 109) Da es verschiedenen ansätzen zur entwicklung von solchen bezugsrahmen jedoch noch an einem hinreichenden »Grad von Konventionalisierung« fehlt (ebd.), sieht LENNÉ sich genötigt, weiterhin einen »kategorialen Rahmen einer Methodologie der Mathematikdidaktik« zu entwickeln (ebd., 286). Er kann an die begriffe der gegenwärtigen mathematikdidaktik anknüpfen, muß allerdings definitorische verschärfungen und ergänzungen vornehmen.

Ich hatte anläßlich des referats von Doris KNAB (siehe oben s. 111 f.) schon bemerkt, daß derartige analysen der möglichen durch mathematikunterricht zu erschließenden qualifikationsstrukturen eine gravierende modifikation der einfachen kriterienkette ROBINSOHNS bedeute, dann jedenfalls, wenn diese als ableitungszusammenhang verstanden wird. Auch die bewußte kritische rezeption bisheriger fachdidaktik ist an sich schon erstaunlich. Ihre konsequenz ist eine verabschiedung der vorstellung, nach der curriculumentwicklung auf dem nullpunkt beginnen könne. Besonders wichtig ist dabei, daß LENNÉ die funktion einer solchen rezeption genau angibt. Die didaktische tradition strukturiert – wenn auch unvollkommen – den begrifflichen rahmen für die methodologie einer fachdidaktik. Das heißt, daß sie die begriffe erläutert, von denen eine analyse des fachunterrichts ausgehen kann und die die fachdidaktische konstruktion zu leiten habe. Auch die aufgabe der konstruktion beschreibt LENNÉ:

Die mathematikdidaktik habe methoden zu beschreiben und zu begründen, »nach denen Bildungsinhalte aus dem Angebot von Schultradition, Wissenschaft, Kultur und Lebenspraxis zu gewinnen sind: Methoden, nach denen solche Inhalte registriert, kategorisiert, auf logische Konsistenz hin kontrolliert und schließlich ausgewählt und mit einem gewissen – den lehrstundenmäßigen Aufwand bestimmenden – Gewicht versehen werden« (ebd., 281).

In schulischen fächern mit einer umfangreichen und literarisch reflektierten tradition darf man also davon ausgehen, daß diese tradition die durchschnittliche praxis von fachunterricht auf den begriff gebracht hat. Das heißt jedoch nicht, daß die praxis im lehrplan nur gespiegelt werde. Dies, und ich meine nur dies, ist der fehler in Erich WENIGERS paradigma der lehrplankonstruktion: Er glaubte darauf verzichten zu können, die »kodifikation des lehrgefüges«, den »lehrplan« (das ist die hier sogenannte »didaktische tradition«), mit seinem empirischen korrelat, dem »lehrgefüge«, in erfahrungswissenschaftlicher analyse zum zwecke der kritik zu konfrontieren. Diese frage stellte er sich nicht. Im übrigen hatte er das verhältnis von unterricht und lehrplan sehr klar gesehen:

»Nicht als ob die Lehrpläne wirklich immer den didaktischen Gehalt, den inneren Zusammenhang des Lehrgefüges zureichend und in angemessener begrifflicher Form zum Ausdruck brächten, und gewiß finden bildende Begegnungen zwischen den Generationen weit über jede lehrplanmäßig faßbare Form hinaus in der ganzen Breite und Mannigfaltigkeit des Lebens statt. Wohl aber ist der Lehrplan die einzige begriffliche Gestaltung des Lehrgefüges von einiger Tragweite, in der jeweils das Gegebene zusammengefaßt wird, der zugleich auch eine verhältnismäßig große Macht innewohnt, das Geforderte zur Geltung zu bringen. Auch das nicht lehrplanmäßig Geformte kann vom Bilde des Lehrplans aus verstanden und beurteilt werden« (WENIGER 1952, 21).

## 6.3 fachliche inhalte und fachspezifische arbeitsweisen

Nachdem untersuchungen zur durchschnittlichen struktur von fachunterricht referiert wurden, wäre es jetzt erforderlich, die informationen zu ermitteln, die dann im entwicklungsprozeß den lehrplan konstituieren. Diese frage ist gegenstand von untersuchungen über »Theorien des Curriculums«; Karl FREY (1971) hat eine umfangreiche zusammenstellung solcher theorien vorgelegt. Daß die informationen von der methode ihrer gewinnung, den besagten instrumenten, determiniert werden, ist zwar nicht thema, wohl aber ein ergebnis der »Curriculummethodologie« von Hilbert L. MEYER (1972). Will man diese arbeiten für die »fachdidaktik« auswerten, so zeigt sich, daß ihre abgrenzung gegenüber der »didaktischen analyse« und der »didaktischen gesamtkonzeption« doch recht künstlich ist. Dort wird »curriculum« nämlich prinzipiell nicht-fachbezogen definiert.

»Das Curriculum ist die systematische Darstellung des beabsichtigten Unterrichts über einen bestimmten Zeitraum als konsistentes System mit mehreren Bereichen zum Zwecke der optimalen Vorbereitung, Verwirklichung und Evaluation von Unterricht« (FREY 1971, 50).

Würden wir den für »fächer« besonders relevanten »struktur- und inhaltsorientierten Theorien« (ebd., 95 ff.) im detail nachgehen, so würden wir zurückverwiesen auf überlegungen, die bereits unter dem titel der »didaktischen analyse« vorgelegt wurden.

Ein ergänzender gesichtspunkt muß allerdings wenigstens zur sprache gebracht werden. Im kapitel 5 war auf die struktur des inhalts ausführlich eingegangen worden (5.1.2); es war von den grundbegriffen einer unterrichtlichen disziplin die rede gewesen. Dem wurden nach der technischen seite hin die »lehrmethoden« gegenübergestellt (5.2). Hier müßten nunmehr komplexe techniken nachgetragen werden, die nicht so sehr einer einzelnen unterrichtsreihe ihr gepräge geben (wie die »lehrmethoden«), die vielmehr fachspezifisch sind: Ich spreche dabei von »fachspezifischen arbeitsweisen«. Was damit gemeint ist, soll am beispiel der »Methodik des politischen Unterrichts« von Hermann GIESECKE (1973) illustriert werden:

GIESECKE stellt eine reihe von »Modalitäten der Bearbeitung politischer Themen« zusammen (er nennt sie dann auch »methoden«). »Der wesentliche Kommunikationsinhalt des Lehrgangs ist, daß die einen (die Schüler) sich durch den Fachmann (den Lehrer) systematisch über ein politisches Problem belehren lassen. Es sind aber auch *angesichts des gleichen Themas* ganz andere Kommunikationsziele denkbar: Man kann über ein Thema etwas herstellen (›Produktion‹); man kann es erforschen wollen (›Sozialstudie‹); man kann die Art und Weise seiner eigenen subjektiven Erfahrung des Problems thematisieren (›Provokation‹); man kann die in ihm implizierten Zwänge spielen (›Rollenspiel‹); man kann eine wünschenswerte Änderung der Problemlage durchspielen (›Planspiel‹).« (ebd., 41) GIESECKE sieht im übrigen ganz klar den inhaltskonstitutiven aspekt derartiger fachspezifischer arbeitsweisen: »die Art und Weise der kollektiven *Bearbeitung* bestimmt auch das Arbeits*produkt* mit« (ebd., 43).

Nicht alle genannten »methoden« sind fachspezifisch im engeren sinne; einige – insbesondere der lehrgang – umgreifen die meisten traditionellen fächer der schule, andere sind tatsächlich fast ausschließlich für den politischen unterricht geeignet (z. b. das »tribunal«). Es lassen sich auch unschwer für andere fächer derartige arbeitsweisen benennen: das schließen, die interpretation, das experimentieren usw. Wir können diesen andeutungen einige allgemeine gesichtspunkte entnehmen, die unser durchgängiges »unterrichtsmodell« (siehe abbildung 2) nochmals erläutern:

- Es gibt vermutlich jeweils durchaus verschiedene fachspezifische arbeitsweisen;
- jede fachspezifische arbeitsweise bringt eine bestimmte intentionalität zum ausdruck, sie läßt also eine »fach«-konstitutive »methode« erschließen (so auch GIESECKE, der eine gewisse »affinität« zwischen den arbeitsweisen und den allgemeinen lernzielen des politischen unterrichts feststellt, ebd., 104);
- die struktur eines faches ist also nicht allein durch die jeweiligen grundbegriffe, sondern auch durch die spezifischen arbeitsweisen bestimmt.

Die detaillierte und fachspezifische ausführung dieser andeutungen muß solange unterbleiben, wie die vorliegenden fachdidaktiken nicht unter dem hier skizzierten gesichtspunkt analysiert sind. Eine solche arbeit steht noch aus.

## 6.4 zur empirie der lehrplanentwicklung

Im sinne der prämissen unserer überlegungen stellt sich, will man eine solche arbeit in angriff nehmen, demnach zunächst die frage nach der »empirie der lehrplanentwicklung«. Hans-Dieter HALLER hat dazu ausführliche erhebungen im rahmen des LOT-projekts durchgeführt (HALLER, 1971a, b):

Er mußte davon ausgehen, daß sich in der BRD die lehrplanentwicklung »in einem bislang weitgehend unbekannten Raum« vollziehe (HALLER 1971a, 134). Die absicht, mit der dieser raum vermessen wurde, ist »die Vermutung, daß durch Analyse und Planung von Prozeßvariablen in der Curriculumentwicklung eine Verbesserung der Produkte möglich sei« (ebd.). HALLER führt nach vorhergegangenen informellen interviews mit leitern von richtlinienkommissionen (HALLER 1971 c) eine schriftliche befragung aller erreichbaren mitglieder von richtlinien- bzw. lehrplankommissionen durch (rücklauf N = 493). – Nicht alle fragen interessieren hier; ich referiere nur die ergebnisse, die für das folgende aufschlußreich sind:

Als lehrer (z. t. schulleiter) sind 57,7 % tätig, 18,9 % im bereich der schulaufsicht und schulverwaltung, die übrigen mitglieder sind überwiegend (fach-)hochschullehrer (13,4 %). Nimmt man den ausbildungsgang dazu, so ergibt sich: »Von 5 Personen, die in der Lehrplanentwicklung tätig sind, stammen ... vermutlich 4 aus dem Bereich der Schule und Schulverwaltung und 1 aus dem Universitätsbereich oder einem anderen Bereich.« (HALLER 1971 a, 27) – Etwa ein drittel der kommissionsmitglieder kann als lehrbuchautoren bezeichnet werden (ebd., 45). – Verbindliche aufträge an die kommissionen richteten sich in etwa 80 % der fälle auf eine völlige neufassung der lehrpläne (ebd., 40). – Die frage nach beratergruppen bzw. informanten ergab, daß insbesondere hochschullehrer (fachwissenschaftler) und lehrer/lehrerverbände zu rate gezogen wurden (ebd., 52; 79). – Die frage zum komplex »informationen und materialien der kommission« ergaben ein ziemlich einheitliches bild: Als unterlagen erschienen am häufigsten lehrpläne (anderer bundesländer, frühere, eigene entwürfe); mit abstand folgen fachdidaktische und fachwissenschaftliche literatur; tatsächlich scheint sich die arbeit dann allerdings auf diese gestützt zu haben (ebd., 80 ff.). – Gefragt wurde weiter nach den didaktisch-methodischen und den gesellschaftspolitischen leitideen für die bildungsziele: Man hat sich in nahezu zwei dritteln der fälle schnell darauf geeinigt, wenn nicht schon zu beginn einmütigkeit bestand; nur gut ein fünftel gaben an, sie seien ein kompromiß bzw. ergebnis sehr langer diskussionen gewesen (ebd., 97 ff.) – Konflikte wurden allenfalls gegenüber den bereichen von schulpraxis und schulverwaltung registriert (ebd., 105 f.).

Die untersuchung zeichnet ein bild, das sich von Erich WENIGERS modell der durch den staat regulierten »bildungsmächte« (WENIGER 1952) erheblich unterscheidet: *Schulpraxis und schulverwaltung* treiben, sich gelegentlich bei der wissenschaft informierend, im übrigen kaum kontrolliert (HALLER 1971 a), ihre *lehrplanentwicklungsarbeit.* Damit läßt sich ein weiterer strang »autonomer tradierung« identifizieren, welchen begriff Helge LENNÉ mit bezug auf die zweite phase der lehrerausbildung prägte (LENNÉ 1969, 284). – Allerdings bleibt HALLERS untersuchung auch im vorfeld des WENIGERschen modells, das liegt an ihrer fragestellung. Sie endet bei gleichsam irreduziblen größen wie »information«, »konflikt«, »entscheidung«, da sie an den mechanismen interessiert ist, die zu diesen entscheidungen führen. Sie streift auch nur am rande das problem, das in der differenzierung zwischen entscheidungen in der kommission und entscheidungen über das produkt ihrer arbeit liegt. An diesen stellen müßte die untersuchung weitergeführt werden. Man könnte dabei zunächst durchaus von WENIGERS erkenntnis ausgehen: In der lehrplanentwicklung geht es um die artikulation, die durchsetzung und den ausgleich von gesellschaftlichen partial- bzw. gruppeninteressen. WENIGER hatte die durch bestimmte interessen definierten institutionen als »bildungsmächte« und unter ihnen den staat als den garanten für einen konsens benannt. Leider ist sein paradigma der kritik an geisteswissenschaftlicher lehrplantheorie verfallen, ehe es forschungen über den *einfluß gesellschaftlicher interessengruppen auf den lehrplan* angeregt hatte. Zu nennen wären hier allenfalls die im weiteren sinne inhaltsanalytisch vorgehenden arbeiten von Adolf KELL (1970) und Martin BAETHGE (o. J.):

Aus den verlautbarungen der unternehmerverbände entnimmt BAETHGE »empirische Aussagen, die belegen, wie gegenwärtig Unternehmerorganisationen auf die Bildungspolitik Einfluß nehmen« (BAETHGE, o. J., 31). Er macht also aussagen »über *Ansprüche*, nicht über *Wirkungen* . . . . Welche Wirkungen die unternehmerischen Einflußnahmen auf ihre Adressaten haben, darüber läßt sich bis heute kaum etwas sagen.« (ebd.) – Ganz ähnlich gelagert, allerdings strenger systematisiert, ist KELLS untersuchung über »Die Vorstellungen der Verbände zur Berufsausbildung« (KELL 1970). Er wertet die offiziellen äußerungen der in frage kommenden verbände nach einem detailliert beschriebenen satz von untersuchungskriterien aus; er kommt damit zu einer »Synopsis der Verbandsäußerungen zur Struktur des westdeutschen Ausbildungssystems«; und er versucht schließlich über die einschätzung des politischen gewichts der verbände zu prognosen über durchsetzungsmöglichkeiten zu gelangen.

In beiden fällen endet die untersuchung bei den verlautbarungen der »mächte«, der gesellschaftlichen interessengruppen. Zwischen diesen und den von HALLER ermittelten entscheidungsprozessen klafft solange eine lücke, wie man nicht weiß, *welche* informationen von seiten der verlautbarungen in den lehrplankommissionen aufgegriffen und wie sie verarbeitet werden. Einmal ganz zu schweigen über unsere unkenntnis der existenz und wirksamkeit von anderen kanälen der einflußnahme.

### 6.5 programme der lehrplanrevision und kriterien der lehrplanentwicklung

So wenig wir über die empirie der lehrplanentwicklung wissen, so vielfältig sind die vorschläge zu ihrer veränderung und verbesserung. Wenn ich hier einige typische aufnehme, so geschieht das, wie gesagt (siehe oben s. 113), um auf dieser ebene der didaktischen konstruktionsproblematik die kriterienfrage zu diskutieren; nicht aber ist an vollständigkeit der darstellung gedacht. Die vorschläge betreffen die entscheidungsprozesse und beziehen sich auf

- die entscheidenden instanzen und die verfahren, auch »strategien« genannt, also die handlungsabläufe, die entscheidungen herbeiführen (HESSE/MANZ 1972, 78) und
- die instrumente der entscheidungsfindung.

Ich gehe zunächst von den *verfahren und instanzen* aus.

Alle programme zur revision der curricula sind sich einig in der ablehnung der traditionellen praxis von richtlinienkommissionen. Kritisiert wird insbesondere, daß
a) die sachkompetenz der »experten« – wie durch die arbeit von HALLER belegt wurde – weitgehend nur durch die praxis von fachunterricht vermittelt ist;
b) die kommissionen ohne begründete und verbindliche regeln der informationsbeschaffung und -verwertung sowie ihres eigenen vorgehens arbeiten;
c) die entscheidungskompetenz (im sinne von -befugnis) bei der exekutive liegt, d.h. daß die schulverwaltung über auswahl der »experten«, mittelausstattung und arbeitsbedingungen der kommissionen und die politische durchsetzung der ergebnisse entscheidet.

Diesen punkten lassen sich typische programme für die revision des curriculum zuordnen:

a) Im programm von ROBINSOHN stellen »experten« aller art eine zentrale »instanz« des entwicklungsmodells dar; sie spielen dennoch eine vergleichsweise geringe rolle. Sie werden zu lieferanten von relevanten informationen.[5]

Ihre befragung soll ein unter den gegenwärtigen möglichkeiten erziehungswissenschaftlicher forschung zwar »nicht unproblematischer, aber notwendiger Ersatz« (ROBINSOHN 1967, 48) sein für eine analyse
- »der Relevanz eines Gegenstandes innerhalb eines bestimmten Wissensbereiches«,
- »der Relation von Gegenständen zu Qualifikationen allgemeinen Weltverstehens und -verhaltens«,
- »von spezifischen gesellschaftlichen, also auch beruflichen Verwendungssituationen und Bedürfnissen« (ebd.)

Der expertenstatus wird durch »eine Kompetenz zur Beantwortung der erwähnten Fragestellungen« bestimmt (ebd., 49). Die kompetenz sollte durch geeignete maßnahmen, z.b. gruppendiskussionen, gefördert werden (RASCHERT 1969, 59).

Subjekt der ermittlung, wichtung und verwertung der informationen zu einem curriculum ist die didaktik bzw. bildungswissenschaft. Über diesen beitrag zur effektivierung der lehrplanentscheidungen hinaus soll sie zugleich einen zu ihrer demokratisierung leisten. Sie hat politische entscheidungen als solche kenntlich zu machen und durch die vorgabe von alternativen ermöglichen: »Die gemeinsame Sache von Lehrern, Schülern und Eltern wäre die Wahl zwischen sachlich und politisch alternativen Qualifikationen außerhalb des sich auf die Vermittlung fundamentaler Kulturtechniken konzentrierenden Basiscurriculum.« (ZIMMER 1971, 196).

b) Wie bereits aus HALLERS untersuchungen ersichtlich war, liegt das interesse beim LOT-projekt vornehmlich auf den entscheidungsprozessen in lehrplankommissionen:

»Zunächst geht es darum, ein generelles Modell zur Abbildung von Informations- und Entscheidungsprozessen, die zur Formulierung von Lernzielen führen, zu gewinnen. ›Modell‹ ist in diesem Zusammenhang primär als Modell von solchen Prozessen zu verstehen; es besteht aber auch die Erwartung, ein Modell zu entwickeln, welches zugleich als Modell für solche Prozesse gelten kann, d. h. handlungsanweisenden Charakter in einem heuristischen Sinne hat.« (FLECHSIG u. a. 1971, 250f.) Indendiert ist weiter eine »Aufklärung des Zusammenhangs von Prozeß und Produkt« (ebd.). Kernstück der forschungsstrategie sind deswegen simulationsexperimente, in denen auf der grundlage vorgegebener informationen curricula erstellt werden sollen (ebd., 262). Hilbert L. MEYER hat mit recht auf den widerspruch aufmerksam gemacht, zu dem die verknüpfung von deskriptiver und präskriptiver ausrichtung solcher experimente führen muß (MEYER 1972, 197ff.).

Es soll hier jedoch nicht darauf ankommen, die MEYERsche kritik aufzunehmen. Solange jedenfalls modelle *von* entscheidungsprozessen (also »modelle« in unserem sprachgebrauch) entwickelt werden und zur formulierung und prüfung von hypothesen über deren tatsächlichen ablauf führen, lösen sie im rahmen unseres konstruktionsparadigmas das postulat der wissenschaftlichkeit ein: Nur wenn der tatsächliche ablauf von entscheidungsprozessen bekannt ist, kann er bestimmt kritisiert werden. – Beide konzepte, das von ROBINSOHN und das von FLECHSIG und ihren jeweiligen mitarbeitern, gehen von einer prämisse aus, daß am ende von »kommissions«-arbeiten deren produkte kraft bildungspolitischer entscheidungen durchzusetzen sind. Diese vorgabe wird, wie sich schon bei ZIMMER andeutete, nicht uneingeschränkt akzeptiert.

c) Das »basiskonzept« – der begriff scheint im umkreis der »Hessischen Kommission« geprägt worden zu sein – ist durch eine reihe von motiven gekennzeichnet:

- anteilige beteiligung der betroffenen an der planung (BECKER u. a. 1972, 20);
- repräsentativität durch wahl und delegation (ebd., 26);

– demokratisierung der entscheidungsbefugnisse: »Kompetenzverlagerung aus der Hierarchie der Kultusbürokratie auf die Ebene der beteiligten Wissenschaftler und betroffenen Lehrer, Schüler und Eltern« (ebd., 28),
– veränderung der hierarchisch gegliederten machtstrukturen der kultusbürokratie (ebd.) in richtung auf ein demokratisches modell (ZIMMER 1971 unter berufung auf FÜRSTENAU 1969 a).

In diesem konzept wird die politische verantwortung von erziehung in wissenschaft und praxis ernst und wörtlich genommen. Die bildungspolitischen vorgaben werden heteronom als machtausübung einer scheinbar demokratischen herrschaftsinstanz »kultusbürokratie« verstanden. Deswegen ist es konsequent zu fordern, daß sie in – nun nicht die kommissionsarbeit, sondern – ein durch kommissionen vorzubereitendes, autonomes kooperationssystem an der basis, unter allen beteiligten, aufzuheben sei:

Im bericht über das hessische projekt heißt es: Die »Gruppierung der Befürworter von ›Basiskonzepten‹ verstand die Lehrplanrevision als eine Chance, die tradierten Strukturen der Schulhierarchie und des Lehrerbewußtseins durch Veränderungen der Institution einerseits und durch gruppendynamische Schulung der Lehrer andererseits aufzubrechen« (ebd., 20).

Ohne diesen praktischen erfahrungshintergrund hat eine autorengruppe das modell »Regionaler Pädagogischer Zentren« (GERBAULET u. a., 1972) entwickelt, in dem wesentliche züge des basiskonzepts gestalt angenommen haben.

Die mit diesem konzept aufgeworfenen probleme können deutlicher exponiert werden, wenn wir nun auf die *instrumente der entscheidungsfindung* eingehen. Hilbert L. MEYER hat sie unter dem ordnenden gesichtspunkt des »deduktionsproblems« zusammengestellt und diskutiert. Als deduktionsproblem definiert er dabei jeden versuch, »einen Ableitungszusammenhang zwischen gesellschaftlich vermittelten und zumeist höchst abstrakt formulierten Normen und unterrichtstheoretisch erfaßbaren Lernzielen herzustellen« (MEYER 1972, 15). Für unseren zusammenhang ist ein gesichtspunkt wichtig: Das ergebnis seiner kritischen musterung sozialtechnologischer ansätze zur lösung des deduktionsproblems faßt MEYER so zusammen:

»Ziel einer erziehungswissenschaftlich zu verantwortenden Kontrolle von Deduktionshypothesen kann nur die Umwandlung des Ableitungszusammenhangs in einen zwanglos hergestellten Konsens aller Beteiligten über die Aufgaben des Unterrichts sein; Kontrolle im Sinne von Herrschaftsausübung ist abzubauen, nicht nur zu protokollieren. Diese Neufassung des Deduktionsproblems ist freilich formal und muß es auch so lange bleiben, wie sie nicht auf die gegenwärtige Praxis der Curriculumrevision bezogen wird.« (ebd., 237; im original z. t. hervorgehoben)

Da tauchen wieder die beteiligten auf, und hier wird – ganz im sinne unseres paradigmas – ausdrücklich gefordert, daß die randbedingungen der gegenwärtigen praxis von curriculumrevision mitgenannt werden, die an dem von MEYER formulierten ziel zu messen sind. Jürgen HABERMAS hat in seinen ausführungen über »Verwissenschaftliche Politik und öffentliche Meinung« einige von ihnen benannt:

– »weil über die Besetzung von Positionen mit Entscheidungsbefugnis, und nicht über die Richtlinien für künftige Entscheidung selbst, abgestimmt werden kann, vollzieht sich die demokratische Wahl... eher in Gestalt von Akklamationen als von öffentlichen Diskussionen« (HABERMAS 1969, 128);
– die wissenschaftsinterne entwicklung macht »eine angemessene Übersetzung technischer Informationen schon zwischen den einzelnen Disziplinen, und erst recht zwischen den Wissenschaften und dem großen Publikum zu einem noch weithin ungelösten Problem« (ebd., 130);
– er warnt vor einer kurzschlüssigen verbindung »zwischen technischem Sachverstand und manipulativ beeinflußbarem Publikum, gegen die verzerrte Resonanz, die wissenschaftliche Information auf dem rissigen Boden einer deformierten Öffentlichkeit« findet (ebd.).

Das gilt vermutlich für die *pädagogische* öffentlichkeit. Zwar können derartige vermutungen nicht direkt durch die vielfältigen untersuchungen zur lehrerrolle belegt werden. Es gibt allerdings indizien dafür, daß auch lehrer sich so sehen, als stünden sie einem pakt von mächtiger schulbürokratie und reformeifriger bildungswissenschaft gegenüber:

In Gerwin SCHEFERS untersuchung »Das Gesellschaftsbild des Gymnasiallehrers« (SCHEFER 1969) wurde das bezugsfeld »erziehungswissenschaft« nicht ausdrücklich in die fragestellung einbezogen. Die ergebnisse zu den einstellungssyndromen »schulreform« und »bürokratie – verwaltung« dürften jedoch in heuristischer absicht gelesen werden als generelle ablehnung von oben verordneter und durch die ergebnisse der erziehungswissenschaft begründeter struktureller reformen des schulwesens.

Die konsequenz aus der lösung von MEYER wäre unter diesen bedingungen die, daß *curriculumentwicklung als lernprozeß für alle beteiligten* zu verstehen ist. Dies motiv war bereits aufgetaucht, als ich auf der ebene des unterrichts von der mitbestimmung der schüler gehandelt habe (siehe oben s. 75): Der prozeß – unterricht oder lehrplanentwicklung – führt erst zu der kompetenz, die für eine gleichberechtigte beteiligung am prozeß eingangsvoraussetzung wäre. Diese problematik ist den curriculumstrategen nicht verborgen geblieben:

Im konzept von FLECHSIG u. a. stellt sich das als frage nach dem informationsfluß: »Es handelt sich hierbei einmal um den Informationsfluß aus der Umwelt in die Entscheidungssituation und dann auch um den Informationsfluß zwischen den Entscheidungsträgern während des Entscheidungsprozesses.« (FLECHSIG u. a. 1971, 270) RASCHERT formuliert sie als sprachproblem: »Es gilt, schrittweise ein Sprachspiel zu entwickeln und zu üben, durch das alle in den verschiedenen Bereichen relevanten Qualifikationen sich definieren lassen.« Er denkt dabei allerdings nur an »Sozialwissenschaftler und Lerntheoretiker wie Didaktiker« (Raschert 1969, 57).

Auch die verfechter des basiskonzepts haben das erkannt. Sie beabsichtigen, »die tradierten Strukturen... des Lehrerbewußtseins... durch gruppendynamische Schulung der Lehrer... aufzubrechen« (Becker u.a. 1972, 20). Offensichtlich kommt ihnen aber nicht in den sinn, daß der lernprozeß ein wechselseitiger ist, daß der erziehungswissenschaftler aufgrund der eingangs bezeichneten arbeitsteilung (siehe oben s. 18) allenfalls den anstoß zu einem lernprozeß geben kann – sollen seine aktivitäten in der spur des von Meyer formulierten ziels liegen. Solange nicht zugleich über lernerfahrungen der »aufklärer« berichtet wird, sind »basiskonzepte« skeptisch zu beurteilen (siehe dazu Menck 1972a, 28f.). Gegenüber der gefahr einer elitären auslegung des verhältnisses von didaktikern/sozialwissenschaftlern einerseits und den übrigen »beteiligten« andererseits – sei es in gesellschaftskritischer, sei es in sozialtechnologischer variante – ist am postulat einer vorbehaltlosen kooperation festzuhalten, das hinter Meyers lösung des deduktionsproblems steht. Das nötige hierzu ist bereits eingangs gesagt worden (siehe oben s. 28ff.). Allerdings genügt es nicht, die solidarität mit den betroffenen unvermittelt zu fordern und die beteiligten, insbesondere die »praktiker«, in die planung einfach »einzubeziehen«. Vielmehr käme es darauf an, die unterrichtspraxis methodologisch reflektiert in die forschungs- und entwicklungsstrategie aufzunehmen als den ort, auf den sich die gemeinsamen bemühungen konzentrieren. So etwas scheint in der Hessischen Kommission zumindest diskutiert worden zu sein (Becker u.a. 1972, 20). Der gedanke ist jedenfalls konstitutiv für das projekt »zur Entwicklung von Didaktik und Lehrplan des schulischen Unterrichtsfaches ›Pädagogik‹« (Achtenhagen/Menck 1971, 208), das aus demselben diskussionszusammenhang entstanden ist wie Meyers arbeit (Arbeitsgruppe Didaktik an der Universität Münster):

Darin wird »die gegenwärtige Praxis... an entscheidender Stelle in die Konstruktion einbezogen«: sie soll »›aufgehoben‹ werden in dem Sinne, daß damit eine kritische und zugleich konstruktive Aufgabe bezeichnet ist« (ebd., 210f.). Gegenwärtiger unterricht wird als »Prozeß der permanenten Erprobung vorwissenschaftlich konstruierter Curricula« interpretiert. In diesen prozeß schaltet sich die arbeitsgruppe ein, ihn zu analysieren. Im sinne der einführenden bemerkungen zur methodologie der erziehungswissenschaft (siehe oben s. 15) wird die »störung«, die das bedeutet, zum anlaß für die geforderte kooperation genommen (Menck 1971, 367).

Die diskussion verschiedener konzepte der curriculumentwicklung hatte – wie gesagt – nicht den sinn, ein systematisches vollständiges gerüst von typischen programmen zu bieten. Noch einmal: Die meisten haben gar keine chance so verwirklicht zu werden, wie sie vorgetragen wurden oder werden. Vielmehr war meine absicht, im durchgang durch die für bestimmte programme charakteristischen argumente die kriterienfrage zu exponieren (siehe oben s. 122 f.). Das dabei den in »basiskonzepten« aufgehobenen argumenten entscheidende bedeutung zugemessen wird, folgt aus dem einen moment des leitenden konstruktionsparadigmas, dem ausgang von der unterrichtswirklichkeit. Das postulat der wissenschaftlichkeit didaktischer konstruktion wird mit dem LOT-projekt angesprochen; die prekäre situation erziehungswissenschaftlicher reflexion – teil des gesellschaftlichen prozesses der curriculumentwicklung zu sein und zugleich dessen mögliches kritische selbstbewußtsein (siehe dazu oben s. 27 sowie unten s. 146) – kann aus den unstimmigkeiten des Robinsohnschen modells abgelesen werden.

# 7. die didaktische gesamtkonzeption

Daß »Schulorganisation als Makroorganisation von Lernprozessen« (Fend 1971 b) zu interpretieren ist und insofern in die didaktik hineingehört, braucht nicht näher motiviert zu werden. Meine ausführungen haben geradewegs darauf hingeführt. Helmut Fend hat diesem sachverhalt nicht nur einen einprägsamen titel gegeben, er hat auch zugleich versucht, die einschlägigen probleme in ein systemmodell für schulorganisation einzuordnen. Dazu sind noch andere vorschläge gemacht worden (siehe unten s. 138f.). Hier soll die darstellung sich wiederum an dem »methoden«-begriff orientieren, den ich im 4. kapitel eingeführt hatte: Auf der ebene der »didaktischen gesamtkonzeption« lassen sich

- »bildungspolitische intentionen« als »methode« identifizieren, die sich auslegen in
- curriculare vorgaben (sie entsprechen formal den »inhalten« im zusammenhang der »unterrichtsmethode«) und
- institutionelle, schulorganisatorische festlegungen (entsprechend den »techniken«).

Ich werde dieses paradigma zunächst benutzen, um eine fallstudie zu strukturieren, nämlich die im anfang ihrer realisation befindliche planung der »Kollegstufe NW« (1972). Mit bezug auf das beispiel wird das paradigma dann näher erläutert. Schließlich werden ansätze zur beschreibung und kritik didaktischer gesamtkonzeptionen diskutiert.

## 7.0 die »Kollegstufe NW«. eine fallstudie

Die empfehlung der planungskommission für die »Kollegstufe NW« beginnt mit einem hinweis auf die politischen vorgaben. Sie werden an verschiedenen stellen verschieden formuliert (Kollegstufe NW 1972, 13; 16f.; Blankertz 1972, 3). Die wichtigste ist offensichtlich die,

> »eine Konzeption der Sekundarstufe II zu entwickeln, die die Integration von studienbezogenen und berufsqualifizierenden Lehrgängen zum Versuchsgegenstand mache, und zwar in curricularer wie in organisatorischer Hinsicht« (Blankertz 1972, 3).

Die kommission verschärfte das dahingehend, daß jedes kolleg eine gymnasiale oberstufe und eine berufsschule zu enthalten habe. Diese entscheidung hat zur konsequenz, daß »im Verhältnis zur Tradition und zum Selbstverständnis der Schulen, die zur neuen Organisationsform vereinigt werden, tiefgreifende Änderungen vorgenommen werden« (Kollegstufe NW 1972, 19). Solche änderungen bedürfen einer grundlegenden legitimation. Sie wird abgeleitet einmal aus dem »gesellschaftspolitischen Auftrag an die Schule in unserer Zeit« (ebd.), wobei an die allgemein anerkannten zielsetzungen der reform, nämlich »materiale Chancengleichheit für alle« zu denken ist (ebd., 17). Zum anderen wird sie mit bildungstheoretischen überlegungen abgesichert. Die »bildungstheoretischen prämissen« des modells werden über eine angedeutete historische rekonstruktion des begriffs der »allgemeinbildung«, des »prinzips der menschenbildung« entwickelt. Das ergebnis ist, wie Herwig Blankertz, der vorsitzende der planungskommission, es ausdrückt, eine »Verflüchtigung des Streitgegenstandes«, nämlich des gegensatzes von allgemeinbildung und berufsbildung (Blankertz 1972, 2f.; den theoretischen hintergrund hat Blankertz selbst in verschiedenen schriften ausführlich dargelegt, z. b. Blankertz 1969). Das ergebnis wird in die maxime der materialen chancengleichheit eingetragen und auf die derzeitigen gesellschaftlichen bedingungen von sozialisations- und lernprozessen ausgelegt. Die konsequenz ist, daß die vorstellung von einer inhaltlich bestimmten definition von (allgemeiner) bildung verabschiedet werden müsse. An die stelle eines inhaltlich fixierten kanons treten allgemeine lernziele, die natürlich nur an inhalten, aber an denkbar verschiedenen inhalten erreicht werden können. Die allgemeinen lernziele haben sich vor zwei miteinander verschränkten kriterien zu legitimieren,

- der »Wissenschaftsorientiertheit des Lernens, d. h. daß alle Bildungsinhalte in ihrer Bedingtheit und Bestimmtheit durch die Wissenschaften erkannt und entsprechend vermittelt werden« (ebd., 22); das kriterium wird dann zur »wissenschaftspropädeutik« verschärft (ebd., 25 ff.); und
- »der Kritik, d. h. alle Inhalte der fachlichen Lernziele sind mit Voraussetzungen, Implikationen und Konsequenzen zu lehren, so daß dem Lernenden die Möglichkeit des Widerspruchs gegen die ihm zugemutete Intentionalität offen bleibt« (ebd., 23).

Damit hat man die prinzipien, nach denen sich alle lernprozesse in der kollegstufe müssen organisieren lassen. Interessant ist, daß sie vor allem curriculare entscheidungen betreffen. Zwar lassen sich die institutionellen festlegungen auch aus dem in anspruch genommenen begründungszusammenhang legitimieren, das geschieht aber weder in der empfehlung, noch in den flankierenden veröffentlichungen von Blankertz in derselben breite. Ganz im sinne der bildungstheoretischen tradition und sie bewußt aufnehmend, resümiert die empfehlung:

»Wissenschaftspropädeutik in dem hier skizzierten Sinne darf also nicht als bloße Vermittlung von Techniken des wissenschaftlichen Arbeitens in den jeweils fraglichen

Disziplinen mißverstanden werden, ist vielmehr zu begreifen auch als ›Bildung‹: Aufhebung der wissenschaftlichen Arbeitsteilung in einem produktiven Sinne, d. h. Verzicht auf kulturpessimistisch-ohnmächtiges Wehklagen über das der Spezialisierung korrespondierende, sich ständig beschleunigende Fortschreiten der Verwissenschaftlichung der Welt, sondern durch die Einsicht in dessen Voraussetzungen und Wirkungen« (ebd., 30).

Diese prämissen werden nun in ein »strukturmodell« ausgelegt. Es umfaßt zunächst institutionelle festlegungen, und zwar

- die organisatorische integration von gymnasialer oberstufe und berufsbildenden schulen,
- die unterrichtsorganisation in kursen,
- eine flexible gesamtdauer von 2–4 jahren,
- die soziale integration der schüler,
- die leistungsbewertung nach einem punkt-kredit-system,
- die möglichen abschlüsse,
- eine institutionalisierte schülerberatung und
- eine entsprechende »innere Verfassung« (dies beides zu unrecht von der empfehlung als »Rahmenbedingungen« des versuchs bezeichnet, ebd., 74);

sodann die curricularen entscheidungen im zusammenhang mit den verschiedenen »lernbereichen«:

- für schwerpunktbildung in den »schwerpunktprofilen« sind »alle Wissenschaften und verwissenschaftlichten Technologien zulässig« (ebd., 34 f.); innerhalb eines schwerpunkts werden weitere kriterien maßgeblich wie sachlogische zusammenhänge und förderung curricularer integration, die zu gewährleisten haben, daß jene bildungstheoretischen prämissen eingelöst werden;
- der »obligatorische bereich« hat »für alle Kollegschüler die Chancen der Teilnahme am politisch-gesellschaftlichen Leben zu sichern« (ebd., 55). Das soll über eine gesellschaftslehre geschehen;
- der »wahlbereich« soll eine individualisierung des lernangebots ermöglichen.

Die empfehlung selbst spricht weiterhin unter dem titel »rahmenbedingungen« noch fragen aus dem »metaorganisatorischen« (Fend 1971 b) bereich an, also nicht strukturen des modells selbst, sondern voraussetzungen, die zu seinem gelingen geschaffen werden müssen. Die wichtigsten sind

- die wissenschaftliche begleitung, die einerseits bewährungskontrolle, andererseits hilfe beim versuchsaufbau zu leisten habe, und
- die lehrerfortbildung.

Hierbei wird andeutungsweise erkennbar, daß die planung eines versuchs, die politische entscheidung über die durchführung und schließlich der versuch selbst einen komplexen zusammenhang stiften, der im modell der wissenschaftlichen politikberatung nicht zureichend beschrieben werden kann (siehe dazu oben s. 124 f.).

Blankertz selbst geht allerdings von diesem modell aus. Er fragt, »wer das nun eigentlich sei, der da rät – ist es der Rat der Wissenschaft an die Politik oder ist es die sekundäre Rationalisierung einer politischen Entscheidung, die tatsächlich anderen als den angeführten Gründen folgen?« (Blankertz 1972, 17) Seine antwort ist, »daß der Erziehungswissenschaftler das Erkenntnisinteresse seiner Disziplin auszieht über die wissenschaftlich gewissen Detailsätze hinaus auf das antizipierte Ganze, daß er die politische Entscheidung mitbeeinflußt unter dem Aspekt einer am Prozeß der Emanzipation des Menschen von Zwängen der Natur und überflüssiger gesellschaftlicher Herrschaft engagierten Pädagogik« (ebd., 18).

Neben den systemen der wissenschaft und der politik ist hingegen in den zusammenhang der veränderung von teilsystemen des bildungswesens auch das system der schule verflochten. Weiter ist zu beachten, daß jedenfalls die erziehungswissenschaft in verschiedenen funktionen erscheint: einmal in der funktion der planung, dann als kontrollinstanz sowie schließlich als hilfe beim versuchsaufbau (siehe dazu unten s. 143 ff.). – Damit haben wir die »empfehlung« selbst bereits verlassen.

## 7.1 die didaktische gesamtkonzeption als »methode«

Was lehrt das beispiel? Zunächst einmal, daß am anfang derartiger konzeptionen politische entscheidungen stehen:

»Das Modell ›Kollegstufe NW‹ ist angekündigt in der Regierungserklärung vom 28. Juli 1970.« (Kollegstufe NW 1972, 13) »Der Modellversuch Kollegstufe soll zeigen, ob und wie die (in der regierungserklärung erhobene, P. M.) Integrationsforderung sich verwirklichen läßt.« (ebd., vorwort) – »Der... Ministerpräsident des Landes Hessen... formulierte in seiner Regierungserklärung... die Aufgabe, die... organisatorische Umgestaltung des Schulwesens in Hessen, durch eine Neufassung der zehn Jahre alten Bildungspläne zu ergänzen« (Becker u. a. 1972, 20).

Das geplante und/oder realisierte system, der schulversuch, ist also als konsequenz bildungspolitischer entscheidungen zu verstehen. Diese aussage muß ein wenig präzisiert werden: Politische entscheidungen und bildungspolitische konzeptionen fallen nicht urplötzlich vom himmel. Hier sei zunächst an den im 3. kapitel skizzierten gedankengang erinnert: Entscheidungen auf der ebene der organisation des bildungswesens steuern nicht nur die praxis auf den darunterliegenden ebenen. Diese praxis, ihr mißlingen insbesondere, ist ein anlaß für die reform des bildungswesens. Im optimalen falle geschieht das auf dem wege über die mitbestimmung der beteiligten, häufig jedoch ohne diese im sinne von krisen-management. Mißlingen von praxis und krisen ihrerseits sind nicht unvermittelt. Sie müssen, was sogleich auszuführen ist, »vor dem Hintergrund objektiver Veränderungen der politisch-ökonomischen Struktur der BRD« interpretiert werden (Huisken 1972, 11).

Nimmt man jene entscheidungen zunächst einmal als solche, so rechtfertigen sie sich – gleich welche aktuellen anlässe und langfristigen interessen sich in ihnen auch durchsetzen mögen – prinzipiell im rückgriff auf uneingelöste politische versprechen der verfassung (z. b. gleichheit, freie berufswahl etc.) und der politischen tradition, die in ihr ihren ausdruck gefunden hat. Die *»bildungstheoretische«* fundierung eines schulsystems besteht dann darin, daß man sich ausdrücklich dieser tradition versichert, ihre pädagogische dimension akzentuiert (siehe oben s. 92) und sie auf die jeweiligen konkreten bedingungen von schule in der gesellschaft auslegt. »Auslegen« bedeutet dabei die definition von schul- oder teilsystemen über institutionelle und curriculare festlegungen. – Die verschiedenen gesichtspunkte können an verschiedenen begriffen festgemacht werden:

a) Die *bildungspolitische intentionalität* hat ihren niederschlag in der regel im begriff der *»bildung«* gefunden. Über das kriterium der »bildung« wurde in der BRD das schulsystem bis über die fünfziger jahre hinaus organisiert. Dabei konzentrierten sich die festlegungen immer stärker auf den curricularen bereich, nachdem sich das vertikal strukturierte schulwesen institutionell relativ stabilisiert hatte. Man kann zum beleg auf die lehrplantheorie Erich Wenigers und auf Wolfgang Klafkis ausführungen zum bildungsbegriff verweisen (Weniger 1952; Klafki 1963), denen entsprechende zu einer »theorie der schule« nicht zur seite standen. In einer veränderten politischen situation in der BRD wurde seit beginn der sechziger jahre der bildungsbegriff einer revision unterzogen. Georg Picht rief die »bildungs«katastrophe aus (Picht 1964), »bildungs«reserven wurden mobilisiert, »bildungs«planung und »bildungs«ökonomie nahmen sich der theoretischen durchklärung und politischen durchsetzung des prozesses von – wie es nunmehr heißt – »qualifikationserzeugung« an (Becker/Jungblut 1972). Bezeichnete »bildung« zunächst vornehmlich eine bestimmte verfaßtheit des individuums und ihre genese, so wurde sie nunmehr als komplex von funktionen interpretiert, die funktional auf den gesellschaftlichen reproduktionszusammenhang bezogen sind; das individuum erscheint mediatisiert als träger solcher funktionen. Freerk Huisken diagnostiziert einen »Wandel von der bildungstheoretisch zur bildungsökonomisch orientierten Didaktik« (Huisken 1972, 13; im original hervorgehoben, P. M.).

»Der traditionelle Bildungsbegriff bezog seine Legitimation und inhaltliche Bestimmung aus seinem Zusammenhang mit Problemen der Identitätsbildung bürgerlicher Individuen, während im Begriff der ›Qualifikation‹ Lernprozesse als Ausbildung für gesamtgesellschaftliche Verwendungssituationen verstanden werden« (Becker/Jungblut 1972, 205).

Dementsprechend trat auch wiederum die institutionelle auslegung stärker in den vordergrund. Es setzte eine phase von institutionellen innovationen im

»bildungs«wesen ein, die noch keineswegs abgeschlossen ist: förderstufe, hauptschule, ausbau der realschule, gesamtschule, reform der gymnasialen oberstufe usw.

Es wäre viel daran gelegen, daß der *zusammenhang* dieser wandlung *mit den veränderten* politischen und ökonomischen *bedingungen* detailliert analysiert würde. Ansätze dazu gibt es. Sie gehen durchweg aus von der einsicht in die notwendigkeit, »die gegebene Struktur des Ausbildungswesens, die Bildungspolitik, aber auch Bildungsforschung, Erziehungswissenschaft und Unterrichtstheorie im Zusammenhang mit der Rekonstruktion einer Politischen Ökonomie des Ausbildungswesens neu zu befragen« (Huisken 1972, 10 – siehe hierzu aber oben s. 96).

Allerdings: »Die Zusammenhänge zwischen neueren didaktischen Konzepten und der Bildungsökonomie vor dem Hintergrund objektiver Veränderungen der politisch-ökonomischen Struktur der BRD und daraus resultierenden neuen Anforderungen an das Ausbildungswesen aufzuhellen, bringt erhebliche Schwierigkeiten mit sich, die gerade aus der Tatsache resultieren, daß sich der kategoriale Bezugsrahmen und die methodischen Probleme einer Politischen Ökonomie des Ausbildungswesens erst in Umrissen abzuzeichnen beginnen.« (ebd., 11) Die arbeit von Huisken sowie die ganz ähnlich gelagerte von Egon Becker und Gerd Jungblut (1972) zeigen eindringlich, daß »die gegebene Struktur des ... Ausbildungswesens« befragt werden muß. Als ergebnis erscheint dementsprechend, »*daß* jenes Phänomen (sc. die »Knappheit der Ressourcen«, P. M.) ... in der Struktur der kapitalistischen, auf dem Wertgesetz beruhenden Wirtschaft und den aus dieser Struktur resultierenden Widersprüchen angelegt ist« (Huisken 1972, 335f.). Weiter werden fünf »bedingungsfaktoren« identifiziert, auf deren zusammenspiel die notorische ressourcenknappheit im bildungswesen zurückzuführen ist[6]. Da sich die autoren weitgehend auf »Kategorien, Strukturen und Erkenntnisinteressen bestimmter bürgerlicher Theorien« (Becker/Jungblut 1972, 261) stützen müssen, gelingt die »Rekonstruktion einer Politischen Ökonomie des Ausbildungswesens« nur um einen doppelten preis:

- Die »bürgerliche didaktik« wird als ein relativ homogener komplex betrachtet, der in einem prozeß der transformation in curriculum-revision und unterrichtstheorie begriffen ist. Dieser prozeß wird als »technologische wendung« bezeichnet und besteht in einer zunehmenden unterstellung unter das paradigma »zweckrationalen und erfolgskontrollierten Handelns« (Becker/Jungblut 1972, passim);
- »die Vermittlung der beschriebenen Veränderungsprozesse mit Realprozessen im Ausbildungsbereich sowie mit gesellschaftlichen und politischen Strukturveränderungen (blieb) notwendigerweise unzulänglich« (ebd., 261) – sehr zum schaden der überlegungen. Denn auf diese weise läuft ein solcher versuch gefahr, eine »Logik der Transformation von Gegenstand und Methode« der didaktik bereits im ansatz zu verfehlen, weil folgenlos nur behauptet wird, sie sei geeignet, »die *realen* Umwandlungen begreifbar zu machen, welche zur Zeit das Verhältnis von Sozialisations- und Produktionssphäre radikal zu verändern beginnen« (Becker/Jungblut 1972, 11; hervorhebung von mir, P. M.). Die materialistische kritik an bürgerlicher didaktik bleibt – idealistisch. Vor allem aber führt die nivellierung »der« didaktik dazu, daß versuche, das kritische potential ihrer tradition freizulegen, leichthin abgetan werden.

Jener von HUISKEN konstatierte wandel der didaktik mag zwar ein hervorstechendes merkmal ihrer entwicklung in der BRD sein. Er blieb jedoch nicht ohne kritik. Und diese kritik wurde wiederum im namen des bildungsbegriffs geführt:

Im anschluß an Theodor W. ADORNOS essay zur »Theorie der Halbbildung« (1962) waren es mit Klaus MOLLENHAUER (1968) eine ganze reihe von erziehungswissenschaftlern, die die kritische und das heißt gesellschaftskritische dimension dieses begriffes freilegten oder aber ganz auf ihn verzichteten und an seine stelle den der »emanzipation« setzten (so Wolfgang KLAFKI u. a. 1970; mit ihm z. b. die Hessische Kommission). Dies ist allerdings keine notwendige konsequenz: Sofern erziehungswissenschaft sich auf ideologiekritik einläßt »und die Voraussetzungen der eigenen Tradition dieser Kritik aussetzt, ... eröffnet sie sich die Möglichkeit, ein emanzipatorisches Interesse an der Erziehung als das erkenntnisleitende ihres wissenschaftlichen Vorgehens zu sichern« (BLANKERTZ 1970, 35). Von solcher kritischen rekonstruktion war bereits eingangs die rede (siehe oben s. 26f.). BLANKERTZ hat sie verschiedentlich durchgeführt (insbesondere BLANKERTZ 1969) und – wie im zusammenhang mit dem beispiel der »Kollegstufe NW« dargelegt – didaktisch konstruktiv gewendet.

b) Zur umschreibung der *inhaltlichen auslegung von »bildung«* diente der begriff des *»kanons«*. Dieser begriff der didaktischen tradition enthält ein moment, das verlorengeht, ersetzt man ihn durch »lerninhalte« oder »lernbereiche«: Er weist darauf hin, daß die inhalte schulischen lernens sich nach einem *prinzip* organisieren und nicht wahllos addiert werden. Der traditionelle fächerkanon entspricht genau dem traditionellen bildungsprinzip: Er ist ausgerichtet an »geistigen grundrichtungen« (WENIGER 1952). Über die kritik des bildungsbegriffs wird dann zugleich der fächerkanon kritisiert. Unser beispiel ist sicher einstweilen die radikalste kritik, wenngleich auch dort gleichsam »kanonische« lernbereiche vorgegeben werden. – Die tendenz zur verabschiedung des traditionellen fächerkanons läßt sich an der abfolge der einschlägigen länderabkommen bzw. beschlüsse der KMK ablesen (um die beiden fallstudien – pädagogikunterricht, Kollegstufe NW – näher zu erläutern, berichte ich etwas ausführlicher und beschränke mich dabei auf die oberstufe des gymnasiums):

Im »Abkommen zwischen den Ländern der Bundesrepublik zur Vereinheitlichung auf dem Gebiete des Schulwesens« von 1955 (»Düsseldorfer Abkommen«) werden die zulässigen schultypen genannt und durch die jeweilige sprachenfolge definiert. Ihm entspricht der sogenannte »Tutzinger Maturitätskatalog« von 1958, eine von KMK und WRK formulierte empfehlung, in der die hochschulreife formal und inhaltlich positiv umschrieben wird, als curriculares pendant. Die »Rahmenvereinbarungen zur Ordnung des Unterrichts auf der Oberstufe der Gymnasien« der KMK von 1960 (»Saarbrücker Rahmenvereinbarung«) »leitet die Gymnasialreform ein« (ULSHÖFER 1967, 96). Robert ULSHÖFER spricht von einem »Einbruch in den Fächerkanon« (ebd.). Der kanon von gleich»wertigen« unterrichtsfächern wird durch die unterscheidung von »kernpflichtfächern«, »wahlpflichtfächern« und »zusätzlichen Unterrichtsveranstaltungen« aufgelockert, der umfang der fächer wird dadurch beschränkt, daß einige vorzeitig abgeschlossen werden können. Die vereinbarung begründet das ausdrücklich mit didaktischen prinzipien: Die spezifische arbeitsweise der oberstufe bestehe in einer »vertiefung des unterrichts« einer »erziehung des schülers zu geistiger selbsttätigkeit und verantwortung«. Die sogenannten »Stuttgarter Empfehlungen« von 1961 führen die damit angedeutete didaktische konzeption weiter aus. In ihnen findet sich zum ersten mal als didaktische klammer das kriterium der »wissenschaftspropädeutik«. Das »Hamburger Abkommen« von 1964 (ausdrücklich als neufassung des abkommens von 1955 bezeichnet) zog die institutionelle konsequenz aus diesen veränderungen sowie aus der tatsache, daß trotz der geltung des Düsseldorfer Abkommens »in einzelnen Ländern der Bundesrepublik neue Typen entstanden sind« (HOLZAPFEL 1967, 142): Die zulässigen gymnasialtypen werden nicht mehr aufgezählt, differenzierungen werden also möglich, es bezieht zudem schulen ein, die zur fachgebundenen hochschulreife führen. Richtig hat ULSHÖFER vermutet, die unterscheidung zwischen allgemeiner und fachgebundener hochschulreife werde nur von begrenzter dauer sein (ULSHÖFER 1967, 99): Mit der endgültigen verabschiedung des Tutzinger Maturitätskatalogs durch die »Vereinbarung zur Neugestaltung der gymnasialen Oberstufe in der Sekundarstufe II« der KMK von 1972 wird sie überflüssig. Diese vereinbarung knüpft ausdrücklich an die notierten ansätze der »Saarbrücker Rahmenvereinbarung« und der »Stuttgarter Empfehlungen« an. Inzwischen hatte auch die WRK neuerdings »kriterien der hochschulreife« festgelegt (SCHEUERL 1969): Grundanforderungen in drei aufgabenfeldern (sprachlich-literarisch, mathematisch-naturwissenschaftlich und gesellschaftlich-geschichtlich); dazu wissenschaftspropädeutische vertiefung in schwerpunkten, »so daß in der allgemeinen Hochschulreife künftig individuell wählbare konstruktive Schwerpunkte mit einem Mindestmaß allgemein verbindlicher Orientierungen und Einsichten verbunden sind« (ebd., 28; im original zum teil hervorgehoben, P. M.). – Die tendenz ist augenfällig: Verabschiedung eines inhaltlichen kanons zugunsten eines individuellen curriculum, das nurmehr ein minimum an grundanforderungen enthält. Dies wird begründet aus der notwendigkeit wissenschaftlichen arbeitens und der gesellschaftlichen existenz des menschen (ebd.). Im zusammenhang mit dem pädagogikunterricht hatten wir gesehen, daß ein weiterer begründungszusammenhang dazukommt: die berufsmotivation und -propädeutik. Die in unserer fallstudie aufgewiesene integration von allgemeinbildenden und beruflichen ausbildungsgängen erweist sich also als konsequente ausführung dieser entwicklung.

c) Von *institutionellen auslegungen der* im bildungsbegriff gefaßten *intentionalität* war bereits die rede: Abschlüsse, sprachenfolge. Sie sind schwer in einem begriff zu fassen. Die *»differenzierung«* deckt eine reihe von entscheidenden strukturmerkmalen ab: Dem traditionellen fächerkanon entspricht die differenzierung nach jahrgangsklassen. Eine individualisierung der lerninhalte erfordert neigungskurse, eine effektivierung von lernprozessen wird von leistungskursen erwartet. Mit der art der differenzierung sind festgelegt

- fragen der sozialen integration;
- fragen der leistungsbeurteilung, sofern nämlich im kurssystem die klasse als bezugsnorm entfällt (siehe oben s. 68);

– die verlagerung der schülerberatung vom klassenlehrer auf einen experten;
– die möglichkeit einer prinzipiell flexiblen altersgrenze (nicht nur, wie beim »sitzenbleiben« als korrektiv), usw. (siehe dazu KLAFKI/RANG/RÖHRS 1970).

Zu ergänzen ist allerdings die *»schulverfassung«*, unter welchem begriff hier zunächst die soziale verfaßtheit von bildungsinstitutionen gemeint ist, also die »innere verfassung«. Die innere verfassung ist jedoch über ihre rechtliche verankerung im schulrecht mit den normen der gesellschaft – *der* verfassung – verknüpft. Sie verweist damit wiederum auf die politischen vorgaben zurück; was natürlich auch für die im zusammenhang mit der »differenzierung« in anspruch genommenen kriterien der individualisierung und effektivierung gilt (siehe dazu KELL 1973).

*abbildung 8:* modell zur konstitution des didaktischen gesamtsystems

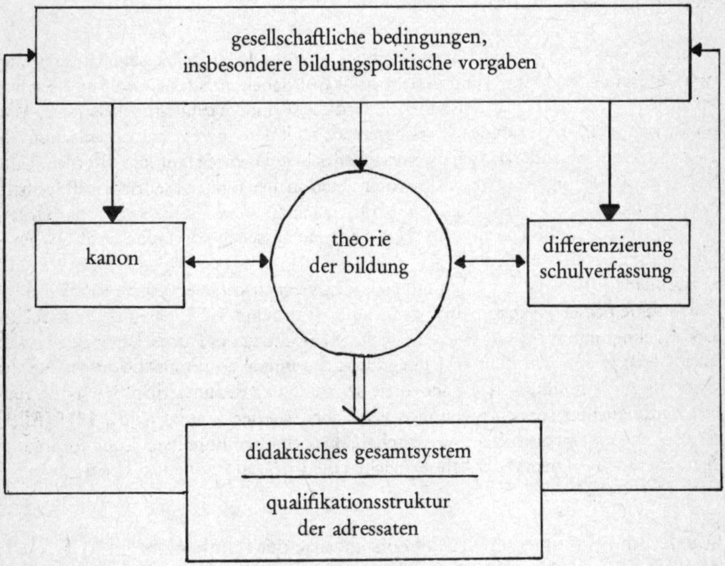


Damit ergeben sich nun die folgenden bestimmungen:

»Bildungspolitische vorgaben« sind politische entscheidungen und bezeichnen die klasse der gesellschaftlichen bedingungen, die die grobstruktur von innovationen im bildungswesen festlegen. Eine »theorie der bildung« hat ihnen gegenüber oder in ihrer konsequenz

die pädagogische intentionalität zu artikulieren. Das geschieht in
- curricularen auslegungen in einen inhalts»kanon« und
- institutionell über »differenzierung« und »schulverfassung«.

Solche festlegungen konstituieren ein bestimmtes »didaktisches gesamtsystem« (ein schul- bzw. teilsystem) einerseits, dem andererseits eine verfassung der adressaten entspricht, die als »qualifikationsstruktur« bezeichnet werde. In abbildung 8 wird dieser zusammenhang verdeutlicht.

## 7.2 empirie und kritik von didaktischen gesamtkonzeptionen

Im anschluß an dieses modell wäre nunmehr, ähnlich wie das im 4. kapitel für den unterricht geschehen ist, nach ansätzen für eine theorie der schule zu fragen. Es ist allerdings nicht meine absicht, hier eine solche extenso vorzustellen, ich deute nur an:

Wolfgang KRAMP (1970) gibt einen überblick über die bisherigen ansätze zu einer theorie der schule. Strukturierungsgesichtspunkt ist dabei der streng erfahrungswissenschaftliche »theorie«begriff. Als theorie in diesem sinne hat nicht viel bestand. Man müsse sich wohl, so resümiert er resignierend, »mit der Anwendung organisationssoziologischer und anderer sozialwissenschaftlicher Theorien auf die Probleme des Schulwesens begnügen« (ebd., 583) – sofern man an dem rigiden theoriebegriff festhält. Notwendig sei jedoch eine kritische theorie der schule, sie erst wäre eine spezifische erziehungswissenschaftliche theorie. Nur: Wie sie aussehen soll, »das weiß bis heute niemand zu sagen« (ebd., 584). –

Karlheinz FINGERLE hat einen umfassenden versuch vorgelegt, den grundbegrifflichen rahmen einer »systemtheorie der schule« (FINGERLE 1973, passim) abzustecken. Dabei gelingt ihm nicht nur eine erhebliche präzisierung des FENDschen modells. Vor allem weist er auf, daß über eine integration des interaktionismus die verengung der theoretischen bemühungen auf der ebene der steuerung des unterrichts nach dem muster verdinglichter sozialbeziehungen vermieden werden könnte (ebd., 181). Allerdings: »Die unterschiedlichen wissenschaftstheoretischen Prämissen konkurrierender Ansätze für eine Theorie der Schule machen die Integration zu einer Theorie unmöglich« (ebd., 182).

Wiederum bestätigt sich, daß es *eine* theorie der schule nicht gibt, vielmehr verschiedene modelle, in deren rahmen sich hypothesen formulieren, prüfen und zu theorien mittlerer reichweite zusammenfassen lassen. Die für unser konstruktionsparadigma wichtigsten hypothesen hätten das ergebnis bildungstheoretisch fundierter systemplanung zu betreffen: die empirische gestalt bestimmter schulsysteme und ihre wirksamkeit. Auch hier müssen einige hinweise genügen. – Ich möchte drei arten von arbeiten unterscheiden:

a) Auf vereinfachungen bildungsökonomischer ansätze sind *input-output-analysen* für bestimmte schulsysteme zurückzuführen. Selbständige arbeiten dazu gibt es kaum (z. b. HITPASS 1967); die meisten daten finden sich in studien zur bildungsplanung und bezeichnen dort die ansatzpunkte für planungen:

»Erster und zentraler Ansatzpunkt jeder Form der Bildungsplanung ist die differenzierte Analyse der einzelnen Stufen und Typen des Bildungs- und Ausbildungssystems für sich genommen und in ihrer Verbundenheit miteinander. Wieviel Schüler treten jährlich in das Bildungssystem ein, wie bewegen sie sich von Klasse zu Klasse, wie viele verlassen frühzeitig das Bildungssystem, und welche Zahl geht mit Erfolg ab? Wie groß ist schließlich die Zahl derjenigen, die von einem Schultyp oder einer Schulstufe zur anderen oder zur nächst höheren Stufe wechseln?...« (WIDMAIER u. a. 1966, 24; im original teilweise hervorgehoben, P. M.) WIDMAIER behauptet sodann: »Gleichrangig neben der ersten Voraussetzung steht die systematische Analyse der inhaltlich-qualitativen Aspekte von Bildung und Ausbildung« (ebd.; im original teilweise hervorgehoben), versteht darunter jedoch im wesentlichen »Organisation und Gestaltung des Unterrichts« (ebd.). Allerdings findet man nicht einmal darüber im folgenden auskunft. Differenziert werden die daten nach sozialstatistischen variablen, vornehmlich nach dem geschlecht.

In solchen arbeiten wird die qualifikationsstruktur auf das merkmal »erreichen eines abschlusses« reduziert und dann auf die unabhängige variable »art des abschlusses« des jeweiligen systems bezogen, wobei als weitere differenzierende variablen gegebenenfalls geschlecht, alter usw. berücksichtigt werden.

b) Differenzierter läßt sich der sachverhalt analysieren, wenn der *einfluß von »intervenierenden« variablen* angenommen und bestimmt wird. Hierher gehören die forschungen zu den schulischen selektionsmechanismen (POPITZ 1967), insbesondere zu den sogenannten »bildungsbarrieren«:

Die arbeit von Hansgert PEISERT über »Soziale Lage und Bildungschancen in Deutschland« (1967) gehört insofern zwar zum vorgenannten typus, als regionale lage sowie geschlechts-, konfessions- und schichtenzugehörigkeit als differenzierungen der input-seite des bildungswesens erscheinen. Im zusammenhang mit der geschlechtszugehörigkeit greift PEISERT dann jedoch untersuchungen von Hannelore GERSTEIN (1965) auf, um die sozialen mechanismen aufzudecken, die frauen vorzeitig von der hochschule abbringen (PEISERT 1967, 112). – Am weitesten sind derartige fragestellungen im hinblick auf den faktor »sprache« vorangetrieben. Die forschungen gehen auf Basil BERNSTEIN zurück (siehe z. B. BERNSTEIN 1970) und sind in der BRD von Peter Martin ROEDER (1968) und vor allem von Ulrich OEVERMANN aufgenommen worden. OEVERMANN interpretiert die ergebnisse seiner und anderer einschlägiger untersuchungen im rahmen einer »soziolinguistisch orientierten Theorie der kognitiven Entwicklung« (OEVERMANN 1970, 239). Sie geht aus von »typischen Formen der Sozialbeziehungen in der Familie, die in schichtenspezifische Subkulturen mit ihren tradierten Kommunikationsstilen eingebunden sind. Die Struktur der Kommunikation oder – mit Bernstein – die Formen der verbalen Planung sind unauflöslich mit der Struktur der außersprachlich beobachtbaren Sozialbeziehung verknüpft. Sie bilden einen bedeutsamen Bestandteil der Lernbedingungen für das Kind, indem sie implizit die Bedeutungszusammenhänge vermitteln, in denen es sich seine Umwelt zugänglich macht.« (ebd.) Daran schließt sich die frage nach den sozialen bedingungen »für den Grad der Ausnutzung« sprachimmanenter möglichkeiten des aufbaus von bedeutungszusammenhängen an (ebd.). Schließlich kann für den zusammenhang von sprache und kognition vermutet werden, daß der dauernde zwang »restringierter« sprachlicher artikulation auch zum abbau von differenzierten kognitionen führen wird.

Für unseren zusammenhang sind diese arbeiten deswegen wichtig, weil sie den schulerfolg nicht nur auf institutionelle merkmale von schulsystemen beziehen, sondern zugleich auf die inhalte: Sie ermöglichen die kritik an der traditionellen definition von schule als »sprachschule«. Dabei wird das kriterium der chancengleichheit in anspruch, d.h. ausdrücklich auf bildungstheoretische prämissen bezug genommen:

»Unser Interpretationsmodell diente... dazu, die bildungspolitischen Implikationen von erziehungssoziologischen und -psychologischen Forschungen herauszuarbeiten, denen sich unserer Meinung nach niemand entziehen kann, der am Prinzip der Chancengleichheit festhalten will« (ebd., 10).

Schließlich ist auf die auch schon für die BRD umfangreiche literatur zur »differenzierung« hinzuweisen, in der die institutionelle seite des systems differenziert untersucht und nicht ausschließlich auf das merkmal »abschluß« reduziert wird (z.b. Hurrelmann 1971).

c) Fast vergeblich hält man ausschau nach arbeiten, die die *inhalte des lehrplans* ausdrücklich thematisieren und nicht indirekt wie im falle der sprache. Am ehesten entsprechen die arbeiten von Wolfgang Lempert und Heinrich Ebel über den zusammenhang von »lehrzeitdauer, ausbildungssystem und ausbildungserfolg« sowie »berufsvorbereitung und berufliche autonomie« (Lempert/Ebel 1965; Lempert 1971 a, b) diesem typus:

Im jahre 1963 wurde bei 434 lehrabsolventen in westdeutschen betrieben und berufsfachschulen eine ausführliche erhebung über ausbildung und ausbildungserfolg durchgeführt. Die ergebnisse ermöglichen aussagen über
- die startqualitäten (vorbildung, eintrittsalter, eignungsauslese),
- die ausbildung (differenziert nach praktischer und theoretischer berufsausbildung sowie allgemeinbildung und erziehung),
- die lehrzeitdauer und
- den erfolg der ausbildung (prüfungsergebnisse, bewährung im beruf)

der ehemaligen lehrlinge (Lempert/Ebel 1965, 202).

Das bedeutet, daß hier der versuch gemacht wird, den komplexen zusammenhang von institutionellen und curricularen vorgaben und der von den adressaten erworbenen qualifikationsstruktur zu überprüfen. Nicht nur das: LEMPERT und EBEL beschränken sich nicht auf gewisse formale strukturelemente des ausbildungssystems, sondern nehmen auf dessen empirische gestalt bezug:

So diskutieren sie, auf welche norm der ausbildungserfolg bezogen werden könne. Zunächst sei an die »berufungsordnungsmittel« zu denken. Diese kann man – ähnlich wie stundentafeln und richtlinien – als definition des ausbildungssystems verstehen, dessen empirische gestalt jedoch von diesem bilde abweichen kann: Die berufsordnungsmittel gelten »zumindest teilweise als überholt, als erneuerungsbedürftig« und sollten allenfalls in verbindung mit expertenurteilen verwendet werden. Als norm wird dann jedoch die »Leistung einer durchschnittlichen vollgeübten Fachkraft« gewählt (ebd., 204).

Diese untersuchungen zeigen nun zugleich mögliche wege für eine *erfahrungswissenschaftlich vermittelte kritik an didaktischen gesamtkonzeptionen* auf. Sie dürfen dazu allerdings nicht nur so bescheiden gelesen werden, wie sie sich geben, eben als mehr oder wenig verfeinerte input-output-analysen. Das system, auf das sie sich beziehen, ist als auslegung bildungspolitischer intentionen zu interpretieren, und deswegen treffen sie also nicht allein die auslegung, sondern diese *als* auslegungen bestimmter intentionen. So könnte man in großzügiger vereinfachung skizzieren: Die sozio-linguistischen forschungen in zusammenhang mit den arbeiten zur schulischen selektion haben nicht nur dem dreigliedrigen schulwesen einen empfindlichen stoß versetzt; sie waren es vielmehr, die zu einer radikalen revision des bildungsbegriffs nötigten; die früheren attacken Theodor WILHELMS (1961) oder Paul HEIMANNS (1962) hatten das nicht vermocht. – Ebenso stellt LEMPERT seine analysen ausdrücklich in den zusammenhang einer kritik des ausbildungswesens und der seine gestaltung leitenden intentionen (LEMPERT/EBEL 1965, 296ff.).

Nun gilt auch für schulsysteme, was anläßlich der behandlung der »lehrmethoden« gezeigt wurde: Eine solche kritik kann nicht ausschließlich punktuell geführt werden, sie muß vielmehr *über eine sozialgeschichte der schule in der gesellschaft vermittelt* werden. Wie dort, so ist auch hier zu konstatieren, daß es zwar nicht an material fehlt, wohl aber an methoden und vorbildern für seine interpretation. In der regel beschränkten sich die untersuchungen auf konzepte und programme, selten beziehen sie die realität von schule ein.

Aufschlußreich ist hier die schon erwähnte arbeit über »Bildung im Zeitalter der großen Industrie« von Herwig BLANKERTZ. Und zwar deshalb, weil BLANKERTZ in einigen passagen – insbesondere bei der darstellung der »didaktischen konzeption der École Polytechnique« – konsequent den zusammenhang zwischen den leitenden intentionen und ihren auslegungen aufhellt. Dann wieder – so etwa, wo er von den »antagonismen im bildungswesen der bürgerlichen gesellschaft« handelt – konfrontiert er die institutionen mit aussagen über die soziale realität. Auf *diese* weise vermag er die entwicklung des bildungswesens als eine bewegung der kritik darzustellen, nicht – wie bei der »technokratischen extrapolation« jener didaktischen konzeption – allein als denkmöglichkeit (BLANKERTZ 1969).

Diese bewegung der kritik macht auf ein *dilemma* aufmerksam, von dem anläßlich der fallstudie bereits die rede war und das abschließend zumindest konstatiert werden soll: Solange sich die erziehungswissenschaft auf die nachgehende analyse derartiger bewegungen beschränkt, ergeben sich keine probleme. Wir hatten jedoch eingangs postuliert, daß sich ihr interesse, über analyse, über grundlagenforschung vermittelt, auf das gelingen von praxis zu richten habe (siehe oben s. 18).

Um ein beispiel zu geben: Erich WENIGERS engagement für eine »akademische lehrerausbildung« ist vermittelt über eine historische analyse des prozesses fortlaufender befreiung der lehrerausbildung aus kirchlich-obrigkeitsstaatlicher vormundschaft. Umgekehrt gesagt: die historischen analysen gewinnen ihren sinn aus dem interesse an einer »akademischen lehrerausbildung« (WENIGER 1964).

Auf der anderen seite sollen »zum ersten Mal in der Geschichte des Schulwesens... Innovationen wissenschaftlich bis ins einzelne geplant« werden (BLANKERTZ u. a. 1971, 8). Das heißt, daß der erziehungswissenschaft, vermittelt über bildungspolitische planungen, die durchsetzung gesellschaftlicher ansprüche an das bildungswesen zur aufgabe gemacht wird. So wie sie – nach dem selbstverständnis geisteswissenschaftlicher »pädagogik« – als »anwalt des kindes« und als anwalt des lehrers erschien, stellt sie sich nunmehr zugleich dar als anwalt bildungspolitisch artikulierter gesellschaftlicher interessen.

Die hessische revision der lehrpläne ist ein lehrstück nicht nur für »demokratisierung als ideologie« (BECKER u. a. 1972), sondern zugleich für die unfähigkeit der erziehungswissenschaft, das bezeichnete dilemma zu begreifen: Man hatte sich auf einen planungsauftrag eingelassen, der von vornherein »auf baldige verwertbare ergebnisse« angelegt war (und es deswegen ablehnt, dem ROBINSOHN-modell zu folgen, ebd., 20). Man glaubte dann, diesen auftrag unterlaufen und »die tradierten Strukturen der Schulhierarchie und des Lehrerbewußtseins durch Veränderungen der Institution einerseits und durch gruppendynamische Schulung der Lehrer andererseits« aufbrechen zu können (ebd.). Hinterher wurde kurzerhand die »kultusbürokratie«, die auf der auftragsgemäßen ausführung der arbeit bestand, für das scheitern des unternehmens verantwortlich gemacht.

Natürlich lehrt dies »lehrstück« noch mehr. Hier jedoch interessiert nur diese folgerung, die sich aus dem »rollenkonflikt« der erziehungswissenschaft ergibt: Will sie sich als kritische wissenschaft begreifen, dann genügt es nicht, die gesellschaftliche vermitteltheit ihrer grundbegriffe aufzudecken (WELLENDORF 1969, 97). Sie muß zugleich ihre gesellschaftliche funktion und ihr darin impliziertes erkenntnisinteresse reflektieren – eine folgerung, die sich an jeder stelle unseres gedankenganges ziehen läßt, die sich auf der ebene der analyse, planung und durchsetzung von didaktischen gesamtsystemen jedoch unabweislich aufdrängt. Einige überlegungen dazu sollen in einem eigenen abschnitt vorgetragen werden.

## 7.3 die erziehungswissenschaft und pädagogische innovationen

Der begriff »pädagogische innovation« ist ebenso gängig wie unklar. Ich habe zu seiner definition einen vorschlag gemacht und mich dabei systemtheoretischer begrifflichkeit bedient (MENCK 1973). Das braucht aber nicht referiert zu werden, weil es hier nur darum gehen soll, die rolle der erziehungswissenschaft gleichsam zwischen dem bildungswesen und den politischen instanzen zu ermitteln. Innovationen können kurz dadurch charakterisiert werden, daß in ihnen

- strukturen des bildungswesens als möglichkeiten neben anderen realisierbaren möglichkeiten problematisiert und
- mögliche alternativen hypothetisch formuliert und erprobt werden.

Die problematisierung betrifft die frage, wieweit bestimmte aufgaben tatsächlich gelöst werden, die zu lösen als der zweck des jeweiligen systems bezeichnet werden kann (hier also die schule, einzelne schulstufen, fächer usw.). So soll etwa die »gesamtschule« die »chancengleichheit« einlösen, der »pädagogikunterricht« für die wahl des lehrerberufs »motivieren« usw. In diesem zusammenhang tritt die erziehungswissenschaft in mindestens drei funktionen auf: Sie treibt »grundlagenforschung«, sie führt planungen durch – meist in auftragsarbeit – und sie kontrolliert die durchführung von innovationen.

1. *Grundlagenforschung:* Die meisten empirischen forschungen in der erziehungswissenschaft verlaufen nach dem muster, daß in einem bestimmten bereich (z. b. in einem lehrgang über den »kompressorkühlschrank«) vermutete zusammenhänge von zwei oder mehr variablen (unterrichtsmethode, intelligenzniveau, lernzuwachs; ROTH 1972) geprüft werden. Man setzt dabei voraus, daß die herkömmlichen institutionalisierungen des bereichs (klassenunterricht als frontalunterricht) nur eine möglichkeit unter anderen denkbaren, ja womöglich effektiveren ist. In diesem sinne konnte gesagt werden: »Die internationalen Forschungsergebnisse und die Untersuchungen über die Chancengleichheit und Begabungsreserven waren wichtige Argumente für die Einrichtung« von gesamtschulversuchen (PREUSS-LAUSITZ u. a. 1970, 35). Das ist so sicher überspitzt, soll aber auch nicht mehr besagen

als dies: Die ergebnisse erziehungswissenschaftlicher forschung lassen erkennen, daß mit der wahl bestimmter möglichkeiten andere (vorläufig) ausgeschlossen werden. Sie problematisiert diese auswahl und übt auf diese weise an der struktur des bildungswesens kritik. Die effektivität der kritik kann vermutlich erhöht werden, wenn derartige grundlagenforschung im rahmen der ausbildung des im bildungswesen tätigen personals, also der lehrerausbildung, stattfinden und organisiert werden kann (siehe oben s. 18).

2. *Planung:* Unter der vielzahl denkbarer möglichkeiten werden brauchbare, »bessere« ausgewählt und als modell im plan dargestellt. Ein beispiel findet sich in der fallstudie zur »Kollegstufe NW« (siehe oben s. 129ff.). Versuchsweise realisiert werden sie aufgrund politischer entscheidungen. – Hier ist nun auf einen für das selbstverständnis der erziehungswissenschaft in der BRD vorzüglich aufschlußreichen sachverhalt hinzuweisen: Nachdem der geisteswissenschaftlichen pädagogik lange genug ihre politische abstinenz vorgeworfen worden war – man denke an die kritik des bildungsbegriffs –, ließ sich der versuch einer koalition mit dem »politischen« system beobachten (»system« im sinne der systemtheorie). Unter aufnahme geisteswissenschaftlicher ansätze (konsenstheorie) wurde versucht, durch eine kooperation mit politischen instanzen bestimmte modelle zu »stabilisieren«. Das eindrucksvollste beispiel hierfür ist die curriculumrevision in Hessen (siehe z. b. Becker u. a. 1972). Das projekt ist gescheitert. Das demonstriert ziemlich drastisch, daß die erziehungswissenschaft keine politisch legitimierte macht hat. Sie kann allenfalls gelegentlich mit politischen instanzen koalieren und versuchen, auf diese weise modelle durchzusetzen. – Das gesteigerte interesse an »action research« (siehe oben s. 15) muß wohl auch als systematische antwort auf die erfahrung verstanden werden, daß derartige versuche mit einem zu großen risiko belastet sind. Dieses risiko zwingt die erziehungswissenschaft, neue wege zu suchen. Man vergewissert sich ihrer spezifischen möglichkeiten, indem man eine durchsetzung von alternativen zum bestehenden auf dem wege über eine direkte einwirkung auf die praxis von unterricht und erziehung zu erreichen sucht. Die denkkategorien dafür sind nicht nur, ja eigentlich am wenigsten von der empirischen forschung (»action research«), sondern vielmehr von der geisteswissenschaftlichen pädagogik vorgegeben. Sie hatte diesen wirkungszusammenhang unter dem titel des »theorie-praxis-verhältnisses« thematisiert (siehe oben s. 11). Die hoffnung ist, man könne einigermaßen weitreichende innovationen durchsetzen, ohne daß es dazu der unterstützung durch politisch legitimierte instanzen bedürfe. Aber so eindrucksvoll diese strategie ist, so wichtig auch ihre erprobung: Zu den allemal erhofften »systemveränderungen« (»system« im sinne einer bestimmten geschichtlichen struktur des bildungswesens) kommt es nicht in diskursen und durch einen konsens über – gewiß: neue – allgemeinste oder konkrete ziele, sondern nur auf dem wege über politische entscheidungen.

3. *Kontrolle:* Innovationen versprechen, einige probleme des bildungswesens besser zu lösen als bisherige institutionalisierungen, nicht jedoch auf einen schlag alle probleme. Das macht eine überprüfung erforderlich, ob die innovationsziele tatsächlich eingelöst werden oder nicht, also eine »evaluation« von innovationen. Im bildungswesen wird – wenn überhaupt – die erziehungswissenschaft mit der »wissenschaftlichen begleitung« von innovationen beauftragt. An einer bestimmung dessen, was »wissenschaftliche begleitung« sei oder sein könnte, fehlt es einstweilen. Dennoch lassen sich die aufgaben so benennen, daß licht auf die rolle der erziehungswissenschaft fällt. – In erster Linie denkt man an die vergleichende kontrolle als ergebniskontrolle. Implizit ist die meinung, bei der kontrolle müsse man von vorgegebenen zielsetzungen ausgehen und abweichungen davon ausmerzen. Nun sind diese ziele jedoch gerade der gegenstand des versuchs und insofern so problematisch wie die ergebnisse. Deswegen muß man genauer sagen: Es ist zu prüfen, ob die jeweils gewählten maßnahmen (inhaltlicher und technischer art – in unserer terminologie) tatsächlich die angestrebten ziele besser einlösen als jene, die als ungeeignet erkannt worden waren. Insofern richtet sich die kontrolle zugleich auf die ziele des versuchs. – Modelle sind in der regel nicht so detailliert ausgeführt, daß sie – einmal versuchsweise in die praxis umgesetzt – alsbald funktionierten. Es bedarf deswegen einer »Hilfe bei Versuchsaufbau« (Kollegstufe NW 1972, 116). So war die richtlinienbegleituntersuchung zum pädagogikunterricht konzipiert worden (siehe oben s. 116), eine solche hilfe sieht das kollegstufen-modell ausdrücklich vor (Kollegstufe NW 1972, 116). Nur soweit, wie die erziehungswissenschaft an dieser hilfe beteiligt ist, trägt sie zur realisierung von innovationen bei. Dabei können sich allerdings konflikte ergeben. Die initiative zu pädagogischen innovationen geht nur in seltenen fällen unmittelbar vom sogenannten »zielsystem« aus (das war z. b. beim »Buxtehuder Modell« so), in der regel jedoch und vor allem bei größeren und aufwendigen versuchen von politischen instanzen. Dann sieht sich die kontrollierende erziehungswissenschaft einer doppelten loyalitätsforderung gegenüber: Der Auftraggeber erwartet, daß der versuch seinen intentionen entsprechend durchgeführt wird; der »praxis« gegenüber, insbesondere den lehrern, ist sie im sinne der eingangs bemerkten verpflichtung auf das gelingen von unterricht verbunden (siehe oben s. 18). Die geisteswissenschaftliche pädagogik hatte in dieser frage eindeutig zugunsten der praxis von erziehung und unterricht stellung bezogen. Sie konnte das allerdings nur um den preis einer fehleinschätzung des »staates«, des politischen systems, als »ehrlicher makler« und um den preis einer preisgabe der »wissenschaftlichen objektivität« zugunsten der »befangenheit an die sache«, an die praxis. »Basiskonzepte« modifizieren diese tradition allenfalls in dem sinne, daß man versucht, stärker dem gesichtspunkt der »wissenschaftlichen objektivität« rechnung zu tragen.

Gegenüber einer maßlosen überschätzung der möglichkeiten von erziehungswissenschaft im zusammenhang pädagogischer innovationen (so etwa Robinsohn 1967) ist also auf den gesellschaftlichen kontext aufmerksam zu machen, in dem erziehungswissenschaftliche forschungs- und entwicklungspraxis steht. Das heißt zunächst, daß das denkmodell einer auseinandersetzung bzw. kooperation von »wissenschaft« (»theorie«) und »schule« (»praxis«) um ein weiteres system zu ergänzen ist, das »politische system« (»verwaltung«). Erich Weniger (1952) hatte es als den »staat« in seine lehrplantheorie aufgenommen. – Eine beschreibung sodann der konkreten probleme dürfte mit begriffen organisationssoziologischer oder systemtheoretischer provenienz bald ans ende kommen. Sie könnte wohl erst im rahmen einer »theorie der gesellschaft« angegangen werden. Deren ausführung in einer für erziehungswissenschaftliche und didaktische forschung hinreichenden genauigkeit muß einstweilen jedoch als desiderat notiert werden.

# 8. schluß. überlegungen zu »steuerung« und »kommunikation«

Zum zwecke der darstellung »der« didaktik wurden »bezugsebenen didaktischer reflexion« analytisch unterschieden; nicht immer und im einzelnen zwingend, wohl aber von nutzen für die genauere beschreibung bestimmter didaktischer konstruktionsaufgaben und der entsprechenden informationen, instrumente und verfahren ihrer lösung. Zum schluß sollen einige offene probleme dieser lösungen angesprochen, insbesondere gesichtspunkte zum zusammenhang der ebenen nachgetragen werden.

1. *Das problem der kompetenz.* Jede der behandelten ebenen wurde durch bestimmte didaktische konstruktionsaufgaben definiert. Gemäß dem zugrundeliegenden konstruktionsparadigma war demnach ein konstruktions-(konstitutions-)*prozeß* zu beschreiben, in dem die konstrukteure sich einer bestimmten *»methode«* bedienen, genauer: »methode« haben. Über diese methode wurde ausführlich gehandelt. Der konstruktionsprozeß als eine soziale interaktion von »beteiligten« ist allerdings noch nicht hinreichend durch die klasse von spielregeln beschrieben, die in der »methode« erfaßt sind. Das wäre nur dann der fall, wenn subjekt didaktischer konstruktionen ausschließlich die erziehungswissenschaft wäre. Wir haben gesehen, daß einige modelle in diese richtung tendieren (z. b. ROBINSOHN, siehe oben s. 123). Wir haben weiter gesehen – bei der rolle des schülers im unterrichtsprozeß und im zusammenhang der kritik von »basiskonzepten« – daß solche kooperation probleme aufwirft, die durch simple postulate wie »prinzipielle symmetrie« (siehe s. 75) oder »vorbehaltlose kooperation« (siehe s. 127) nicht zu lösen sind. Einen analytischen rahmen, diese probleme zu formulieren, könnte man nun von der *theorie »menschlicher kommunikation«* erwarten:

In einer arbeit, die für die analyse von unterricht bislang noch keineswegs in dem maße fruchtbar gemacht wurde, das denkbar ist (PRIESEMANN 1971 bezieht sich ausdrücklich auf sie; SCHÄFER/SCHALLER 1971 versuchen, sie in ihr modell einer kritischen erziehungswissenschaft einzubauen) – in der arbeit über »Menschliche Kommunikation« formulieren Paul WATZLAWICK, Janet H. BEAVIN und Don D. JACKSON (1969) hypothetisch axiome »der Pragmatik der menschlichen Kommunikation« (ebd., 50). Für unseren zusammenhang interessiert nicht der gesamte kalkül, sondern vor allem das letzte axiom: »Zwischenmenschliche Kommunikationsabläufe sind entweder symmetrisch oder komplementär, je nachdem, ob die Beziehung zwischen den Partnern auf Gleichheit oder Unterschiedlichkeit beruht.« (ebd., 70) Unter den beispielen für komplementäre beziehungen führen die autoren die von lehrer und schüler an; derartige beziehungen »beruhen auf gesellschaftlichen oder kulturellen Kontexten ..., oder sie können die idiosynkratische Beziehungsform einer ganz bestimmten Dyas sein« (ebd., 69 f.).

Diese unterscheidung erlaubt zunächst festzuhalten, daß die *interaktionsprozesse* auf allen ebenen als *komplexe beziehungen* zu beschreiben sind: Dank der gesellschaftlich bedingten rollenzuweisung lehrt der lehrer und lernt der schüler; dank der politischen machtstruktur setzt die exekutive (schulverwaltung) kommissionen ein und lehrpläne in kraft etc. Man könnte nun weiter daran denken, das postulat prinzipieller symmetrie, das aus bildungstheoretischer rekonstruktion seine legitimation zieht, im sinne dieses axioms auszulegen:

So etwas scheint Karl-Hermann SCHÄFER (SCHÄFER/SCHALLER 1971) im sinn zu haben: »Die regressiv (sc. abnehmend, P. M.) komplementäre Interaktionsform erweist sich als eine vorläufige Umschreibung des emanzipatorischen Interaktionsprozesses, in dem unnötige Herrschaftsstrukturen, Zwänge und Eingrenzungen sukzessiv abgebaut werden.« (ebd., 149) Die weitere ausführung dürfte aber vermutlich nicht weiterkommen als SCHÄFER, der seine zuflucht zu irreduziblen größen wie »achtung« und »takt« nehmen muß und bei tautologien wie dieser endet: »Nur ein tatsächlich qualifizierter Klassengruppenleiter wird in der Lage sein, den Emanzipationsprozeß angemessen zu fördern.« (ebd., 152) – SCHÄFER macht den fehler vieler engagierter pädagogen: Er legt deskriptive kategorien (»symmetrische kommunikation«) unmittelbar um in handlungsmaximen (»regressiv-komplementäre interaktionsform«). Sinnvoll wäre es gewesen, das emanzipationspostulat empirisch zu vermitteln unter anwendung des kalküls menschlicher kommunikation von WATZLAWICK u. a. Das ist etwas völlig anderes.

Es zeigt sich, daß die überlegungen noch weiter differenziert werden müssen: Wie wirkt sich der *gesellschaftliche kontext* näherhin auf die *definition des jeweiligen kommunikationsgefüges* aus? Nach dem zweiten axiom hat jede kommunikation »einen Inhalts- und einen Beziehungsaspekt« (WATZLAWICK u. a. 1969, 56). Im gegensatz zu WATZLAWICK u. a. (und SCHÄFER/SCHALLER 1971, 136 f.) liegt unser interesse auf dem inhaltsaspekt: Der spezifische inhalt eines kommunikationszusammenhanges ist wiederum gesellschaftlich vermittelt. Deswegen konstituiert er eine jeweils bestimmte beziehung der partner (so auch WATZLAWICK u. a. 1971, 56 anm.) auf dem wege über die beziehung zum inhalt und dem in ihm aufgehobenen gesellschaftlichen kontext. Das hieße zunächst einmal, daß je nach dem inhaltsaspekt verschiedene schichten von komplementarität unterschieden werden können. Der lehrer *lehrt* bestimmte sachverhalte, von den schülern *lernt* er z. b. eine revision seiner techniken. Vor allem hieße das aber, daß die rollenfixierungen, die komplementäre beziehungen definieren, auf dem wege über die inhalte der kommunikation aufgelöst werden könnten. In diesem sinne war in der arbeit von der »reflexivität« von inhalten die rede (siehe oben s. 96).

Im sinne der arbeit können diese überlegungen in das *problem der »kompetenz« der beteiligten* umformuliert werden. Nicht mehr stellt es sich jetzt dar als die frage, ob die beteiligten hinreichend qualifiziert sind, z. b. die lehrplanentscheidungen zu treffen (FLECHSIG 1971). Die frage ist vielmehr, welches die spezifische kompetenz der jeweiligen kommunikationspartner ist – seien es einzelne, seien es gruppen. Die *rolle* als kommunikationspartner ist gleichsam heteronom definiert: »schüler«, »mitglied einer interessengruppe«. Insofern ist die kommunikation komplementär. Hinsichtlich der *kompetenz* besteht jedoch prinzipiell symmetrie, insofern jeder partner eine, wenn auch je verschiedene, kompetenz besitzt bzw. in einem lernprozeß erwirbt (siehe oben s. 127). Die überlegungen zur konstruktion von lehrplan und unterricht hätten sich also weniger auf die herstellung einer formalen symmetrie der kommunikation zu richten. Zunächst wäre daran gelegen, die je spezifische kompetenz der beteiligten zu analysieren, zu verbessern (organisation der konstruktionsprozesse als lernprozesse) und angemessen ins »spiel« zu bringen.

2. *Das problem der steuerung von unterricht.* Über den begriff der »kompetenz« ist der zusammenhang hergestellt zu dem problem, wie die hier zum zwecke der analyse voneinander geschiedenen ebenen zusammenhängen. In der arbeit war der zusammenhang zunächst nur über die begriffe der »entscheidung« bzw. »aufgabenstellung« und der »vorgabe« gefaßt: Entscheidungen auf höheren ebenen gehen als vorgaben in die darunterliegenden zu treffenden entscheidungen ein, sind zu befolgen. Das soziale pendant sind hierarchisch verfaßte entscheidungsgremien, deren jeweils obere den bereich der »kompetenz«, d.h. der entscheidungsbefugnis, der niederen definieren. Im abschluß an systemtheoretische analysen kann dieser zusammenhang als »steuerung« sozialer interaktion über »programme« begriffen werden.

Gösta Thoma hat in einer gründlichen analyse unterrichtsmethode (und curriculum) unter dem »Aspekt der Unterrichtssteuerung und -organisation« (Thoma 1972, 195) akzentuiert. Er deutet im übrigen an – was Fingerle bestätigt (1973) –, daß auf diesem wege der zusammenhang der didaktik mit der von Bernfeld geforderten »instituetik« (siehe oben s. 36) hergestellt werden könne.

Steuerung über programme intendiert die strukturierung von sozialen situationen, hier also unterricht (Thoma 1972, 204 ff.). Aber:

»Das Gelingen von Situationen auch in dem eingeschränkten Sinn des Funktionierens erfordert offenbar mehr und anderes als das, was in Programmen vorgezeichnet ist. Programme sind Ausfluß und Vehikel formaler Organisation und können soziale Situationen nur insoweit vorstrukturieren« (ebd., 202).

Die frage ist, wodurch die situation im übrigen strukturiert bzw. konstituiert wird. Thoma formuliert sie als die frage nach der »Freiheit von Unterrichtssituationen bzw. der in ihnen Handelnden gegenüber Programmen« (ebd., 206). Mit Peter Fürstenau spricht er etwas zu geringschätzig von der »je faktischen Restfreiheit«, die durch das konstituiert werde, »was staatliche

Vorschriften und Verfügungen, Weisungen des Schulleiters und Beschlüsse des Kollegiums jeweils noch ungeregelt gelassen haben« (FÜRSTENAU 1969b, 15). Dazu kommen als weitere festlegungen »inoffizielle« programme (THOMA 1972, 207). Aber nicht dies interessiert hier, sondern das problem, wie sich der *raum der jeweiligen restfreiheit* bestimmen läßt. *Der begriffliche rahmen,* in dem es exponiert werden könnte, wurde oben bereits angedeutet, als von der »rolle« als kommunikationspartner die rede war. FÜRSTENAU und THOMA denken offensichtlich in kategorien eines »konventionellen« rollenkonzepts (siehe dazu z. b. KRAPPMANN 1971, 28ff.), das durch eine rigide definition von rollennormen charakterisiert ist und – wie angedeutet – einer hierarchischen struktur des sozialen systems entspricht. Diesem modell stellt Lothar KRAPPMANN ein *»interaktionistisches rollenmodell«* gegenüber, das geeignet erscheint, den in frage stehenden »spielraum« begrifflich zu erfassen. Die für unseren zusammenhang wichtigsten annahmen dieses modells sind dabei, daß

- »Rollennormen nicht rigide definiert sind, sondern einen gewissen Spielraum für subjektive Interpretation durch die Rollenpartner lassen«;
- »die individuellen Bedürfnispositionen den institutionalisierten Wertvorstellungen nicht voll entsprechen«;
- solche institutionen als stabil zu betrachten sind, »die ihren Mitgliedern ermöglichen, im Rahmen des Interpretationsspielraums, den die vorgegebenen Normen lassen, eigene Bedürfnisse in der Interaktion zu befriedigen« (KRAPPMANN 1971, 30).

Der entscheidende gesichtspunkt ist hier der, daß die *eigenen bedürfnisse der mitglieder* einer institution im konzept berücksichtigt werden. KRAPPMANN bedient sich dieses modells, um den begriff der »ich-identität« diskutieren zu können (ebd., 30ff.). Ganz offensichtlich eignet es sich auch für eine klärung unserer frage, wodurch eine unterrichtssituation über die steuernden vorgaben hinaus konstituiert wird bzw. was der unterrichtssituation gegenüber divergierenden erwartungen eine gewisse stabilität verleiht. Von bedeutung ist dabei der begriff der »bedürfnisse«: Als »interessen« der »beteiligten« waren sie uns sowohl in der unterrichtssituation (siehe oben s. 40), als auch im prozeß der lehrplanentwicklung (siehe oben s. 124f.) begegnet. Die interessen sind bestimmt durch die bedingungen der gesellschaftlichen existenz (siehe oben s. 25). Sie artikulieren sich in der konstitution von sozialen situationen – wie für den fall des unterrichts ausführlich erörtert (siehe oben s. 75f.). Damit läßt sich der *freiheitsspielraum* nunmehr positiv bestimmen: *konstitutiv sind die interessen der teilnehmer an der sozialen situation,* z. b. unterricht.

Das in unserem didaktischen gesamtrahmen eingebrachte – wenn auch modifizierte – rollenmodell darf nicht darüber hinwegtäuschen, daß sich die interessen nicht säuberlich in vorgabenkonforme und restbedürfnisse scheiden lassen, solche, die im einklang mit den situationsübergreifenden vorgaben stehen, und solche, die den freiheitsspielraum ausfüllen. Schulkonflikte, insbesondere wiederum das scheitern der hessischen curriculumrevision, lehren uns, daß es zu interessenkonflikten kommt, die eine revision der steuernden vorgaben erfordern. So ein revisionsverfahren kann seinerseits institutionalisiert sein: THOMA verweist auf einen »organisationstheoretisch eingeschränkten Partizipationsbegriff« (THOMA 1972, 207), also eine art rückkoppelung von der unteren ebene auf die obere.

Zum beispiel könnte man auf die berichtspflicht von versuchsschulen verweisen: »Es wird dabei das bleibende Verdienst der Schulversuche dieser 1. Versuchsphase sein, daß sie für die Neugestaltung der gymnasialen Oberstufe die schulpraktisch erprobten Planungsvoraussetzungen geschaffen haben« (Rderl. KM von NRW vom 19.4.1972).

Um es wieder mit dem begriff der kompetenz zu formulieren: Eine derartige rückmeldung liegt im bereich der zugewiesenen kompetenz. Dagegen überschreitet sie eine kritik, die statt zugestandener partizipation mitbestimmung oder gar selbstbestimmung verlangt (KAISER/MENCK erinnern an die differenz von »schülermitverwaltung« und »schülermitbestimmung«, 1972, 152). Eine derartige kritik ist zwar über die fachkompetenz vermittelt; die hierin entbundene rationalität sprengt aber gleichsam den ihr politisch gesetzten rahmen – und sie ist deswegen politische kritik.

Wiederum illustriert das hessische lehrstück den sachverhalt: Die autoren, die durchaus politische kritik im sinne hatten (sie wollten strukturen »aufbrechen«, BECKER u. a. 1972, 20), weinen krokodilstränen, da dieser kritik eine politische antwort zuteil wird; und das nicht deswegen, weil die antwort falsch ist, sondern weil sie politisch ist und auf die »sachnotwendigkeiten« (gesamtrevision, basiskonzept) keine rücksicht nimmt.

Hilbert L. MEYER hat einen rat bei der hand:

Auch er notiert »einen großen Ermessensspielraum bei der Interpretation gesellschaftlicher Forderungen an die Schule« (MEYER 1972, 238). Falls es notwendig erscheine, könne man ihn so nutzen: »für progressiv erachtete Curriculumkonzeptionen (können) – im Sinne einer *Partisanenstrategie* – durch gemäßigte bildungspolitische Prämissen in ihrem Charakter verschleiert werden« (ebd.) Er formuliert zur warnung zugleich auch die strategie der gegner: »als konservativ zu klassifizierende Curriculumelemente können mit neuer Rhetorik versehen und so absichtsvoll oder ungewollt tradiert werden« (ebd.).

Ob die auseinandersetzung um mitbestimmung im bereich didaktischer entscheidungen durch eine schlitzohrige partisanenstrategie umgangen werden kann, das ist ziemlich fraglich. Aber MEYER argumentiert nicht erziehungswissenschaftlich, er argumentiert politisch-strategisch. Der erziehungswissenschaftler wird nicht mehr sagen können als dieses: In den ausführungen zu den einzelnen bezugsebenen didaktischer reflexion wurden modelle diskutiert, mit deren hilfe sich vorhandene spielräume für didaktische entscheidungen in konstruktiver absicht vermessen lassen. Dieselben modelle taugen ebenso zur *beschreibung und kritik von in der praxis verweigerter mitbestimmung.*

3. *Das problem der kommunikation.* Führen diese überlegungen an die grenze der didaktik, so sollen die folgenden wieder in ihr zentrum zurückgehen und auf eine lücke dieser arbeit nachdrücklich aufmerksam machen:

Die aktualisierung je spezifischer kompetenz, auch die politische kritik, die über diese kompetenz vermittelt ist, setzen einen rahmen der verständigung voraus. ROBINSOHN spricht im sinne der geisteswissenschaftlichen tradition von einem »konsens«:

Die kriterien zur ermittlung der bildungsinhalte sind »bezogen auf die Bedingungen personaler und gesellschaftlicher Existenz, über die selbst Konsens vorgegeben sein muß. Die Annahme, daß darüber ein Konsens innerhalb der bestehenden Gesellschaft nicht zu erreichen ist, scheint mir nicht gerechtfertigt. In der praxis beruht die Institution eines nationalen Erziehungswesens auf der Voraussetzung einer solchen gemeinsamen Basis« (ROBINSOHN 1967, 47).

Ich hatte im zusammenhang mit der diskussion des »didaktischen strukturgitters« von der »pädagogischen intentionalität« gesprochen, darauf hingewiesen, daß ihre substanz greifbar werde über eine historische auslegung (5.1.3; 7.2); im zusammenhang mit den programmen der lehrplanrevision (6.3) wurde der prozeß der konsensbildung angesprochen. Auf diesem inhaltlich bestimmten hintergrund nehme ich den begriff der »kommunikation« noch einmal auf. Will man die »pädagogische intentionalität« begrifflich näher präzisieren, so dürfte die bestimmung brauchbar sein, die Niklas LUHMANN eingeführt hat:

»*Kommunikation* ist keineswegs, wie man im Alltagsverständnis und oft auch bei unbedachter wissenschaftlicher Verwendung des Begriffs zunächst meint, ein Vorgang der ›Übertragung‹ von Sinn bzw. Information; sie ist gemeinsame Aktualisierung von Sinn, die mindestens einen der Teilnehmer informiert... Als Identisches fungiert in der Kommunikation... nicht eine übertragene, sondern eine gemeinsam zugrunde gelegte Sinnstruktur« (LUHMANN, 1971, 42 f.). LUHMANN bemerkt zugleich, daß »diese Sinngrundlage selbst historisch ist« (ebd.).

Das hat konsequenzen für die didaktik. Kommunikation als »aktualisierung von sinn« ist also auch dann keine einweg-mitteilung von daten, wenn sie für einige beteiligte »informativ« ist. Ich übersetze das so, daß der *prozeß der konsensherstellung oder -ermittlung ein prozeß der vergewisserung über die intentionen* ist, die die didaktische konstruktion leiten. Wenn das aber so ist, dann folgt zwingend, daß die didaktische konstruktion in der form einer kooperation der beteiligten stattfindet – wenn anders die »betroffenen« den sinnzusammenhang jeweils zu aktualisieren in der lage sein sollen, der in den ergebnissen der konstruktion aufgehoben ist. Daß diese überlegungen keine begriffsspielereien sind, zeigen erfahrungen, die im rahmen bestimmter curriculumprojekte gemacht wurden:

Im Centre of Applied Research in Education, University of East Anglia, Norwich, war ein projekt entwickelt worden, dessen leitfrage sich so formulieren läßt: »How is a democracy in its schools to handle controversial issues« (MacDONALD o. J., 1). Der vorversuch ergab: »The immediate impact of the project was on the whole alarming. There was enormous confusion and misunderstanding, leading to a general failure on the part of the schools to respond appropriately to the specifications of the central team.« (ebd., 7) MacDONALD führt das darauf zurück: »The goals and purposes of the programme developers are not necessarily shared by its users« (ebd., 11).

Leider fehlt es an derart differenzierten analysen im zusammenhang mit entsprechenden projekten in der BRD. Aus diesen erfahrungen ist eine doppelte konsequenz zu ziehen:

Für die curriculumkonstrukteure (6.3) ergibt sich, daß es nicht genügt, größte sorgfalt auf die ausarbeitung eines lückenlosen lernzielgefüges für den unterricht zu wenden. Es scheint, als seien aus der curriculumforschung nur die begriffe »lernziel«, »operationalisierung« und allenfalls »emanzipation« in eine pädagogische öffentlichkeit gedrungen (siehe z. b. Bildungsreform als Lehrplanrevision 1971). Demgegenüber

»gilt es, eine divergierende Auffassung von der Funktion pädagogischer Ziele zu entwickeln, nach der es bei der Formulierung von Zielvorstellungen in einigen curricularen Bereichen nicht die Aufgabe sein kann, das Endverhalten des Schülers zu determinieren, sondern nach der mit Hilfe von Zielvorstellungen nur die Richtung pädagogischen Planens und Handelns bestimmt werden soll« (WULF 1972, 42).

Die zielvorstellungen sollten »eher den Charakter von Hypothesen haben, deren Angemessenheit für eine bestimmte Adressatengruppe durch die Ergebnisse der unterrichtlichen Auseinandersetzung mit den Curriculuminhalten zu verifizieren ist« und dann auch widerlegt werden kann (ebd. 44; ganz ähnlich auch GIEL/HILLER 1970). – Diese überlegung wirft ein neues licht auf die hier vorgenommene abgrenzung der ebenen didaktischer entscheidungen: Diese abgrenzung bestimmt gleichsam von der anderen seite her positiv die »freiheit« von unterrichts- bzw. entsprechenden situationen, indem sie den bereich möglicher vorgaben einschränkt. Natürlich müßten diese überlegungen empirisch belegt und dann in die darstellung eingebracht werden; leider gibt es keine empirischen belege.

Die umformulierung von »kommunikation« hat eine weitere konsequenz: »Sinn« ist ein residuum für irrationalität, wenn er nicht an bestimmten institutionen festgemacht ist. In der arbeit wurde von institutionen nur insofern gehandelt, als sich in ihnen »sinn« auslegt: unterricht, fächer, schulsysteme.

Die lehrerausbildung wurde als einzige institution diskutiert, deren aufgabe unter anderem so etwas wie *sinnvergewisserung* ist. Nach deren ende greift in der praxis leider hoffnungslose individualisierung platz. Demgegenüber ist zu vermuten, daß eine notwendige voraussetzung für die realisierung von selbst- und mitbestimmung die *organisierte interessenartikulation* ist – nichts anderes heißt nämlich »sinnvergewisserung« unter den bedingungen der institution schule. Um das kompetenz-problem aufzugreifen: Eine von der didaktik vermittelte einsicht in die prinzipielle symmetrie hinsichtlich der kompetenz (siehe oben s. 148) reicht kaum hin, diese in der praxis auch zu realisieren. Es wird erforderlich sein, das interesse an verbesserung der kompetenz organisatorisch durchzusetzen. Ein beispiel ist die lehrerfortbildung, die vermutlich nicht nur von den von uns befragten pädagogiklehrern als unzureichend empfunden wird. Ist hier an gewerkschaftliche organisation zu denken, so beim einzelnen unterrichtsprozeß an organisationsformen wie das »team-teaching«. Und was die schüler angeht, so dürfte die stellvertretende berücksichtigung der schülerinteressen durch den lehrer ebensowenig ausreichen.

Ein hinweis zum schluß: Die arbeit sollte der ausführung eines über unterrichtspraxis vermittelten paradigmas didaktischer konstruktion auf verschiedenen ebenen dienen. Die kritik des unterrichts sollte ihren maßstab dabei aus einer historischen rekonstruktion didaktischer vernünftigkeit ziehen. Zwar mußte die bestandsaufnahme vorliegender einschlägiger arbeiten aus der didaktik immer wieder auf desiderate didaktischer forschung verweisen. Was vorhanden ist, reicht allerdings durchaus hin um zu belegen, was meiner arbeit als these zugrundeliegt:

Didaktische konstruktion und entscheidungen können zwar nicht aus obersten zielsetzungen logisch zwingend abgeleitet werden. Es ist aber möglich, sie begründet zu treffen, das heißt

- mit bezug auf die korrespondierende praxis, die verändert werden soll und
- die intentionen, die solche veränderungen leiten, sowie
- in politisch legitimierten verfahren.

Das ist ein mühseliges geschäft. Wer sich davor drücken will, indem er

- blindem praktizismus huldigt oder
- sich resignierend herrschenden didaktischen traditionen ausliefert,

der kann sich jedenfalls dabei nicht auf einen »desolaten« zustand der didaktischen theorie berufen.

# anmerkungen

[1] In diesem absatz greife ich auf wesentliche teile eines aufsatzes über »Prognose und didaktische Konstruktion« zurück (MENCK 1974). Ich mache diese rückgriffe nicht ausdrücklich als zitate kenntlich, weil die dabei erforderlichen verschachtelungen die übersichtlichkeit stark herabsetzen würden. – Dasselbe gilt für den aufsatz zur »Erforschung von Unterrichtsmethode« (MENCK 1972 b), auf den ich mich im 4. und zum teil auch im 5. kapitel beziehe.

[2] Dies ist der titel einer von Josef DERBOLAV herausgegebenen schriftenreihe zur historisch-systematischen pädagogik.

[3] Bereits in der korrelationsmatrix lassen sich unschwer drei cluster von variablen identifizieren, die eine gewisse verwandtschaft mit den drei organisationsformen von lernbedingungen erkennen lassen. Es sind dies:

- schreiben/zeichnen, lesen, organisatorische tätigkeit, disziplin (d. h. disziplinarisches handeln des lehrers): »programmierter unterricht«;
- zuhören/zusehen, melden (mit nachfolgendem aufruf), lachen, zufriedenheit mit dem unterricht, mit der eigenen leistung: »frontalunterricht«;
- schwatzen, aggression, stören ohne direkten nachbarkontakt, aufruf ohne vorheriges melden: »gruppenunterricht« (u. u. durch die interpretationen der beobachtungen verzerrt).

[4] ROTH (1971) wählt das thema »kompressorkühlschrank«, weil er auf ein vorliegendes lernprogramm zurückgreifen konnte. Allerdings hält er das thema »auch unter didaktischem Aspekt für wertvoll« (ebd., 28). Bei dieser unbekümmertheit nimmt es nicht wunder, daß er für RUMPFS einwände gegen die inhaltsneutralität von unterrichtsbeobachtungen (RUMPF 1969) nicht viel übrig hat und doziert, die prinzipielle diskussion über probleme der unterrichtsbeobachtung gelte insbesondere in den USA und der DDR als abgeschlossen; man habe sich dort der feldforschung zugewandt. Man solle hingegen die versuche zur kenntnis nehmen, das problem der »Berücksichtigung des Unterrichtsinhalts und seiner ›Feinstruktur‹« zu lösen (ebd., 235). Leider teilt ROTH nicht mit, wer sie angestellt hat. Sollten sie so aussehen wie sein eigener, so ist auch weiterhin die klage von RUMPF (1971) berechtigt, die feinstruktur von unterricht sei unbefragt.

[5] ROBINSOHN ist auch hier der geisteswissenschaftlichen didaktik verpflichtet. Eine ihrer wichtigsten leistungen war der nachweis gewesen, daß der lehrplan nicht von einer der bildungsmächte usurpiert werden, insbesondere nicht aus der systematik der entsprechenden wissenschaft(en) abgeleitet und begründet werden könne.

[6] Die faktoren sind:

- die widersprüchlichen verwertungsinteressen des kapitals;
- die durch den grundwiderspruch kapitalistischer produktionsverhältnisse definierten grenzen der verausgabung von mitteln im qualifikationsprozeß;
- die tatsache, daß die qualifikation als resultat des ausbildungsprozesses »immanenter Besitz des Lohnarbeiters ist«;
- die »auf die Redistribution beschränkte Funktion des Staates«;
- die »Bedingungen des zyklischen Verlaufs der kapitalistischen Wirtschaft« (HUISKEN 1972, 336 ff.).

# anhang: lehrmethoden als unterrichtliche strategien mittlerer reichweite

## Zur interpretation von Leo Roths untersuchung über die »Effektivität von Unterrichtsmethoden« (1971)

Im kapitel 5.2 hatte ich vorgeschlagen, »lehrmethoden« als unterrichtliche strategien mittlerer reichweite zu interpretieren. Diese empfehlung soll jetzt motiviert werden, indem die von Roth (1971) mitgeteilten ergebnisse einer weiteren analyse unterzogen werden. Ich beziehe mich dabei auf die von ihm mitgeteilte korrelationsmatrix »Mögliche Zusammenhänge zwischen Ausgangswissen, Lernzuwachs, Behalten/Vergessen von Schulwissen, Schülertätigkeiten im Unterricht« usw. Roth empfiehlt vorsicht bei der interpretation der korrelationsmatrix: Die daten sind nicht geeignet, hypothesen zu stützen oder zu widerlegen. Dazu noch ein paar vorbemerkungen:

Roth hatte die »organisationsformen von lernbedingungen« über lehrplanungen definiert, die von experten dem jeweiligen typus zugeordnet worden waren (Roth 1972, 33): »Geplant wurde der Unterricht... bis auf das zu erwartende Verhalten des Schülers hin.« (ebd.) Die beobachtungskategorien wurden sodann »entsprechend den besonderen Untersuchungsaspekten« entwickelt (ebd., 108; 106ff.). Es ist wahrscheinlich, daß dabei die dimensionen eingang gefunden haben, auf denen die experten ihre zuordnung vorgenommen haben. Roth sieht das und erwartet deswegen mit recht nur dies: Kategorienschema und beobachtungsbogen seien geeignet, »den Unterricht entsprechend den in ihm vorherrschenden Organisationsformen der Lernbedingungen je spezifisch abzubilden« (ebd., 124). Wenn er dann jedoch von »methodenspezifischen Effekten« spricht (ebd., 207) und davon, daß bestimmte verhaltensweisen der schüler durch bestimmte organisationsformen bedingt seien (z.b. ebd., 205), so vollführt er einen zirkelschluß. Es muß genau unterschieden werden zwischen unterrichtlichem verhalten (und sozialdaten) der schüler einerseits und ggf. methodenspezifischen verhaltensänderungen (lernzuwachs, zufriedenheit) auf der anderen seite.

Zu diesen bedenken kommen die oben erwähnten methodologischen (siehe oben s. 99): die qualität der daten, die über verhaltensweisen der schüler auskunft geben, lassen bei strikter einhaltung der statistischen modellannahmen die berechnung von korrelationskoeffizienten und vor allem die anwendung parametrischer schlußverfahren (varianzanalyse) nicht zu (siehe dazu auch oben s. 65ff.). Das heißt zumindest, daß die prüfung von hypothesen mit deren hilfe nicht zulässig ist. Wenn Roth das dennoch tut (Roth 1971, 126ff.), so widerspricht er seiner eigenen warnung, die er im zusammenhang mit seiner interpretation der korrelationsmatrix ausspricht: Es handele sich um tendenzen, nicht um gesicherte ergebnisse (ebd., 202). (Ähnliche einwände müssen auch gegenüber den arbeiten von EDELSTEIN u. a., 1968, und ZEIHER, 1972, gemacht werden.) – Allerdings würde ich es für unnötigen purismus halten, wenn man nicht *in heuristischer absicht* die mitgeteilten daten einer weiteren be»rechnung« unterziehen dürfte: Wenn es darum geht, »den größeren *Bedingungszusammenhang* des Unterrichts und die Zusammenhänge der einzelnen definierten Variablen untereinander« ein wenig näher aufzuhellen (ebd., 202; von mir hervorgehoben, P. M.) – dann scheint mir das verfahren erlaubt, dessen sich ROTH bedient und das ZEIHER (1972, 145 f.) näherhin beschreibt. So führte ich mit den von ROTH in der korrelationsmatrix mitgeteilten daten eine *faktorenanalyse* durch. Als ergebnis darf – wohlgemerkt – nicht mehr erwartet werden als eine etwas nähere aufhellung des bedingungszusammenhanges von unterricht sowie hinweise auf sinnvolle weitere forschungen zu lehrmethoden. – Die faktorenanalyse wurde am Regionalen Rechenzentrum der Technischen Universität Hannover mit dem programm SPSS gerechnet.

(1) Zunächst wurde eine *faktorenanalyse mit allen 30 mitgeteilten variablen* durchgeführt. Zu diesen ein wort vorweg: Was die unterrichtlichen tätigkeiten angeht, so geht ihr inhalt ziemlich eindeutig aus ihrer bezeichnung hervor. Eine außerordentlich ärgerliche ungenauigkeit unterläuft ROTH indessen bei den kriteriumsvariablen. Er hatte zu drei zeitpunkten die leistungen der schüler getestet (»allgemein«, und nach »wissen« und »verstehen« aufgeschlüsselt): vor dem experiment, unmittelbar nach abschluß und 16 wochen später (pretest, posttest I, posttest II). Daraufhin konnten folgende variablen definiert werden:

– »lernzuwachs« als punktwertdifferenz zwischen posttest I und pretest und
– »behalten« als punktwertdifferenz zwischen posttest I und posttest II (so auf s. 83 f.) oder als die differenz zwischen posttest II und posttest I (so auf s. 56; dieser wert wird auf s. 88 als »vergessen« bezeichnet). In einer anmerkung (s. 233) heißt es dann lapidar: »Gemessen wird im Grunde das ›Vergessen‹. Für ›Behalten‹ gilt: Ein niedriger Punktwert bedeutet eine hohe Behaltensleistung« – in der tat!

In der korrelationsmatrix geht es nun vollends durcheinander: ROTH nennt die variablen 4–6 »lernzuwachs« und 7–9 »behalten«. Das ist irreführend. Denn aus der erläuterung ergibt sich, daß er die punktwerte im posttest I bzw. im posttest II zur grundlage seiner rechnungen macht. Natürlich könnte man die fehlenden werte aus den mitgeteilten ausgangsdaten errechnen, allerdings nur mit unverhältnismäßigem aufwand.

Nun zur faktorenanalyse selbst: Die zahl der eigenwerte > 1 beträgt 10; dementsprechend wurden 10 faktoren ermittelt (80 % der varianz). Die orthogonale lösung (VARIMAX) und die oblique (gemäßigt schiefwinklig) ergaben – von abweichungen in der reihenfolge der faktoren abgesehen –

*tabelle 4:* faktorenanalyse mit unterrichtlichen variablen (im anschluß an winkligen lösung

| variable | 1. | 2. | 3. |
|---|---|---|---|
| 1. pretest, allgemein | | | |
| 2. pretest, wissen | | | |
| 3. pretest, verstehen | | | |
| 4. posttest I, allgemein | .73 | | |
| 5. posttest I, wissen | .57 | | |
| 6. posttest I, verstehen | .57 | | |
| 7. posttest II, allgemein | .86 | | |
| 8. posttest II, wissen | .62 | | |
| 9. posttest II, verstehen | .89 | | |
| 10. vergessen, allgemein | | | |
| 11. vergessen, wissen | | | |
| 12. vergessen, verstehen | | | |
| 13. lesen | | .94 | |
| 14. schreiben / zeichnen | | .94 | |
| 15. experiment | | | |
| 16. organisator. tätigkeit | | .35 | .60 |
| 17. zuhören / zusehen | | –.74 | |
| 18. einwurf | | | |
| 19. schwatzen | | | .52 |
| 20. aggression | | | .45 |
| 21. stören ohne nachbarkontakt | | | |
| 22. hilfe leisten / fordern | | | .73 |
| 23. lachen | | | |
| 24. melden | | | |
| 25. melden mit nachfolg. aufruf | | | |
| 26. aufruf ohne vorher. melden | | | .35 |
| 27. diszipl. eingriffe d. lehrers | | .80 | |
| 28. zufriedenheit allgemein | | | |
| 29. zufriedenh. mit eig. leistung | | | |
| 30. zeugnisnote physik / naturlehre | | | |

8 durchweg übereinstimmende faktoren. Nur zwei der letzten unterschieden sich. Die resultierenden faktoren sind der tabelle 4 zu entnehmen; ich habe sie probeweise benannt (siehe tabelle 5). Aus platzgründen wird nur die schiefwinklige lösung mitgeteilt.

Die struktur der faktoren zeigt zweierlei: Erstens läßt sich sagen, daß die besagten variablenklassen relativ unabhängig voneinander sind. Die variablen,

ROTH 1971). ladungen der variablen (≥ .30) auf 10 faktoren einer schief-

| 4. | 5. | 6. | 7. | 8. | 9. | 10. | variable |
|---|---|---|---|---|---|---|---|
| | | –.99 | | | | | 1. |
| | | –.90 | | | | | 2. |
| | | –.71 | | | .34 | | 3. |
| | | | .39 | | | | 4. |
| –.39 | | | | | | | 5. |
| | | | .48 | | | | 6. |
| | | | | | | | 7. |
| .49 | | | | | | | 8. |
| | | | | | | | 9. |
| –.33 | | | .68 | | | | 10. |
| –.91 | | | | | | | 11. |
| | | | .96 | | | | 12. |
| | | | | | | | 13. |
| | | | | | | | 14. |
| | .34 | | | | | | 15. |
| | | | | | | | 16. |
| | | | | | | | 17. |
| | | | | .31 | | | 18. |
| | | | | | | | 19. |
| | | | | | | | 20. |
| | | | | | | .42 | 21. |
| | | | | | | | 22. |
| | | | | | .61 | | 23. |
| | | | | .61 | | | 24. |
| | | | | .77 | | | 25. |
| | | | | | | | 26. |
| | | | | | | | 27. |
| | .73 | | | | | | 28. |
| | .82 | | | | | | 29. |
| | | | | | | | 30. |

die unterrichtliches verhalten betreffen, laden auf den faktoren 2, 3, 8, 9 und 10 hoch und nur auf diesen; die variablen, die verhaltensänderungen messen, auf den faktoren 1, 4, 5, 6 und 7 und nur auf diesen (ladungen unter .30 wurden nicht berücksichtigt). Eine faktorenanalyse der 12 kriteriumsvariablen 1–12 erbrachte 4 faktoren, die nahezu identisch sind mit den faktoren 1, 4, 6 und 7. – Zweitens prägen sich die unterrichtlichen strategien »programmierter unterricht« und »gruppenunterricht« bereits hier eindeutig aus (faktoren 2 und 3). Weniger deutlich sind in den faktoren 8 und 9 elemente des »frontalunterrichts« zu erkennen.

(2) Damit läßt sich schon jetzt sagen, daß ROTHS vermutung gestützt werden kann, »die verwendeten Instrumente der Datenerhebung (verfügten) über eine gewisse Gültigkeit und Zuverlässigkeit« (ROTH 1971, 202). – Um dieses ergebnis zu erhärten, wurde die schiefwinklige lösung einer nochmaligen rotation (VARIMAX) unterzogen. (Dies, obwohl die von ÜBERLA 1968, 227 angegebenen bedingungen nicht in vollem umfang erfüllt waren.) Gemäß der zahl der eigenwerte > 1 wurden 4 *faktoren 2. ordnung* extrahiert (varianzanteil: 60 %). Sie sind der tabelle 5 zu entnehmen.
Diese lösung ist ziemlich eindeutig interpretierbar, wenn man nicht nur auf die namen der faktoren 1. ordnung sieht, sondern vor allem auf die variablen, die auf ihnen jeweils hoch laden: Faktor I kann als reiner »punktwert«-faktor interpretiert werden. Die faktoren II bis IV repräsentieren offensichtlich die in das experiment hineingesteckten strategien (»organisationsformen von lernbedingungen«) »frontalunterricht« (der als gegenbild des »gruppenunterrichts« erscheint), »gruppenunterricht« und »programmierter unterricht«. Dabei ist zu berücksichtigen, daß die lösung keine unterscheidung zwischen der frontal unterrichteten experimentalklasse und der kontrollklasse erlaubt, die ebenso unterrichtet wurde. Diese tatsache »verwischt« natürlich einige wesentliche unterschiede, die ROTH herausgearbeitet hat, und zwar im interesse einer effektivitätsprüfung. Für mich ist dieser nachteil indessen gerade

*tabelle 5:* faktoren 2. ordnung

| faktor 1. ordnung (OBLIQUE) | faktor I »punktwerte« | faktor II »frontalunterricht« | faktor III »gruppenunterricht« | faktor IV »programmierter unterricht« |
|---|---|---|---|---|
| 1 (»punktwerte posttests«) | .73 | | | |
| 2 (»progr. unterricht«) | | – .48 | | .45 |
| 3 (»gruppenunterricht«) | | | .42 | |
| 4 (»behalten, wissen«) | | | | .52 |
| 5 (»zufriedenheit«) | | | – .30 | |
| 6 (»punktwerte pretest«) | – .56 | | | |
| 7 (»vergessen, verstehen«) | | | | – .45 |
| 8 – | | .55 | | |
| 9 (»lachen«) | | .35 | | |
| 10 – | | | .54 | |

ein vorzug: Zeigt sich hier doch, daß es sich offenbar in beiden fällen um dieselbe unterrichtliche strategie handelt.

Das bild deckt sich auch ungefähr mit den von ROTH mitgeteilten ergebnissen (ebd., 106 ff.). So haben z. b. schüler in beiden varianten des frontalunterrichts (experimentalgruppe und kontrollgruppe mit dem fachlehrer) mehr zu lachen als unter den beiden anderen organisationsformen (ebd., 152 ff.). Völlig unerklärlich ist jedoch das »schicksal« des faktors, den ich »zufriedenheit« genannt hatte: Er erscheint nur auf dem faktor III, den ich als »gruppenunterricht« glaube interpretieren zu müssen, und zwar negativ ladend, und das steht im widerspruch zu ROTHS ergebnis: »Schüler, die gruppenunterrichtlich arbeiteten, äußern eine höhere Zufriedenheit mit ihrem Unterricht als solche, die programmiert unterwiesen bzw. frontal geführt wurden« (ebd., 191) – also als alle anderen. Ebenso schwer erklärlich ist das erscheinen von »aufruf (durch den lehrer) ohne vorheriges melden« auf dem faktor III (»gruppenunterricht«): Auch dies tritt – nach ROTH – signifikant häufiger in frontal unterrichteten lerngruppen auf (ebd., 160).

Auf das Problem der kriteriumsvariablen hatte ich eingangs hingewiesen. Jetzt läßt sich auch sagen, warum die ungenauigkeit sehr ärgerlich ist: Es wäre immerhin denkbar, daß auch der »lernzuwachs« in die merkmale der unterrichtlichen strategien einginge (faktoren II–IV) wie das »vergessen« (Faktor IV). Leider muß es bei dieser vermutung bleiben und dabei, daß ein – wahrscheinlich völlig überflüssiger – »punktwert«-faktor das Ergebnis belastet. Damit bleiben nur die »zufriedenheit« und das »ausmaß des vergessens« als variablengruppen aus dem bereich der verhaltensänderungen übrig; ein bißchen wenig für den, der aufschluß über den bedingungszusammenhang des unterrichts sucht. Aber ihn aufzuklären war ROTHS erklärte absicht nicht, das war vielmehr das interesse dieser »sekundäranalyse«.

Bei allen möglichen vorbehalten im einzelnen hat diese das folgende ergeben: Es erscheint als sinnvoll, empirisch relevante variablen zu identifizieren und unterricht mit ihrer hilfe zu beschreiben. Unter experimentellen bedingungen lassen sich dabei die eingangs definierten »organisationsformen von lernbedingungen« nachträglich identifizieren. Damit kann die vermutung unterstützt werden, daß auch in »durchschnittlichem« unterricht derartige oder ähnliche mittelfristige strategien ermittelt werden könnten. Sie könnten dann differenziert beschrieben und im hinblick auf »die« methode von unterricht (siehe kapitel 5.1.3) beurteilt werden.

# literaturnachweise

In einigen fällen (siehe z. b. zu Hegel) wird der nachweis der im text der arbeit zitierten schrift um das erscheinungsjahr der ersten auflage oder ausgabe ergänzt, das dann in klammern angefügt wird. Sinn dieser maßnahme ist es, daß beim nachweis von zitaten im text keine falschen vorstellungen über die entstehungszeit der jeweiligen schrift vermittelt werden.


Frank Achtenhagen: Didaktik des fremdsprachlichen Unterrichts. Grundlagen und Probleme einer Fachdidaktik. Weinheim etc. 1969.

Frank Achtenhagen und Hilbert L. Meyer (Hrsg.): Curriculumrevision. Möglichkeiten und Grenzen. München [2]1971.

Frank Achtenhagen und Peter Menck: Langfristige Curriculumentwicklung und mittelfristige Curriculumforschung. In: F. Achtenhagen, H. Meyer (Hrsg.), Curriculumrevision – Möglichkeiten und Grenzen, München [2]1971, S. 197 ff.

Frank Achtenhagen und Götz Wienold: Curriculumforschung und fremdsprachlicher Unterricht. In: Achtenhagen/Meyer 1971, S. 216 ff.

Theodor W. Adorno: Theorie der Halbbildung. In: Sociologica II, hrsg. von M. Horkheimer und Th. W. Adorno, Frankfurt 1962.

Theodor W. Adorno: Soziologie und empirische Forschung. In: Logik der Sozialwissenschaften 1967, S. 511 ff. (1957).

Theodor W. Adorno: Stichworte. Kritische Modelle 2. Frankfurt 1969.

Theodor W. Adorno: Negative Dialektik. Frankfurt 1970.

Hans Albert: Theorie und Prognose in den Sozialwissenschaften. In: Logik der Sozialwissenschaften 1967, S. 126 ff. (1957).

Allgemeine Didaktik – Fachdidaktik – Fachwissenschaft. Hrsg. von D. Kochan, Darmstadt 1970.

Edmund J. Amidon and John B. Hough (eds.): Interaction Analysis: Theory, Research, And Application. Reading (Mass.) 1967.

Edmund J. Amidon and Elizabeth Hunter: Verbal Interaction in the Classroom. The Verbal Interaction Category System. In: Amidon/Hough 1967, S. 141 ff.

Martin Baethge: Ausbildung und Herrschaft. Unternehmerinteressen in der Bildungspolitik. Frankfurt o. J.

Theodor Ballauff: Skeptische Didaktik. Heidelberg 1970.

Arno A. Bellack u. a.: The Language of the Classroom. NY 1966.

Dietrich Benner: Hauptströmungen der deutschen Didaktik und Curriculumforschung. In: Göttingische Gelehrte Anzeigen 1971, S. 292 ff.

Dietrich Benner: Hauptströmungen der Erziehungswissenschaft. Eine Systematik traditioneller und moderner Theorien. München 1973.

Bericht über die Umfrage zum Pädagogikunterricht an den Gymnasien in Nordrhein-Westfalen. Unveröffentlichtes Manuskript 1972.

Basil Bernstein: Soziale Struktur, Sozialisation und Sprachverhalten. Amsterdam 1970.

Klaus Betzen und Karl Ernst Nipkow (Hrsg.): Der Lehrer in der Schule und Gesellschaft. München 1971.

Deutscher Bildungsrat (Hrsg.): Empfehlungen der Bildungskommission. Strukturplan für das Bildungswesen. Stuttgart ²1970.

Bildungsreform als Lehrplanrevision. Bildungsziele – Lerninhalte – Lernzielbestimmung. Hrsg. v. Philologen-Verband Nordrhein-Westfalen. Bottrop 1971 (23. Gemener Kongreß).

Herwig Blankertz: Pädagogische Theorie und empirische Forschung. In: Zur Bedeutung der Empirie für die Pädagogik als Wissenschaft, Bochum 1966 (N. F. Erg. z. Vjschr. f. wiss. Päd., H. 5), S. 65ff.

Herwig Blankertz: Bildung im Zeitalter der großen Industrie. Hannover etc. 1969.

Herwig Blankertz: Theorien und Modelle der Didaktik. München ⁴1970.

Herwig Blankertz: Zur methodischen Leitfrage. Unveröffentl. Manuskript 1970b.

Herwig Blankertz: Kollegstufen-Versuch in Nordrhein-Westfalen – das Ende der gymnasialen Oberstufe und der Berufsschulen. In: DtBFsch 1972, S. 2ff.

Herwig Blankertz u. a.: Curriculumforschung – Strategien, Strukturierung, Konstruktion. Essen ²1971.

Herwig Blankertz u. a.: Fachdidaktische Curriculumforschung. Strukturansätze für Geschichte, Deutsch, Biologie. Essen 1973.

Benjamin S. Bloom u. a.: Taxonomy of Educational Objectives. The Classification of Educational Goals. Handbook I: Cognitive Domain. NY 1956.

Wilfried Breyvogel: Die Didaktik der »Berliner Schule«. Eine Kritik ihrer Funktion für Erziehung und Unterricht. In: b:e 1972, 6, S. 19ff.

Wolfgang Brezinka: Von der Pädagogik zur Erziehungswissenschaft. Weinheim etc. 1971.

Jerome S. Bruner: Der Prozeß der Erziehung. Düsseldorf 1970.

Ilse Dahmer: Theorie und Praxis. In: I. Dahmer und W. Klafki (Hrsg.): Geisteswissenschaftliche Pädagogik am Ausgang ihrer Epoche – Erich Weniger. Weinheim etc. 1968, S. 35ff.

Josef Derbolav: Vorüberlegungen zu einer »Einführung in die Pädagogik«. In: Päd. Rundschau 1966, S. 35ff.

Josef Derbolav: Die Entwicklungskrise der deutschen Pädagogik. In: H. Bokelmann und H. Scheuerl (Hrsg.): Der Aufbau erziehungswissenschaftlicher Studien und der Lehrberuf. Heidelberg 1970, S. 7ff.

Josef Derbolav: Versuch einer wissenschaftstheoretischen Grundlegung der Didaktik. In: Allgemeine Didaktik etc. 1970, S. 31ff. (1960).

Didaktische Impulse, Studientexte zur Analyse von Unterricht. Hrsg. von R. Meßner und H. Rumpf. Wien 1971.

Theo Dietrich (Hrsg.): Unterrichtsbeispiele von Herbart bis zur Gegenwart. Bad Heilbrunn ³1969.

Dokumentation Lehrerbildung an der Universität Bremen. In: b:e 1971, 9, S. 19ff.

Robert Dubin und Thomas C. Taveggia: Das Unterrichtsparadox. Eine vergleichende Analyse der Unterrichtsmethoden am College. In: Menck/Thoma 1972, S. 14ff. (1968)

Wolfgang Edelstein u. a.: Unterrichtsstoffe und ihre Verwendung in der 7. Klasse der Gymnasien in der BRD (Teil I). Eine empirische Untersuchung. Berlin 1968. (Studien und Berichte des Instituts für Bildungsforschung Bd. 12).

Ergebnisbericht der Kommission zur Neuordnung der Lehrerausbildung. Hrsg. vom Hessischen Kultusminister. bpi 2/72.
Michael Ewers: Zur Begründung und Entwicklung eines Strukturgitters der Biologie-Didaktik. In: Blankertz u.a. 1973, S. 155ff.
Helmut Fend: Sozialisierung und Erziehung. Weinheim etc. 1969.
Helmut Fend: Konformität und Selbstbestimmung. Mündigkeit und Leistungsmotivation in sozialisationstheoretischer Sicht. Weinheim etc. 1971.
Helmut Fend: Schulorganisation als Makroorganisation von Lernprozessen. In: Didaktische Impulse 1971, S. 197ff., b.
Karlheinz Fingerle: Funktionen und Probleme der Schule. Didaktische und systemtheoretische Beiträge zu einer Theorie der Schule. München 1973.
Karl-Heinz Flechsig: Lernziele als Gegenstände der Entscheidung. In: Bildungsreform als Lehrplanrevision 1971, S. 42ff.
Karl-Heinz Flechsig u.a.: Die Steuerung und Steigerung der Lernleistung durch die Schule. In: Begabung und Lernen. Hrsg. von H. Roth, Stuttgart 1969.
Karl-Heinz Flechsig u.a.: Probleme der Entscheidung über Lernziele. In: Achtenhagen/Meyer 1971, S. 243ff.
Johannes Flügge: Probleme des Erfolges programmierter Unterweisung. In: Schulwissen 1971, S. 208ff.
Helmar G. Frank: Kybernetische Grundlagen der Pädagogik. Baden-Baden ²1969.
Hartmut W. Frech: Kontrollierte Beobachtung verbaler Verhaltensweisen von Lehrern und Schülern. In: Neue Sammlung 1971, S. 87ff.
Hartmut W. Frech: Innovatives Verhalten und Lehrerbildung. In: Bildung und Erziehung 1972, S. 41ff.
Paulo Freire: Pädagogik der Unterdrückten. Stuttgart etc. 1971.
Karl Frey: Theorien des Curriculums. Weinheim etc. 1971.
Karl Frey: Rechtfertigung von Bildungsinhalten im elementaren Diskurs. Unveröffentlichtes Manuskript. Kiel 1974.
Reiner Fricke: Über Meßmodelle in der Schulleistungsdiagnostik. Düsseldorf 1972.
Reiner Fricke: Lehrzielorientierte Messung mit Hilfe stochastischer Meßmodelle. In: Klauer u.a. 1972, S. 126ff.
Werner Fuchs: Empirische Sozialforschung als politische Aktion. In: Soziale Welt 1970/71, S. 1ff.
Peter Fürstenau: Neuere Entwicklungen der Bürokratieforschung und das Schulwesen. In: Zur Theorie der Schule 1969, S. 47ff., a.
Peter Fürstenau: Zur Psychoanalyse der Schule als Institution. In: Zur Theorie der Schule 1969, S. 9ff., b.
Robert M. Gagné: Die Bedingungen des Lernens. Hannover etc. 1969.
Hans-Jochen Gamm: Kritische Schule. Eine Streitschrift für die Emanzipation von Lehrern und Schülern. München 1970.
Georg Geißler (Hrsg.): Das Problem der Unterrichtsmethode. Weinheim ⁷1967. (1952)
Sabine Gerbaulet u.a.: Schulnahe Curriculumentwicklung. Stuttgart 1972.
Hannelore Gerstein: Studierende Mädchen. München 1965.
Klaus Giel und Gotthilf G. Hiller: Verfahren zur Konstruktion von Unterrichtsmodellen als Teilaspekt einer konkreten Curriculum-Reform. In: Z.f.Päd. 1970, S. 739ff.
Hermann Giesecke: Didaktik der politischen Bildung. München ³1968. (1965)

Hermann Giesecke: Methodik des politischen Unterrichts. München 1973.
Hermann Giesecke u. a.: Politische Aktion u. politisches Lernen. München 1970.
John J. Goodlad: Konzeptuelle Systeme der Curriculumforschung. In: Achtenhagen/Meyer 1971, S. 23ff.
Jürgen Habermas: Analytische Wissenschaftstheorie und Dialektik. Ein Nachtrag zur Kontroverse zwischen Popper und Adorno. In: Logik der Sozialwissenschaften, 1967, S. 291ff. (1963)
Jürgen Habermas: Zur Logik der Sozialwissenschaften. Tübingen 1967.
Jürgen Habermas. Technik und Wissenschaft als Ideologie. Frankfurt ²1969.
Jürgen Habermas: Theorie und Praxis, Ffm. ⁴1971 a.
Jürgen Habermas: Der Universalitätsanspruch der Hermeneutik. In: Hermeneutik und Ideologiekritik. Mit Beiträgen von K.-O. Apel u. a., Frankfurt 1971 b.
Jürgen Habermas und Niklas Luhmann: Theorie der Gesellschaft oder Sozialtechnologie – Was leistet die Systemforschung. Frankfurt 1971.
Hans-Dieter Haller: Zur Empirie der Lehrplanentwicklung. Teil II: Ergebnisse einer Befragung von Leitern und Teilnehmern der Lehrplankommission in der BRD. Konstanz 1971 a.
Hans-Dieter Haller: Thesen zur Umgestaltung der Lehrplanentwicklung: In: Bildungsreform als Lehrplanrevision 1971, S. 51ff., b.
Hans-Dieter Haller: Zur Empirie der Lehrplanentwicklung. Teil I: Ein Bericht über Interviews mit Leitern von Lehrplankommissionen für Französischunterricht und Elementarerziehung. Konstanz 1971 c.
Handbuch der Unterrichtsforschung. Teil I: Theoretische und methodologische Grundlegung, hrsg. v. K. Ingenkamp u. E. Parey, Weinheim 1970.
Handbuch der Unterrichtsforschung. Teil II: Zentrale Faktoren in der Unterrichtsforschung, hrsg. von K. Ingenkamp und E. Parey, Weinheim etc. 1970.
Annegret Harnischfeger: Die Veränderung politischer Einstellungen durch Unterricht. Ein Experiment zur Beeinflussung der Nationbezogenheit. Berlin 1972 (Studien u. Berichte des Max-Planck-Instituts f. Bildungsforschung 26).
Georg W. F. Hegel: Phänomenologie des Geistes. Hrsg. von J. Hoffmeister. Hamburg ⁶1952. (1821)
Georg W. F. Hegel: Enzyklopädie der philosophischen Wissenschaften im Grundrisse. Neu hrsg. von F. Nicolin u. O. Pöggeler. Hamburg ⁶1959. (1830)
Paul Heimann: Didaktik als Theorie und Lehre. In: Allgemeine Didaktik etc. 1970, S. 110ff. (1962)
Paul Heimann: Didaktik 1965. In: Paul Heimann u. a.: Unterricht – Analyse und Planung. Hannover 1965, S. 7ff.
Hermann Helmers: Didaktik der deutschen Sprache. Stuttgart ³1969.
Hans Albrecht Hesse/Wolfgang Manz: Einführung in die Curriculumforschung. Stuttgart etc. 1972.
Gotthilf Gerhard Hiller: Konstruktive Didaktik. Düsseldorf 1973.
Josef Hitpaß: Abiturientennachwuchs in der Realschule. Ratingen 1967.
Heinrich Holzapfel: Vier Abmachungen der Länder auf dem Gebiete des Schulwesens. In: Ulshöfer 1967, S. 128–146.
Freerk Huisken: Kritik der bürgerlichen Didaktik und Bildungsökonomie. Frankfurt 1972.
Klaus Hurrelmann: Die Guten ins Töpfchen ... Wie »Leistungsdifferenzierung« zu einer verfeinerten Form der Auslese wird. In: b:e 1971, 10, S. 19ff.

Karlheinz Ingenkamp: Möglichkeiten und Grenzen des Lehrerurteils und des Schultests. In: Begabung und Lernen. Hrsg. von H. Roth. Stuttgart 1969, S. 407 ff.
Karlheinz Ingenkamp (Hrsg.): Tests in der Schulpraxis. Eine Einführung in Aufgabenstellung, Beurteilung und Anwendung von Tests. Weinheim 1971.
Walter Jung: Beiträge zur Didaktik der Physik. Frankfurt 1970.
Hermann-Josef Kaiser: Erkenntnistheoretische Grundlagen pädagogischer Methodenbegriffe. In: Menck/Thoma 1972, S. 129 ff.
Hermann-Josef Kaiser und Peter Menck: Das »didaktische Strukturgitter« in der Curriculumforschung. Dargestellt am Beispiel des Pädagogikunterrichts. In: Blankertz u. a. 1971, S. 97 ff.
Hermann-Josef Kaiser und Peter Menck: Methodik und Didaktik. Vorüberlegungen zu einer Ortsbestimmung pädagogischer Methodenlehren. In: Menck/Thoma 1972, S. 145 ff.
Adolf Kell: Die Vorstellungen der Verbände zur Berufsausbildung. Bd. I. Berlin 1970.
Adolf Kell: Didaktische Matrix – Konkretisierung des »didaktischen Strukturgitters« für den Arbeitslehreunterricht. In: Blankertz u. a. 1971, S. 35 ff.
Adolf Kell, Schulverfassung. Thesen, Konzeptionen, Entwürfe. München 1973.
Das Kernstudium der Erziehungswissenschaft für die pädagogischen Ausbildungsgänge. Hrsg. von der Deutschen Gesellschaft für Erziehungswissenschaft. Weinheim 1968.
Wolfgang Klafki: Art.: Didaktik und Methodik. In: Pädagogik. Hrsg. von H. H. Groothoff. Frankfurt 1964.
Wolfgang Klafki: Studien zu Bildungstheorie und Didaktik. Weinheim 8,91967. (1963)
Wolfgang Klafki: Zur Diskussion über Probleme der Didaktik. Antworten auf Fragen der Schriftleitung. In: Allgemeine Didaktik etc. 1970, S. 385 ff.
Wolfgang Klafki: Erziehungswissenschaft als kritisch-konstruktive Theorie: Hermeneutik, Empirie, Ideologiekritik. In: Z. f. Päd. 1971, S. 351 ff.
Wolfgang Klafki, Adalbert Rang und Hermann Röhrs: Integrierte Gesamtschule und Comprehensive School. Motive, Diagnose, Aspekte. Braunschweig 21970.
Wolfgang Klafki u. a.: Erziehungswissenschaft 2. Frankfurt 1970.
Karl Josef Klauer: Einführung in die Theorie lehrzielorientierter Tests. In: Klauer u. a. 1972, S. 13 ff., a.
Karl Josef Klauer: Zur Theorie und Praxis des binomialen Modells lehrzielorientierter Tests. In: Klauer u. a. 1972, S. 161 ff., b.
Karl Josef Klauer u. a. (Hrsg.): Lehrzielorientierte Tests. Beiträge zur Theorie, Konstruktion und Anwendung. Düsseldorf 1972.
Doris Knab: Ansätze zur Curriculumreform in der BRD. In: b:e 1971, 2, S. 15 ff.
Doris Knab: Probleme der Begründung von Curricula. In: Bildungsreform als Lehrplanrevision 1971, S. 18 ff., b.
Jens-Jörg Koch: Lehrer – Studium und Beruf. Stuttgart 1972.
Kollegstufe NW: Ratingen etc. 1972 (Strukturförderung im Bildungswesen des Landes Nordrhein-Westfalen).
Matti Koskenniemi: Elemente der Unterrichtstheorie. München 1971.
Wolfgang Kramp: Hinweise zur Unterrichtsvorbereitung für den Anfänger. In: Didaktische Analyse. Hrsg. von H. Roth und A. Blumenthal. Hannover 91964.

Wolfgang Kramp: Fachwissenschaft und Menschenbildung. In: Allgemeine Didaktik etc. 1970, S. 322ff. (1963).

Wolfgang Kramp: Art.: »Theorie der Schule«. In: Handbuch pädagogischer Grundbegriffe, Bd. 2. München 1970, S. 529ff.

David R. Krathwohl: Der Gebrauch der Taxonomie von Lernzielen in der Curriculumkonstruktion. In: Achtenhagen/Meyer 1971, S. 75ff.

David R. Krathwohl u.a.: Taxonomy of Educational Objectives. The Classification of Educational Goals. Handbook II: Affective Domain. NY 1964.

Thomas S. Kuhn: Die Struktur wissenschaftlicher Revolutionen. Frankfurt 1967.

Wolfgang Lempert: Leistungsprinzip und Emanzipation. Frankfurt 1971 a.

Wolfgang Lempert: Zum Verhältnis von Ausbildung und Beruf. Ergebnisse einer Befragung ehemaliger Berliner Maschinenschlosserlehrlinge. In: Z. f. Päd. 1971, S. 769ff., b.

Wolfgang Lempert und Heinrich Ebel: Lehrzeitdauer, Ausbildungssystem und Ausbildungserfolg. Grundlagen für die Bemessung des Zeitraums der Ausbildung bis zum Facharbeiterniveau. Freiburg 1965.

Helge Lenné: Analyse der Mathematikdidaktik in Deutschland. Stuttgart 1969

Dieter Lenzen: Ein didaktisches Strukturgitter für den deutschen Sprachunterricht. In: Blankertz u.a. 1973, S. 100ff. a.

Dieter Lenzen: Didaktik und Kommunikation. Zur strukturalen Begründung und zur didaktischen Struktur sprachlicher Interaktion. Frankfurt 1973.

Kurt Lewin u.a.: Patterns of Aggressive Behavior in Experimentally Created »Social Climates«. In: Amidon/Hough 1967, S. 24ff. (1939).

Karl Christoph Lingelbach: Probleme und Perspektiven der Curriculumentwicklung in Hessen. In: Z. f. Päd. 1971, S. 91ff.

Logik der Sozialwissenschaften. Hrsg. v. E. Topitsch. Köln/Berlin [4]1967.

Michael Löffelholz: Pädagogische Begleitforschung. Arbeitstagung der Deutschen Gesellschaft für Erziehungswissenschaft, April 1972. In: Z. f. Päd. 1972, S. 457ff.

Niklas Luhmann: Sinn als Grundbegriff der Soziologie, in: Habermas/Luhmann 1971, S. 25ff.

Barry MacDonald: Briefing decision-makers – the evaluation of the Humanities Curriculum Project. Unveröffentlichtes Manuskript o.J.

Materialien und Dokumente zur Lehrerbildung. Hrsg. v. B. Hanssler. Stuttgart 1971.

Renate Mayntz u.a.: Einführung in die Methoden der empirischen Soziologie. Köln und Opladen 1969.

Peter Menck: Die Erziehung der Jugend zur Ehre Gottes und zum Nutzen des Nächsten. Begründung und Intentionen der Pädagogik August Hermann Franckes. Wuppertal 1969.

Peter Menck: Allgemeine Didaktik und Fachdidaktik. Anmerkungen zu F. Achtenhagens »Didaktik des fremdsprachlichen Unterrichts«. In: Vjschr. f. wiss. Päd. 1970, S. 156ff.

Peter Menck: Gedanken und Beobachtungen zum Pädagogikstudium der Gymnasiallehrer. Unveröffentlichtes Manuskript 1970b.

Peter Menck: Voraussetzungen der Entwicklung von Curricula. In: Bildung und Erziehung 1971, S. 366ff.

Peter Menck: Lehrerausbildung und Curriculumentwicklung. In: Bildung und Erziehung 1972, S. 18ff. a.

Peter Menck: Ansätze zur Erforschung von Unterrichtsmethode in der BRD. In: Menck/Thoma 1972, S. 145ff., b.

Peter Menck: Methodologische Probleme erziehungswissenschaftlicher Begleitforschung zu pädagogischen Innovationsversuchen. In: Z. f. Päd. 1973, S. 25ff.

Peter Menck: Prognose und didaktische Konstruktion. In: W. Kosse und K. Peschke (Hrsg.): Perspektivpädagogik. Essen 1974, S. 61ff.

Peter Menck: Erziehungswissenschaftlicher Unterricht in der gymnasialen Oberstufe Nordrhein-Westfalens. In: Neue Deutsche Schule 1974, S. 347ff. b.

Peter Menck und Gösta Thoma (Hrsg.): Unterrichtsmethode. Intuition, Reflexion, Organisation. München 1972.

Hilbert L. Meyer: Einführung in die Curriculum-Methodologie. München 1972.

Hilbert L. Meyer: Zur Wissenschaftlichen Begleitung, in: Kollegstufe NW 1972, S. 207ff., b.

Klaus Mollenhauer: Erziehung und Emanzipation. München 1968.

Christine Möller: Technik der Lernplanung. Methoden und Probleme der Lernzielerstellung. Weinheim etc. 1969.

Klaus Nagel und Ulf Preuß-Lausitz: Thesen zur wissenschaftlichen Begleitung von Versuchen und Modellen im Bildungssystem. In: Z. f. Päd. 1971, S. 453ff.

Oskar Negt: Soziologische Phantasie und exemplarisches Lernen. Zur Theorie der Arbeiterbildung. Frankfurt [5]1970.

Volker Nitzschke: Zur Wirksamkeit politischer Bildung. Teil II: Schulbuchanalyse. Frankfurt 1966.

Karl Odenbach: Studien zur Didaktik der Gegenwart. Braunschweig [4]1970. (1961)

Pädagogisches Lesebuch. Hrsg. von K. Schilde u. a., Frankfurt 1968.

Pädagogik in der Höheren Schule. Ein Bericht. Ratingen 1964.

Hansgert Peisert: Soziale Lage und Bildungschancen in Deutschland. München 1967.

I. Pfanzagl: Theory of Measurement. Würzburg/Wien 1968.

Georg Picht: Die deutsche Bildungskatastrophe. Analyse und Dokumentation. Freiburg 1964.

Georg Picht: Die Verantwortung des Geistes. Freiburg 1965.

Heinrich Popitz: Die Ungleichheit der Chancen im Zugang zur höheren Schulbildung. In: Jugend in der modernen Gesellschaft. Hrsg. von L. v. Friedeburg. Köln/Berlin [4]1967.

Walter Popp: Die Funktion von Modellen in der didaktischen Theorie. In: Unterrichtsforschung und didaktische Theorie. Hrsg. von G. Dohmen u. a., München 1970.

Ulf Preuß-Lausitz u. a.: Erwartungen der Gesamtschulen an wissenschaftliche Begleitung und Beratung. In: Gesamtschulen Informationsdienst 1970, 4, 35ff.

Gerhard Priesemann: Zur Theorie der Unterrichtssprache. Düsseldorf 1971.

Jürgen Raschert: Die Bestimmung gesellschaftlicher Zielvorstellungen für die Bildungsplanarbeit. In: Reform von Bildungsplänen. Grundlagen, Möglichkeiten. Frankfurt 1969, S. 54ff. (Sonderheft 5 zu Rundgespräch).

Wolfgang Ritzel: Die Vielheit der pädagogischen Theorie und die Einheit der Pädagogik. Wuppertal 1968.

Saul B. Robinsohn: Bildungsreform als Revision des Curriculum. Neuwied 1967.

Saul B. Robinsohn: Ein Strukturkonzept für Curriculumentwicklung. In: Achtenhagen/Meyer 1971. S. 57ff.

Peter Martin Roeder: Sprache, Sozialstatus und Schulerfolg. In: Sprache und Erziehung. Weinheim etc. 1968, S. 53ff. (7. Beiheft der Z. f. Päd.).

Leo Roth: Effektivität von Unterrichtsmethoden. Empirische Untersuchungen zu Wirkungen der Organisationsformen von Lernbedingungen. Hannover 1971.

Horst Rumpf: Sachneutrale Unterrichtsbeobachtung? In: Z. f. Päd. 1969, S. 293ff.

Horst Rumpf: Die unbefragte Feinstruktur von Unterrichtsinhalten. In: Schulwissen 1971, S. 7ff.

Horst Rumpf: Zum Problem der didaktischen Vereinfachung. In: Schulwissen 1971, S. 68ff. b.

Horst Rumpf: Schulwissen. Beobachtungen an Lehrbüchern. In: Didaktische Impulse 1971, S. 119ff., c.

Christian Salzmann: Gedanken zur Bedeutung des Modellbegriffs in Unterrichtsforschung und Unterrichtsplanung. In: Päd. Rundschau 1972, S. 468ff.

Karl Hermann Schäfer und Klaus Schaller: Kritische Erziehungswissenschaft und kommunikative Didaktik. Heidelberg 1971.

Barbara Schaeffer und Ursula Lambrou: Politische Bildung als Unterrichtsprinzip. Erfahrungen und Modelle in der Hauptschule. Frankfurt 1972.

Gerwin Schefer: Das Gesellschaftsbild des deutschen Gymnasiallehrers. Eine Bewußtseinsanalyse des deutschen Studienrats. Frankfurt 1969.

Hans Scheuerl: Kriterien der Hochschulreife. In: Z. f. Päd. 1969, S. 21ff.

Heidrun Schlate: Intentionen, Inhalte und Methoden des schulischen Pädagogik-Unterrichts. Auswertung einer Befragung. Unveröffentl. Examensarbeit 1972.

Friedrich Schleiermacher: Pädagogische Schriften, 1. Band. Hrsg. von E. Weniger und Th. Schulze. Düsseldorf etc. 1957 (1826).

Wolfdietrich Schmied-Kowarzik: Analyse gegensätzlicher Modelle didaktischer Theorienbildung. In: Päd. Rundschau 1971, S. 57ff.

Wolfdietrich Schmied-Kowarzik: Dialektische Pädagogik. Vom Bezug der Erziehungswissenschaft zur Praxis. München 1974.

Wolfdietrich Schmied-Kowarzik und Dietrich Benner: Art. »Theorie und Praxis«. In: Handbuch pädagogischer Grundbegriffe, Bd. II. München 1970.

Alfons O. Schorb: Filmdokumente in der Unterrichtsforschung. In: Unterrichtsforschung und didaktische Theorie. Hrsg. von G. Dohmen u.a., München 1970, S. 86ff. (1965)

Schulwissen, Probleme der Analyse von Unterrichtsinhalten. Hrsg. von H. Rumpf. Göttingen 1971.

Wolfgang Schulz: Unterricht – Analyse und Planung. In: Unterricht – Analyse und Planung. Hrsg. von P. Heimann u.a., Hannover etc. 1965.

Wolfgang Schulz: Aufgaben der Didaktik. Eine Darstellung aus lehrtheoretischer Sicht. In: Allgemeine Didaktik 1970, S. 403ff.

Bernhard Schwenk: Unterricht zwischen Aufklärung und Indoktrination. Studien zum Begriff der Didaktik. Frankfurt 1974.

Theodor Schwerdt: Kritische Didaktik in klassischen Unterrichtsbeispielen. Paderborn [19]o.J.

Helmut Skowronek: Lernen und Lernfähigkeit. München 1969.

Dieter Spanhel: Die Sprache des Lehrers. Düsseldorf 1971.

Herbert Stachowiak: Gedanken zu einer allgemeinen Theorie der Modelle. In: Studium Generale 1965, S. 432ff.

Wolfgang Stegmüller: Hauptströmungen der Gegenwartsphilosophie. Eine kritische Einführung. Stuttgart [4]1969.
Wolfgang Stegmüller: Probleme und Resultate der Wissenschaftstheorie und Analytischen Philosophie. Bd. I, Berlin etc. 1969. a.
Reinhard Tausch und Anne-Marie Tausch: Erziehungspsychologie. Göttingen [5]1970.
Manfred Teschner: Politik und Gesellschaft im Unterricht. Eine soziologische Analyse der Politischen Bildung an Gymnasien. Frankfurt [2]1969.
Zur Theorie der Schule. Mit Beiträgen von P. Fürstenau u. a., Weinheim etc. 1969.
Friedrich Thiemann: Unterrichtsbeurteilung. Essen 1974.
Gösta Thoma: Zur Entwicklung und Funktion eines »didaktischen Strukturgitters« für den Politischen Unterricht. In: Blankertz u. a. 1971, S. 67 ff.
Gösta Thoma: Methodenproblem und Steuerungsprogramme von Unterricht. In: Menck/Thoma 1972, S. 186 ff.
Gösta Thoma: Zur Strukturierung der »politischen Dimension« des Unterrichts in der Kollegstufe. In: Kollegstufe NW 1972, S. 158 ff., b.
Karl Überla: Faktorenanalyse. Berlin etc. 1968.
Robert Ulshöfer: Die Geschichte des Gymnasiums seit 1945. Heidelberg 1967.
Franz Wellendorf: Ansätze zur erziehungswissenschaftlichen Theoriebildung in der BRD. In: Erziehungswissenschaft als Gesellschaftswissenschaft. Hrsg. von D. Goldschmidt u. a. Heidelberg 1969.
Erich Weniger: Didaktik als Bildungslehre. Teil 1. Theorie der Bildungsinhalte und des Lehrplans. Weinheim [4]1962 (1952).
Erich Weniger: Didaktik als Bildungslehre. Teil 2: Didaktische Voraussetzungen der Methode in der Schule. Weinheim [2]1962 (1960).
Erich Weniger: Die Eigenständigkeit der Erziehung in Theorie und Praxis. Probleme der akademischen Lehrerbildung. Weinheim [3]1964 (1957).
Hans-Peter Widmaier u. a.: Bildung und Wirtschaftswachstum. Villingen 1966.
Theodor Wilhelm: Zum Begriff der »Sozialpädagogik«. In: Z. f. Päd. 1961, S. 226 ff.
Friedrich Winnefeld: Pädagogischer Takt und Pädagogisches Feld. München 1967.
Zur Wirksamkeit politischer Bildung. Teil I. Eine soziologische Analyse des Sozialkundeunterrichts an Volks-, Mittel- und Berufsschulen. Hrsg. vom Institut für Sozialforschung der Johann Wolfgang Goethe-Universität. Frankfurt 1966.
Christoph Wulf: Heuristische Lernziele – Verhaltensziele. In: Curriculumentwicklung in der Diskussion. Hrsg. von S. B. Robinsohn, Stuttgart/Düsseldorf 1972, S. 36 ff.
Konrad Wünsche: Die Wirklichkeit des Hauptschülers. Berichte von Kindern der schweigenden Mehrheit. Köln, Berlin 1972.
Hartmut J. Zeiher: Unterrichtsstoffe und ihre Verwendung in der 7. Klasse der Gymnasien in der BRD (Teil II). Berlin 1972.
Jürgen Ziechmann: Curriculum-Konstruktion. Theorie und Praxis in der BRD. Heilbrunn 1972.
Jürgen Zimmer: Curriculumforschung: Chance zur Demokratisierung der Lehrpläne. In: Achtenhagen/Meyer 1971, S. 178 ff.